책으로 예습하고 YouTube▶로 복습하는 스케치업 베이직

이지환 지음

도서출판 대가

스케치업 베이직 예제 데이터 및 유튜브 영상 링크 PDF 파일 다운로드

http://cafe.naver.com/unclebucks

스케치업베이직(예제) 게시판을 찾습니다.
책 안에 표기된 유튜브 링크를 PDF로 만들어두었습니다. 열어서 클릭하시면 바로 영상을 확인할 수 있습니다.
스케치업 베이직 유튜브 링크 모음 게시글을 찾아서 첨부파일을 다운로드하시면 됩니다.
스케치업 예제 파일은 '스케치업베이직예제.zip' 게시글을 찾아서 꼭 읽어보세요.

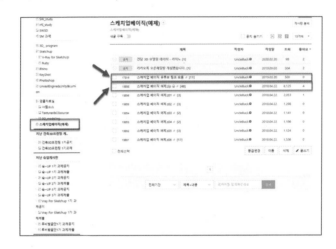

예제 파일 다운로드 방법은 두 가지입니다. 1번은 게시글을 열어서 위에 링크를 클릭하시거나 주소창에 복사 붙여넣기 하시면 바로 파일에 접근하실 수 있습니다. 2번 방법은 게시글 하나당 첨부 용량이 작아서 총 7개의 파일로 나누어두었습니다. 모두 다운로드하셔서 압축 풀기 하면 사용하실 수 있습니다.

책으로
예습하고
YouTube▶로
복습하는

스케치업
베이직

서문

디자이너로서 일하면서 대학에서 스케치업 강의를 병행해왔습니다. 스케치업을 통해 참 많은 일을 하고 또 많은 사람을 만났습니다. 일을 통해 만난 분들 그리고 대학에서 강의를 하며 만난 학생들 그리고 유튜브 강의와 네이버 카페를 통해 만난 분들 모두 소중한 인연입니다. 최근에는 웹툰 작가분들과 피디님들과의 교류도 많아졌습니다. 이 책을 통해 또 새로운 만남을 이어갈 수 있게 되길 기대합니다.

이 책에서 기초를 다지고 원리를 이해하시길 바랍니다.

이 책은 스케치업을 이해하는 데 목표를 두고 있습니다. 스케치업은 스케치를 도와주는 3D 모델링 툴입니다. 좀 더 풀어보면 스케치를 돕는 것이 목적인 툴이고 그 방법으로 3D 모델링이라는 방식을 취하고 있는 것으로 이해할 수 있습니다. 그래서 스케치를 돕는 다양한 스케치업의 기능을 꼼꼼하게 살펴봐야 합니다. 그리고 3D 모델링이라는 형식을 취하고 있기 때문에 그 원리와 개념에 대해서도 충분한 이해가 필요합니다. **그래서 이 책은 예제가 적습니다. 대신에 각 기능과 원리들에 대해서 자세하게 설명하려고 노력했습니다.** 예제 중심의 책은 쉽게 따라 하며 기능을 익히는 장점이 있습니다. 그러나 이러한 따라 하기 방식의 단점은 같은 기능을 계속 반복하게 된다는 것입니다. 책이 두껍고 내용이 많은 것 같지만 결국 비슷한 기능을 계속 반복하게 되는 것입니다.

이 책의 앞부분에서는 기본 원리와 개념 그리고 기본 동작방법에 대해서 자세하게 다루었습니다. 그리고 다음으로 카메라 및 스타일 그리고 장면 설정하는 방법들을 소개합니다. 그다음으로 스케치업의 확장 기능인 루비에 대해서 알아봅니다. 루비를 모르면 스케치업을 반밖에 모르는 것과 같습니다. 루비를 잘 활용하면 빠르고 정확한 모델링을 할 수 있습니다. 그리고 마지막으로 V-Ray를 다루고 있습니다. V-Ray는 각자의 작업에 바로 사용하기 쉽도록 구성했습니다. 간단한 기본 세팅을 먼저 보고 조명과 재질을 예제를 활용해서 직접 만들어 사용할 수 있도록 구성했습니다. 각각의 설명에 맞춰 예제 파일을 잘 정리해두었습니다. **책에 사용된 예제들은 카페에서 다운로드할 수 있습니다. 아래 소개된 네이버 카페로 오시기 바랍니다.**

스케치업 베이직: 원리는 책으로, 예제는 YouTube로

[2020 개정판] 출판과 함께 '스케치업 베이직'의 내용을 유튜브에서 진행합니다.

책과 함께 봐주시면 많은 도움이 될 것입니다. 자세한 내용은 네이버 카페와 유튜브에서 확인해주시기 바랍니다. 2014년부터 **유튜브에 스케치업 교육채널을 운영하고 있습니다.** 유튜브에서 ji hwan Lee로 검색하면 운영 중인 채널을 찾을 수 있습니다.

또한 네이버 카페를 운영 중입니다. UncleBucks를 검색하셔서 가입하시고 유용한 자료나 강의 정보를 얻으시기 바랍니다. (카페 주소는 http://cafe.naver.com/unclebucks입니다.)

유튜브에 이 책과 함께 공부하면 좋은 강의를 제작해두었습니다. 유튜브와 함께 공부하세요.(유튜브에서 스케치업베이직으로 검색하세요.) 앞으로 네이버 카페와 유튜브를 통해 스케치업 교육 프로그램을 진행할 예정입니다.

이 책과 유튜브, 네이버 카페가 여러분의 스케치업 공부에 많은 도움이 되기를 진심으로 기원합니다.

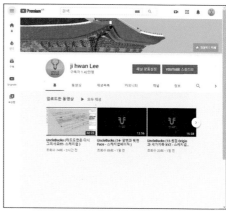

목차

스케치업 베이직: 원리는 책으로, 예제는 YouTube로

SketchUp

목차

목차

CHAPTER 1
'환경' 설정과
'화면' 다루기

SECTION 01 시작하기

📋 실행하기

가운데 아이콘이 스케치업 2020 실행 파일입니다.

📋 템플릿과 단위 선택하기

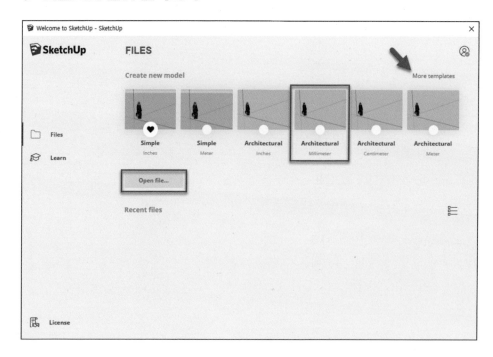

처음 실행하게 되면 위와 같은 창이 나타납니다. 새로 시작하려면 Architectural –
Millimeters를 선택합니다. 다른 프로그램과 파일을 주고받을 때 선택한 단위에 맞춰 진
행해야 합니다. More templates를 클릭하면 더 다양한 템플릿을 볼 수 있습니다. Open
file...을 눌러서 저장된 스케치업 파일을 불러올 수 있습니다.

툴바 불러오기

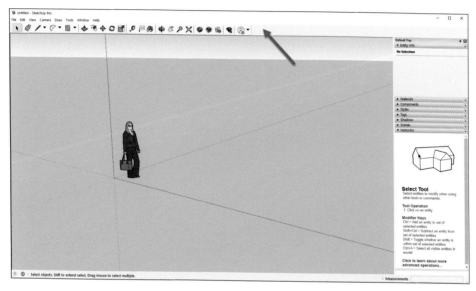

작업 화면이 열렸습니다. 화살표가 있는 부분에서 마우
스 우클릭을 합니다.

메뉴가 보이면 Large Tool Set을 클릭합니다. 같은 방
법으로 Getting Started를 클릭해서 해제하면 해당 버튼
묶음이 보이지 않습니다.

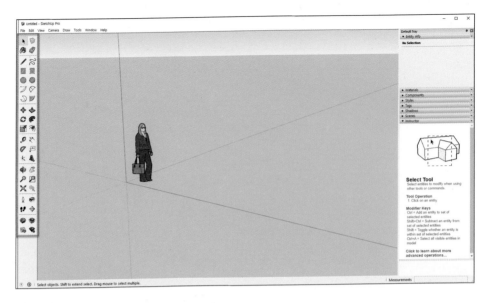

위 그림처럼 Large Tool Set 버튼이 나타납니다.

📑 모델인포에서 단위 설정하기

메뉴에서 Window > Model Info를 클릭합니다.

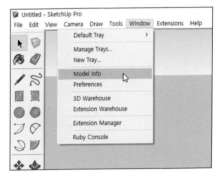

Model Info 창이 열리면 Units에서 Decimal에 mm 단위를 확인해줍니다. 단위 설정은 매우 기초적인 부분이지만 간혹 확인을 안 하고 작업을 진행하는 경우가 있습니다. 한 번씩 확인을 해주는 습관이 중요합니다.

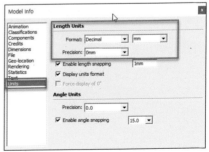

단위 확인

🔖 자동저장 위치 확인하기

이번에는 Window > Preferences를 클릭해서 창을 열어줍니다.

General 메뉴를 확인합니다. Saving을 보면 5분에 한 번씩 자동으로 백업을 해주도록 설정되어 있습니다.

백업된 파일은 한 번도 저장하지 않았다면 내 문서에 AutoSave_Untitled.skp라는 이름으로 5분에 한 번씩 저장합니다. 그리고 이름을 지정해서 저장한 파일이라면 그 파일이 있는 같은 위치에 백업 파일을 만들어놓습니다. 이 파일은 확장자가 skp 파일로 5분에 한 번씩 저장되며 만일 백업파일을 열어야 된다면 스케치업을 실행하고 skp 파일을 열면 됩니다. 비정상적인 종료 시에 skb 파일로 저장된 파일이 있다면 그 파일도 스케치업에서 열 수 있습니다. 자동저장 기능은 정상적으로 저장하고 종료를 했다면 백업파일은 남지 않고 종료와 함께 지워집니다. 즉 문제가 생기지 않으면 자동저장 파일은 지워집니다.

자동저장이 5분에 한 번 이루어지기 때문에 작업이 무거워지면 저장하느라 잠시 멈추는 경우가 많습니다. 주로 컴포넌트를 많이 가져다놓으면 그런 현상이 생깁니다. 쓰지 않는 컴포넌트는 정리해주시는 것이 좋습니다. 그럼에도 저장 기능이 작업에 방해가 된다면 시간을 5분에서 10분이나 그 이상으로 설정해두는 것도 좋은 방법입니다.

📑 단축키 만들기

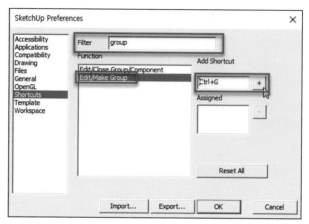

단축키 만들기

이번에는 같은 창에서 Shortcuts 메뉴를 클릭해서 열어줍니다. 단축키를 만들어주는 곳입니다. 스케치업에서 가장 많이 사용하는 Make Group을 찾아서 선택합니다. Add Shortcut을 클릭하고 키보드로 Ctrl + G를 누른 다음 오른쪽의 +를 클릭해줍니다. 그리고 OK를 눌러 저장합니다. 앞으로 모델링 중에 Make Group은 Ctrl + G를 누르면 됩니다. 아직은 기초 단계라서 단축키 활용이 많지 않지만 앞으로 모델링 과정에서 단축키를 잘 만들어두면 매우 효율적입니다. 그런데 약간의 버그가 있습니다. 이전 버전부터 계속 수정이 되지 않고 있는 버그입니다. 어떤 경우에는 단축키를 만들고 싶은데 찾아도 나오지 않는 경우입니다. 이런 경우에는 찾기 전에 작업 화면에서 먼저 실행해주고 위 과정을 실행해보시면 찾을 수 있습니다. 예를 들면 Make Group의 반대 개념인 Explode를 찾아보면 나오지 않는 경우가 있습니다. 이럴 때는 창을 닫고 만들어놓은 그룹을 마우스 우클릭해서 Explode해줍니다. 그리고 다시 단축키 만드는 과정을 진행하면 Explode가 보입니다.

📎 실행 버튼 크기 조절하기

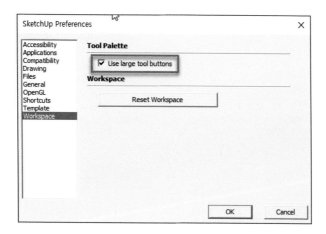

Ruby를 많이 설치하게 되면 작업 공간이 좁아집니다. Workspace에서 Use large tool buttons를 해제하면 화면에 보이는 아이콘들의 크기가 작아집니다.

💬 YouTube 영상을 확인해보세요!

- 스케치업 베이직 영상 재생 목록(유튜브에서 스케치업베이직을 검색해보세요)
  https://www.youtube.com/playlist?list=PLUP7FdW_N7NtxCTEuEeG3B5LgszgA7mRm
- 처음 시작 창에 대한 설명입니다.
  https://youtu.be/hFqC_PpTLYU
- 유튜브에서 Unit과 Toolbar에 대한 설명을 들어보세요.
  https://youtu.be/qZ2nx92x5Ec
  https://youtu.be/5ricpKgilhk
  https://youtu.be/KHED1oXAM5s
- 버튼 크기 조절과 Crosshairs 설명입니다.
  https://youtu.be/y8iyoRV3AOY
- 단축키 만들기 설명은 아래 주소입니다.
  https://youtu.be/xZNTMNRN3S0
  https://youtu.be/YQGMsd8xFmo
- 자동저장 기능에 대한 설명은 아래 주소입니다.
  https://youtu.be/UCucjPVWLGU
  https://youtu.be/od4ASkM2Ksg

SECTION 02 작업 화면 다루기

📖 Orbit

예제 파일 '스케치업 예제 1.skp' 파일을 열어줍니다.

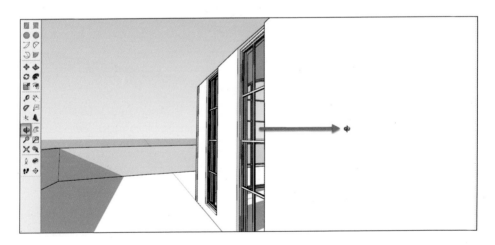

마우스의 가운데 휠 또는 왼쪽의 버튼 중에 Orbit 툴을 클릭하고 화면의 중앙에서 클릭하고 화살표 방향으로 이동해봅니다. 화면이 움직이는 것을 확인할 수 있습니다.

스케치업 베이직: 원리는 책으로, 예제는 YouTube로

🖘 Zoom

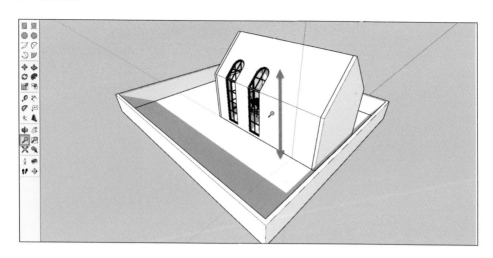

마우스의 가운데 휠을 돌리면 줌인아웃이 됩니다. 또는 우측의 Zoom 툴을 클릭하고 화살표처럼 중앙을 클릭하고 위아래로 마우스를 움직여 줌인아웃을 합니다.

🖘 Pan

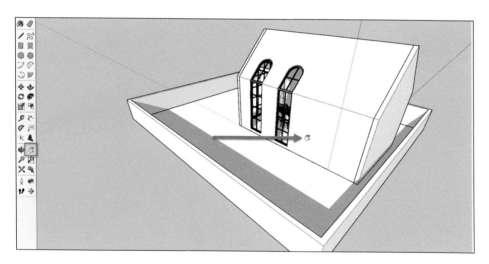

키보드의 좌측 Shift 키와 마우스 가운데 휠 버튼을 누른 다음 마우스를 화살표처럼 움직이면 화면이 이동합니다. 또는 툴바의 Pan을 누른 다음 마우스 왼쪽 버튼을 클릭해서 화면을 이동할 수 있습니다.

Position Camera

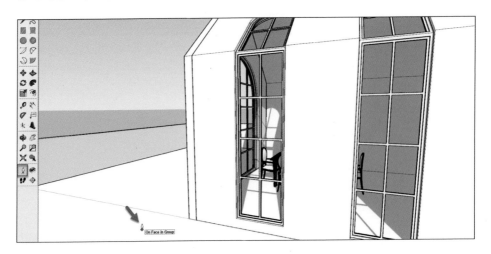

툴바에서 Position Camera를 누르고 그림처럼 바닥을 클릭하면 그 위치에 사람이 서서 바라본 뷰를 만들어줍니다. 클릭하면 화면이 바뀌면서 마우스 포인터의 모양도 툴바의 Lock Around 툴로 바뀝니다. 그 툴을 이용해서 사람의 시선으로 공간을 볼 수 있도록 해줍니다. 마치 해당 공간에 서서 고개를 돌려가며 공간을 바라볼 수 있게 해줍니다. 그리고 그 상태에서 발자국 모양의 Walk 툴을 사용하면 공간을 걸어 다닐 수 있습니다.

Field of View

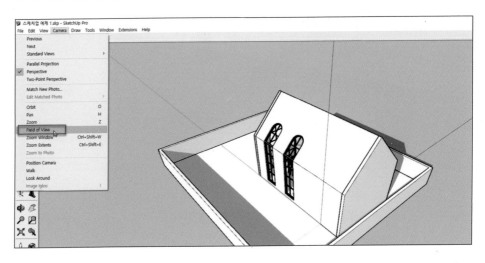

마우스와 키보드를 활용해서 다음과 같이 하늘에서 본 것처럼 만들어주세요. 그리고 Camera > Field of View를 클릭해줍니다.

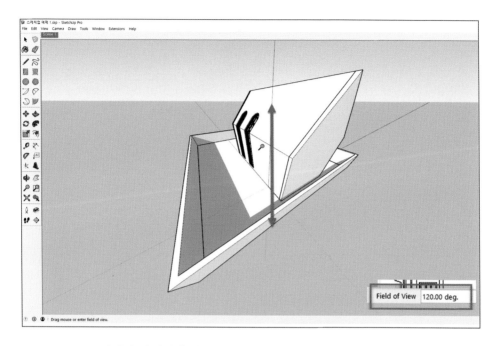

Field of View 명령이 실행되면 화면에서 투시의 정도를 바꿀 수 있습니다. 화면을 클릭하고 드래그해서 아래나 위로 바꾸면 투시가 변합니다. 위로 올리면 투시가 적어집니다. 그리고 위에서 아래로 내리면 투시가 심해집니다. 이때 우측 하단의 Field of View 값을 보면 1~120으로 바뀌는 것을 확인할 수 있습니다. 스케치업 기본 값은 35입니다. 돌아가고 싶다면 바로 35를 키보드로 입력하고 Enter를 눌러주면 됩니다.(마우스로 입력창을 클릭할 필요는 없습니다.)

Parallel Projection & Perspective

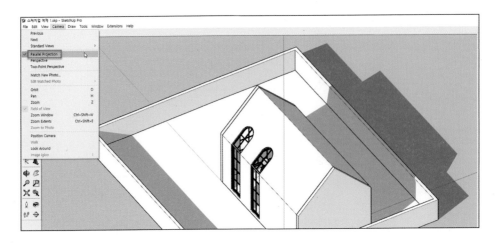

Field of View에서 값을 1로 만들어도 투시가 전혀 없는 것은 아닙니다. 투시가 없는 ISO 화면을 만들고 싶을 때는 Camera > Parallel Projection을 클릭해주면 그림처럼 투시가 전혀 없는 화면을 만들 수 있습니다. 다시 투시가 있는 화면으로 돌아오고 싶다면 그 아래 있는 Perspective를 클릭해주면 됩니다.

Standard Views

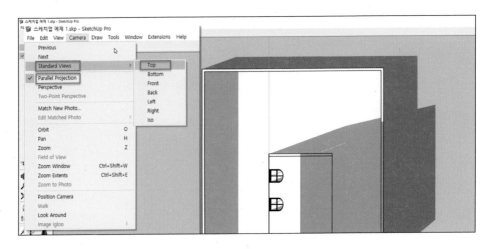

Camera > Parallel Projection을 클릭한 상태에서 Camera > Standard Views > Top을 클릭해주면 평면도처럼 위에서 내려다본 화면을 만들 수 있습니다.

🖻 Two-Point Perspective

화면을 바꾸어 그림처럼 만들어봅니다. 현재 작업 화면은 3점 투시로 보입니다. 그래서 그림처럼 벽이 기울어져 보이게 됩니다.

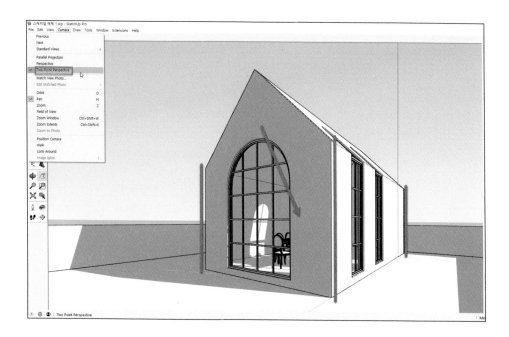

Camera > Two-Point Perspective를 클릭하면 보이는 화면을 2점 투시로 바꿔줍니다. 이때 화면이 2점 투시로 바뀌면서 마우스 포인터의 모양이 손바닥 Pan으로 바뀝니다. 화면을 클릭 드래그해서 화살표처럼 이동하면서 위와 같은 화면으로 만들어줍니다. 이때 마우스 가운데 버튼을 눌러서 Orbit이 실행되면 2소점이 다시 3소점으로 바뀌게 된다는 점을 주의해주세요.

Scenes

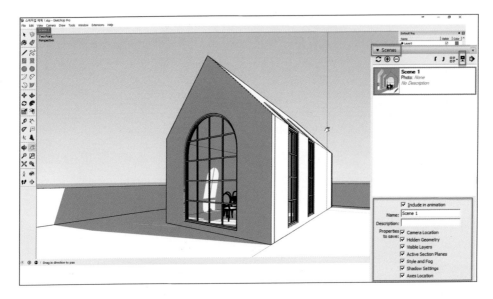

작업 중에 다시 현재의 화면으로 돌아오고 싶을 때를 위해 위에 보이는 화면을 저장하려고 합니다. 화면 우측의 Default Tray에서 Scenes 메뉴 탭을 클릭해줍니다. 그리고 Scenes 메뉴에서 상단 우측에 Show Detail을 클릭해주면 위 그림처럼 아래 세부 내용이 보여집니다. 세부 내용은 체크되어 있는 항목이 Scene에 저장이 된다는 것입니다. 즉 장면마다 Style 설정, Shadow 설정, 오브젝트 감춤 설정을 각각 따로 할 수 있다는 것입니다.

스케치업 베이직: 원리는 책으로, 예제는 YouTube로

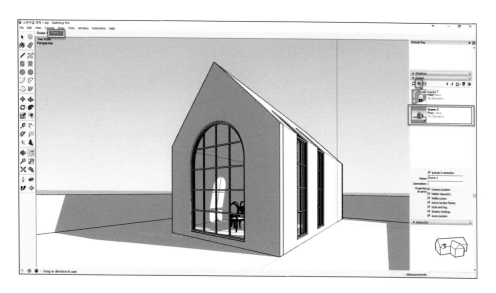

Scenes 메뉴에서 + 버튼을 클릭하면 Scene이 추가됩니다. 앞으로 작업 중에 위 그림에
있는 빨간 네모 부분을 클릭하면 위 화면으로 돌아가게 됩니다. 이때 Scene이 저장하는
것은 화면의 위치만이 아니라 그림자도 기억합니다. 그리고 Hide해준 오브젝트나 Layer
의 상태를 기억합니다. Scenes 메뉴의 하단에 체크된 항목들은 모두 기억되는 것입니다.
그래서 화면을 각각 다른 그림자 및 레이어 그리고 보여지는 오브젝트들을 다르게 설정
해놓을 수 있습니다.

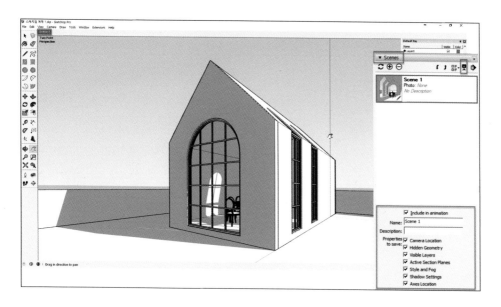

우측의 Default Tray에서 Shadows 메뉴를 찾아서 Time을 04:00 오후로 바꾸고 Date를 10/02로 바꾸면 위 화면처럼 그림자가 이동합니다. 바뀐 상황을 좀 전에 만들어진 Scene 2에 다시 저장하려면 Scene 2라는 이름 위에서 마우스 우클릭하고 Update를 클릭해주면 됩니다. 같은 방법으로 레이어 변화나 Hide 상태를 변경하고 저장할 수 있습니다.

🖼 Shadow & Fog

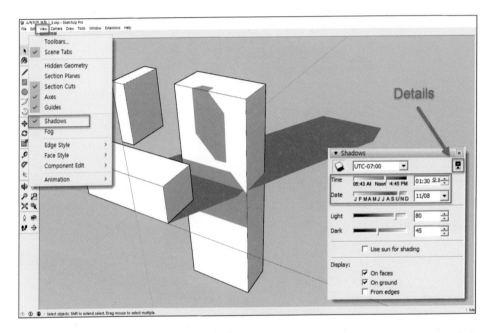

예제 파일에서 '스케치업 예제 1_3.skp'를 열어줍니다. 스케치업의 그림자 설정은 상단의 메뉴 View > Shadows를 체크해야 화면에 표시됩니다. 그림자가 나타나면 시간에 따른 태양의 위치에 따라서 그림자의 방향이 바뀌게 됩니다. 우측의 Default Tray에서 Shadows 메뉴를 찾아서 Time과 Date를 바꾸어보면 날짜와 시간에 따라 그림자의 방향이 바뀌는 것을 확인할 수 있습니다. 위 그림처럼 Details 메뉴가 보이지 않는다면 메뉴의 우측 상단의 Details 버튼으로 열어줍니다.

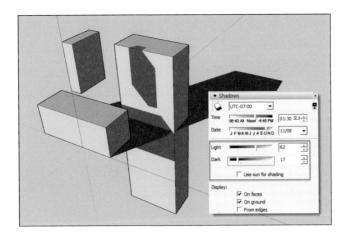

Light와 Dark는 위 그림처럼 밝은 영역과 어두운 영역의 밝기를 수정할 수 있습니다. Use sun for shading 옵션을 체크해두면 그림자가 해제된 상태에서도 태양의 방향에 따라서 밝은 부분이 표현됩니다.

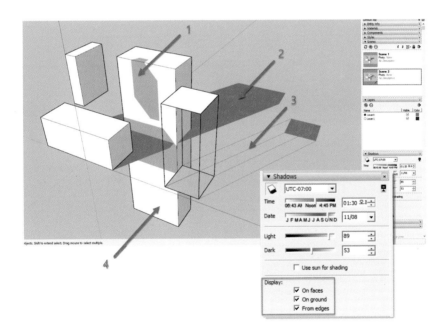

예제 파일의 Scene 2를 클릭해서 장면을 바꿔줍니다. 그림처럼 오브젝트가 하나 더 나타
납니다. Display에서 On faces 옵션은 1번 그림자를 의미합니다. 오브젝트의 면 위에 그
림자를 표현하는 옵션입니다. On ground는 2번 그림자를 의미합니다. 오브젝트가 없지
만 파란색 축이 0인 지점에 그림자를 표현하는 옵션입니다. 이 옵션을 사용할 필요가 없
는 경우가 종종 있습니다. 4번 방향의 오브젝트는 파란색 축(Z축)이 0인 지점 밑에 존재
합니다. 그러다 보니 2번 그림자처럼 중간에 그림자가 만들어지는 잘못된 표현이 됩니다.
이런 경우에는 이 옵션을 해제하고 바닥을 그려주는 것이 좋습니다. 이 옵션은 가구 등의
간단한 오브젝트를 그릴 때 바닥을 굳이 그리지 않아도 되는 상황에서 체크되는 옵션입
니다. From edges 옵션은 3번 그림자처럼 Line이나 Curve 등의 입체가 아닌 선에도 그림
자를 만들어주는 옵션입니다.

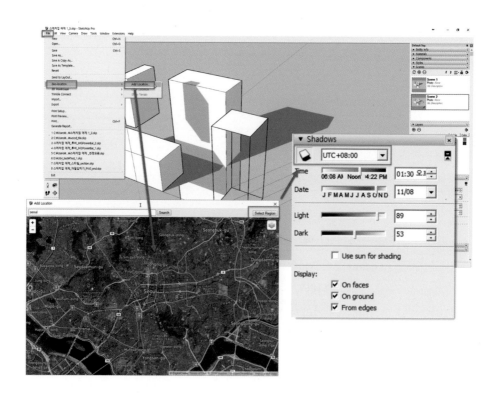

UTC 설정은 특별한 경우가 아니면 만지지 않는 것이 좋습니다. UTC를 변경하려면 상단의 메뉴 File > Geo-location > Add Location...을 실행하고 세계지도가 열리면 원하는 지역을 찾아서 Select Region으로 지역을 먼저 선택해주어야 바뀝니다. 지역 설정을 하지 않고 UTC를 변경하면 원하는 그림자가 나타나지 않는 경우가 있기 때문입니다.

🗂 Fog

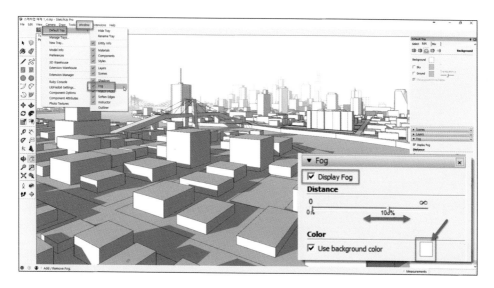

예제 중에 '스케치업 예제 1_4.skp' 파일을 열어보면 위 그림과 같은 장면이 나타납니다. Fog 설정을 위해서 먼저 상단 메뉴에서 Windows > Default Tray > Fog를 체크해줍니다. 우측의 Default Tray에서 Fog 메뉴가 나타납니다. Fog 메뉴에서 Display Fog를 체크하면 그림처럼 안개 효과가 나타납니다. Distance 슬라이드에서 100% 슬라이드를 클릭해서 드래그하면 안개 효과의 거리가 가까워지거나 멀어집니다. 0% 슬라이드는 선명한 영역을 어디까지 할지를 결정해줍니다. Color에서 Use background color를 체크하면 Style 메뉴의 Background를 따르겠다는 뜻입니다. 체크를 해제하고 우측의 색을 다른 색으로 바꿔주면 안개를 표현하는 색이 바뀌게 됩니다.

▶ Zoom Selection

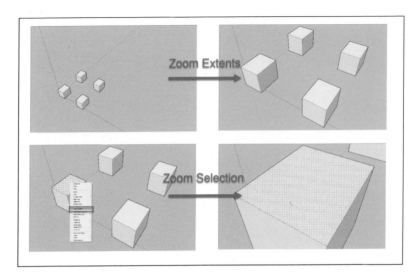

‘스케치업 예제 1_5.skp' 파일을 열어줍니다. Zoom Extents와 Zoom Selection을 사용하면 작업 화면을 효율적으로 사용할 수 있습니다. 마우스 가운데 휠을 돌리는 것으로 기본적인 줌인아웃이 되지만 종종 그것만으로는 줌인아웃이 어려울 때가 있습니다. Zoom Extents는 단축키가 Shift + Z입니다. Zoom Extents는 작업 화면에 있는 모든 오브젝트를 한눈에 볼 수 있는 범위로 화면을 채워줍니다. 그리고 Zoom Selection은 원하는 오브젝트나 면을 클릭하고 마우스 우클릭 메뉴에서 Zoom Selection을 클릭해주면 그 오브젝트나 면을 화면에 채워서 보여줍니다. Zoom Selection도 상단의 메뉴 Windows > Preferences 에서 Shortcuts 메뉴에 가서 단축키(Shift + Ctrl + Z)로 설정해두면 편리합니다.

🐢 화면이 이상하게 보이는 오류

예제 파일에서 '스케치업 예제 1-2.skp' 파일을 열어서 화면을 이동하며 움직이다 보면
작업이 어려울 것입니다. 위 그림처럼 화면이 이상하게 보인다거나 마우스 가운데 휠로
줌인아웃을 할 때 너무 많이 움직이는 경우입니다.

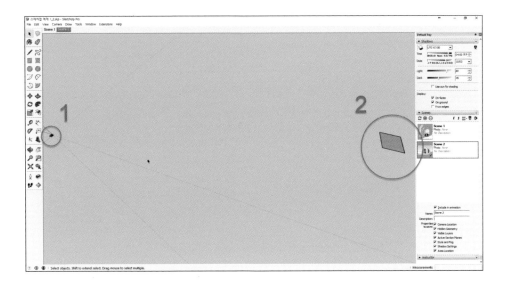

이런 경우 휠로 줌아웃을 해서 작업 중인 화면을 조감도처럼 위에서 보도록 한 다음 단축키 Shift + Z를 눌러줍니다. 조감도 만드는 작업이 잘 안 되면 바로 Shift + Z 하셔도 됩니다. 이렇게 하면 위 그림처럼 내가 작업 중인 모델(그림에서 1)과 멀리 떨어져 있는 오브젝트(그림에서 2)가 보입니다. 그림 2번의 오브젝트를 지워주고 다시 Shift + Z를 실행해주면 좀 전에 나타났던 이상한 부분이 사라질 것입니다. 이렇게 실제로 내가 작업 중인 모델이 너무 큰 경우에 그 안의 작은 오브젝트를 편집하려고 하면 위와 같은 문제들이 발생합니다. 예를 들어 축구장을 설계하다가 그 안에 있는 작은 의자를 모델링하려고 하는 경우 또는 캐드 파일이나 다른 프로그램에서 파일을 불러왔는데 그 안에 작은 점이나 찌꺼기들이 들어 있는 경우도 종종 있습니다. 어떤 경우엔 Shift + Z를 했는데 오브젝트가 보이지 않는 경우도 있습니다. 너무 작아서 화면에 표시가 되지 않는 경우지요. 이런 경우에는 Ctrl + A로 모두 선택한 다음 Shift 키를 누르고 1번 오브젝트를 드래그 선택(여러 개 동시 선택하듯이 마우스로 사각형을 그려 선택)해서 빼주고 Delete 키를 눌러 지우면 됩니다.

그리고 한 가지 더 중요한 것은, 모델링을 시작할 때 빨간색, 파란색, 녹색선이 교차하는 Origin 점에서 시작하는 것이 좋다는 점입니다. 상황에 따라 좀 달라질 수도 있지만 될 수 있으면 시작점 가까이에서 시작해야 합니다. 시작점과 모델까지의 거리만큼 공간으로 인식하기 때문입니다.

💬 YouTube 영상을 확인해보세요!

- 장면(Scene) 설정하는 영상은 아래 주소에 있습니다.
  https://youtu.be/tZySB3qO25c   https://youtu.be/pfFhhl2olfg
- 카메라 기능을 설명한 영상입니다.
  https://youtu.be/HlqOmAkROCg   https://youtu.be/zv8lRwumWu8
- 그림자 설정 영상입니다.
  https://youtu.be/8HDnrVFxr-Y   https://youtu.be/XgZgcAR077s
- 안개 설정 영상입니다.
  https://youtu.be/Rj9vC1eSARo   https://youtu.be/UylQ-6lRKCk
- 작업 화면의 오류와 Zoom Selection과 Zoom Extents를 다루는 영상입니다.
  앞부분을 참고하시면 됩니다.
  https://youtu.be/GwtkiO5GGBs   https://youtu.be/4VpKyZlXKeY

CHAPTER 2
3D 모델링의
중요한 개념들
확인하기

SECTION 01 선택하기

🖐 클릭(클릭/더블클릭/트리플클릭)

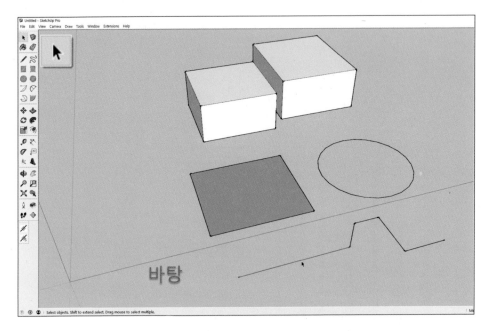

스케치업 예제 '스케치업 예제_선택.skp' 파일을 열어줍니다. 툴바에서 선택 툴을 클릭해줍니다. 단축키는 Spacebar입니다. 선택 툴 상태에서 작업 화면의 선이나 면을 한 번씩 클릭해줍니다. 선택 상태를 풀고 아무것도 선택하지 않으려면 바탕을 클릭해주면 됩니다.

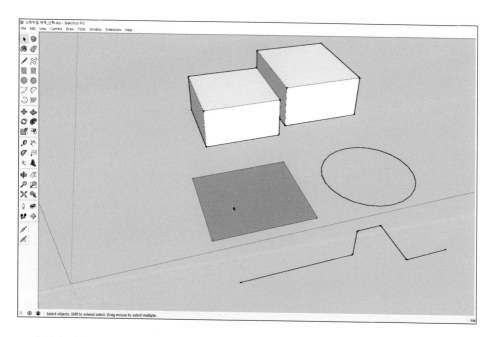

그림처럼 면을 더블클릭합니다. 그러면 면과 주변의 선이 함께 선택됩니다. 선을 선택한 경우에는 해당 선과 주변의 선이 추가로 선택됩니다.

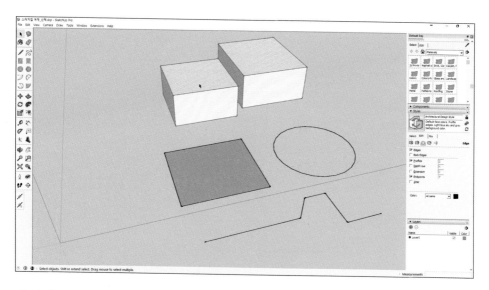

맨 위의 입체를 빠르게 세 번 클릭해주면 그림처럼 연결된 오브젝트 전체가 선택됩니다.

🖰 드래그 선택

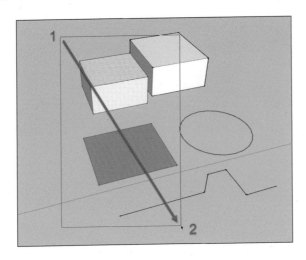

선택 툴로 그림처럼 1에서 2로 드래그해서 선택을 하는 경우 영역 안쪽에 들어와 있는 오브젝트들만 선택됩니다. 클릭해서 왼쪽에서 오른쪽 방향으로 선택하면 선택영역이 실선으로 보이며 그 안쪽에 완전히 포함된 오브젝트들만 선택합니다.

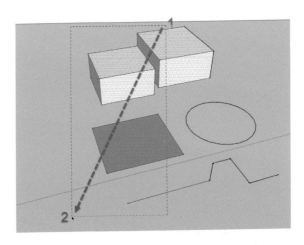

이번에는 그림처럼 1번에서 2번 방향으로 선택합니다. 영역이 점선으로 표현됩니다. 이 점선에 걸리는 모든 오브젝트들을 선택해줍니다. 우측에서 좌측으로 선택하면 선택영역이 점선으로 표현되고 점선에 걸쳐 있는 모든 오브젝트를 선택해줍니다.

스케치업 베이직: 원리는 책으로, 예제는 YouTube로

🖋 그룹 선택과 그룹의 안과 밖 오가기

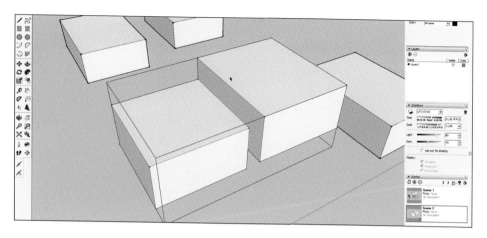

선택 시 그림처럼 면이나 선이 선택되는 것이 아니라 오브젝트 전체가 한 묶음으로 선택되는 것들은 그룹이나 컴포넌트 상태입니다.

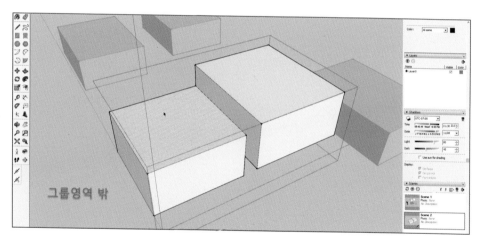

그룹 안쪽의 오브젝트들을 선택하려면 해당 그룹을 더블클릭해주면 안으로 들어갈 수 있습니다. 그러면 점선으로 그룹영역 안과 밖을 구분합니다. 그룹영역 밖은 흐리게 표현되며 선택되지 않습니다. 그룹영역 밖으로 나오려면 그룹영역 밖의 바탕을 클릭해주면 됩니다. 컴포넌트나 그룹은 하나의 묶음입니다. 그 영역 안에 또 다른 그룹이나 컴포넌트를 만들 수 있습니다. 선택했을 때 위 그림처럼 면이 선택되는지 아니면 여러 오브젝트가 함께 선택되는지에 따라서 그룹인지 아닌지 구분할 수 있어야 합니다.

추가 선택과 빼기 선택

선택 툴을 사용할 때 Shift 키를 누른 상태로 선택을 하거나 드래그하면 선택 추가되거나 선택되어 있던 오브젝트가 선택에서 해제됩니다.

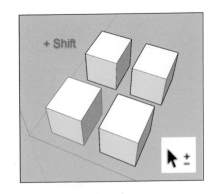

선택 툴을 사용할 때 Ctrl 키를 누르고 있으면 추가 선택됩니다. 추가만 되는 선택 옵션입니다.

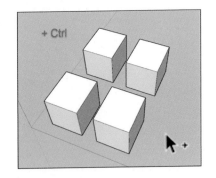

선택 툴 사용 시에 Ctrl과 Shift 키를 동시에 누르면 선택되어 있던 오브젝트를 선택에서 해제할 수 있습니다.

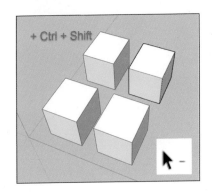

스케치업 베이직: 원리는 책으로, 예제는 YouTube로

SECTION 02 원점과 세 가지 축

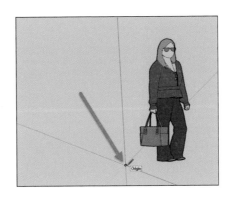

스케치업의 원점은 Origin이라고 표현합니다. 스케치업을 처음 시작하면 위 그림처럼 빨간색, 파란색, 녹색 선이 교차하는 Origin 점을 볼 수 있습니다.

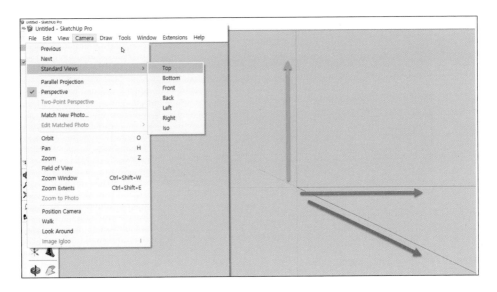

Camera > Standard Views > Top을 눌러서 그림처럼 위에서 보는 화면으로 만들어보면 빨간색 선은 X, 녹색 선은 Y, 파란색 선은 Z를 나타내는 것을 볼 수 있습니다. 실선이

+ 방향이고 점선은 − 방향입니다. 스케치업에서는 별도의 좌표 값을 보여주진 않지만 없는 것은 아닙니다.

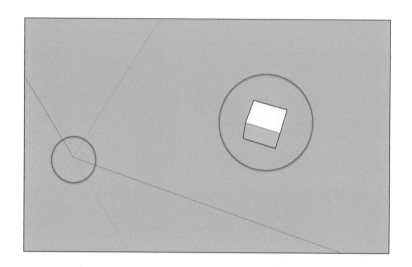

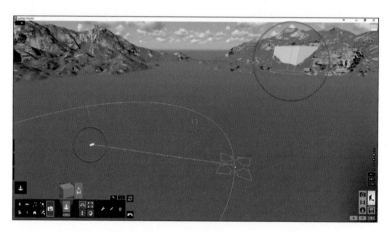

원점 관리는 매우 중요합니다. 위 그림은 원점에서 멀리 그려진 박스를 Lumion으로 불러간 상황입니다. 루미온은 오브젝트의 원점을 기준으로 이동, 돌리기 등을 합니다. 그런데원점이 오브젝트 외부 멀리에 있기 때문에 진행이 너무 어렵게 됩니다. 이렇게 원점이라는 것은 다른 프로그램 간의 호환의 기준이 되기 때문에 가능하면 원점 근처에서 작업을진행하는 것이 좋습니다. 그뿐만 아니라 원점에서 멀게 작업하면 원점과의 거리만큼 작업공간으로 인식하기 때문에 비효율적인 작업이 됩니다.

SECTION 03 앞면과 뒷면

앞면과 뒷면 그리고 입체

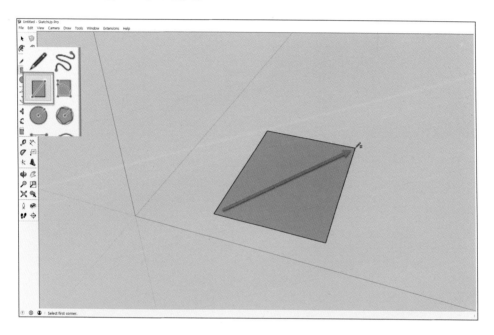

스케치업에는 앞면과 뒷면이라는 개념이 있습니다. 우측 툴바에서 Rectangle 툴을 클릭해서 그림처럼 클릭해서 사각형을 만들어줍니다. 만들어진 면이 그림처럼 파란색인 경우는 뒷면이 보이는 것입니다. 화면을 돌려 아래를 보면 앞면인 흰색이 보입니다. 앞면과 뒷면은 현실 공간에서는 볼 수 없고 3D 프로그램들에서만 볼 수 있는 것입니다. 그런데 잘 생각해보면 이해가 갑니다. 3D 프로그램에서 만들어진 면은 입체라고 할지라도 내부가 텅 비어 있는 빈 껍질이기 때문입니다. 그러다 보니 같은 위치에 수많은 오브젝트가 서 있을 수도 있고 물체와 물체가 아무런 문제 없이 통과하기도 합니다. 위 그림에서 사각형은 입체가 아닙니다.

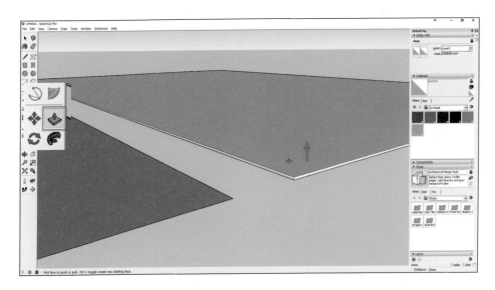

옆에 또 다른 사각형을 만들어준 다음 Push 툴을 이용해서 면을 클릭하고 위로 조금 올려준 다음 클릭을 해주면 입체가 됩니다. 아주 얇은 두께가 생기면서 모두 흰색이 되었습니다. 이처럼 겉으로 보여지는 면은 흰색입니다.

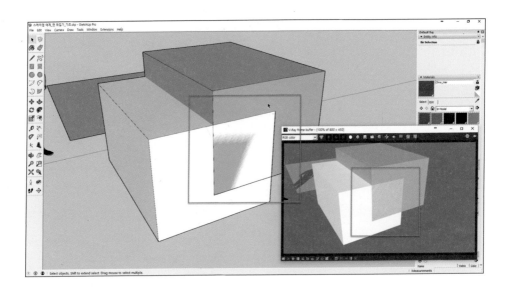

모델링을 진행하다 보면 종종 위 그림처럼 이상한 면이 나타날 때가 있습니다. 왼쪽 빨간
색 사각형은 그룹 지어진 Box 두 개가 서로 겹쳐 있는 경우입니다. 이 경우 저 면은 위에
있는 Box와 아래 있는 Box가 같은 위치에 있어서 컴퓨터가 둘 다 보여주고 있는 현상입
니다. 이렇게 면이 서로 겹쳐 있는 경우에 렌더링을 하면 오른쪽 사각형 안쪽처럼 원치 않
는 렌더 결과가 나타납니다. 스케치업 모델링에서는 앞면, 뒷면, 겹쳐진 면에 대해서 잘
알고 있어야 합니다. 뒷면이 보이면 앞면으로 바꿔주어야 하며 겹쳐 있는 곳은 겹치지 않
도록 수정해주어야 합니다.

🗒 예제를 통한 앞면과 뒷면 수정하기(Reverse Faces / Orient Faces)

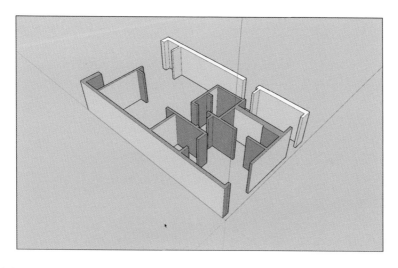

스케치업 예제 파일 '스케치업 예제_면 뒤집기_A.skp' 파일을 열어줍니다. 위 그림처럼 면
이 뒤집힌 모델이 들어 있습니다. 파란색 면을 흰색 면으로 뒤집으려고 합니다.

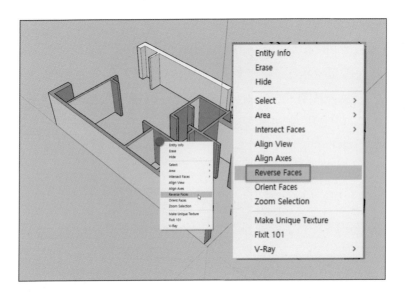

파란색 면 중에 하나를 클릭하고 마우스 우클릭을 해서 나오는 메뉴 중에 Reverse Faces 를 클릭해주면 면이 흰색으로 바뀌게 됩니다. 단축키로 설정해놓으면 편하게 바꿀 수 있 습니다.

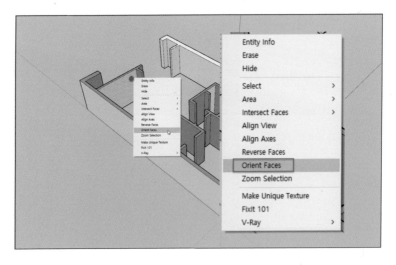

Orient Faces를 활용하면 좀 더 쉽게 면을 뒤집어줄 수 있습니다. Orient Faces는 흰색 면을 선택한 다음 마우스 우클릭을 해서 나오는 메뉴에서 Orient Faces를 클릭해주면 됩 니다. 그러면 선택한 흰색 면을 기준으로 이어지는 면들을 모두 흰색으로 바꾸어줍니다.

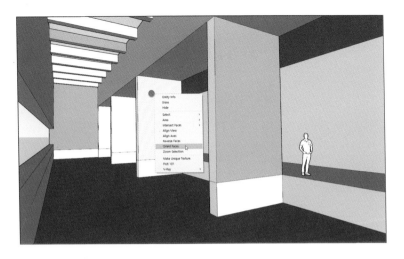

그런데 Orient Faces가 언제나 원하는 결과를 주지는 않습니다. 스케치업 예제 '스케치업 예제_면 뒤집기_B.skp' 파일을 열어줍니다. Orient Faces를 실행해도 파란색 면이 원하는 것처럼 바뀌지 않습니다. 이런 경우 Reverse Faces로 바꾸는 방법밖에는 없습니다.

Reverse Faces와 Orient Faces를 이용해서 모두 흰색 면으로 바꾸어봅니다. Reverse Faces는 단축키로 만들어두면 작업 속도가 빨라집니다.

> 💬 **YouTube 영상을 확인해보세요!**
> • 면에 대한 설명 영상 주소입니다.
> https://youtu.be/BCd_fZqvBA0
> https://youtu.be/7Dy4oeabzn4

SECTION 04 수치 입력하여 그리기

📝 Line/Rectangle/Circle 수치 입력해서 그려보기

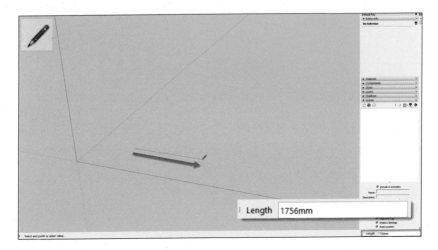

좌측 툴바에서 Line 툴을 선택하고 그림처럼 바닥에 선을 그려봅니다. 첫 번째 지점을 클릭하고 마우스를 이동하면 마우스 포인터와의 거리 값이 작업창 우측 하단에 나타납니다. 이때 키보드로 내가 원하는 값(길이)을 입력하면 마우스 포인터가 가리키는 방향으로 입력한 길이만큼 선이 만들어집니다. Line 툴 이외에도 사각형이나 원을 그릴 때 입력하여 그릴 수 있습니다. Circle의 경우는 반지름을 입력하고 Rectangle인 경우에는 가로 길이와 세로 길이를 '콤마'로 구분하여 입력해줍니다. 이후 이동이나 회전 스케일 등도 값을 입력하여 그릴 수 있습니다. 입력은 입력란을 별도로 클릭하지 않고 바로 숫자를 입력하면 됩니다.

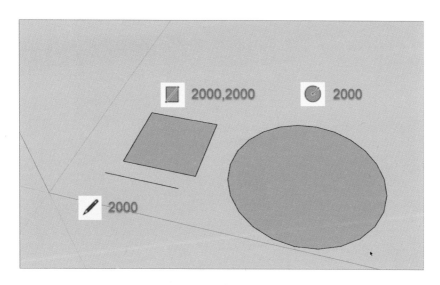

그림처럼 Rectangle 툴을 클릭하고 바탕을 클릭한 뒤에 2000,2000을 입력하여 사각형을
그려봅니다. 그리고 Circle 툴을 클릭하고 원의 중심이 될 위치를 클릭하고 2000을 입력
해서 반지름이 2000인 원을 그려봅니다. Line 툴은 시작 지점을 클릭하고 위치를 이동해
서 2000을 입력하여 길이가 2000인 선을 그려봅니다.

SECTION 05 Line과 Curve에 대한 이해

☞ Line

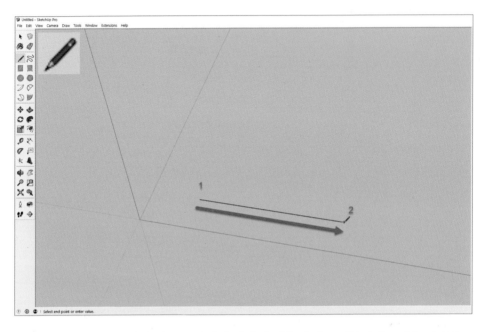

툴바에서 Line 툴을 선택한 다음 그림처럼 바닥에 선을 하나 그려줍니다. 1번을 클릭하고 우측으로 이동해서 2번에 클릭을 해주면 하나의 직선이 만들어집니다. 그리고 선 그리기를 멈추려면 키보드의 Spacebar를 클릭합니다. Spacebar는 선택의 단축키입니다. Line의 단축키는 키보드의 L입니다.

🖋 Arc / Circle의 Sides 값 바꾸기

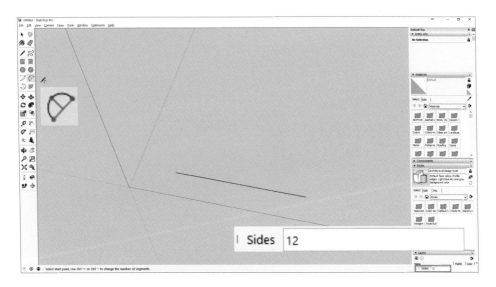

이번에는 툴바에서 2 Point Arc 툴을 클릭합니다. 그리고 작업창에 그리기 전에 스케치업 창의 우측 하단에 보이는 Sides 12라는 값을 확인합니다. Arc(호)를 그리는데 12개의 작은 직선으로 표현하겠다는 말입니다. 이때 키보드로 숫자를 입력하면 Sides 값을 바꿀 수 있습니다.

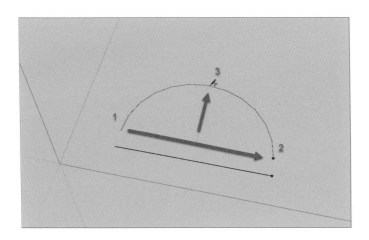

Sides 값이 12인 상태에서 위 그림처럼 순서대로 1~3까지 클릭을 해주면 Arc(호)가 만들어집니다.

이 Arc는 12개의 짧은 직선들로 이루어진 Curve입니다.

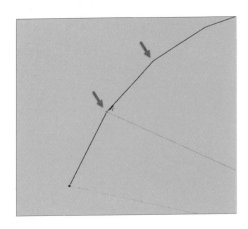

확대를 해서 확인해보면 그림처럼 일정한 간격으로 짧은 선들이 만나서 모서리를 만들고
있는 모습을 확인할 수 있습니다. 스케치업에서 모든 Curve는 이렇게 짧은 선들로 이루
어져 있습니다. 그렇기 때문에 원과 원이 교차하는 지점을 찾아서 작업하는 등의 정밀한
작업의 경우에는 원하는 결과를 얻기 힘듭니다. 실제로 원이라기보다는 다각형이기 때문
입니다.

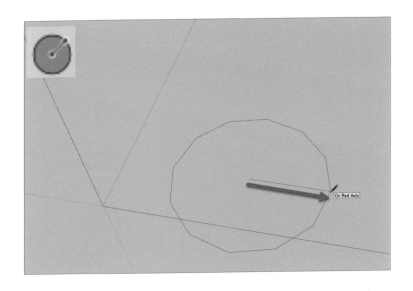

스케치업 베이직: 원리는 책으로, 예제는 YouTube로

이번에는 툴바에서 Circle 툴을 클릭해줍니다. 그리고 바로 키보드로 12s를 입력합니다. Sides 값을 24 → 12로 바꾼다는 것입니다. 그리고 바닥을 클릭하고 그림처럼 우측으로 이동해서 클릭해줍니다. Sides 12인 원이 만들어졌습니다.

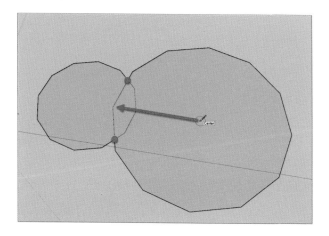

옆에 원을 하나 더 그려서 겹치도록 합니다. Sides 값이 너무 작아서 원이라기보다는 다각형으로 보입니다.

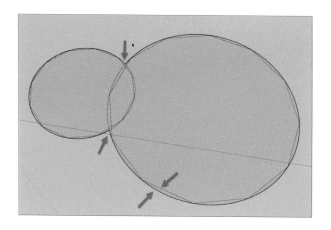

비교해보기 위해서 각각의 원의 중심에서 Sides 120으로 같은 크기의 원을 그려봤습니다. 보이는 것과 같이 교차하는 위치도 다르고 다각형과 원 사이가 벌어져 있는 모습도 보입니다. 간단한 예제를 통해 다 이해하기는 어렵지만 짧은 선으로 이루어진 Curve라는 사실을 꼭 기억해야 합니다.

🖱 Circle/Arc를 그릴 때 주의할 점

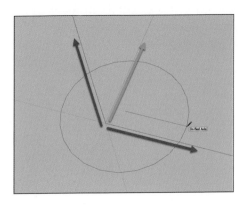

스케치업에서 Circle(원)이나 Arc(호)를 그릴 때는 그림처럼 기본 축 중에 하나에 일치하도록 그리는 것이 좋습니다. 앞서 확인했던 것처럼 원이 아니라 실제로는 다각형이기 때문입니다. 스케치업에서 많은 작업들이 각각의 축에 맞춰서 작업이 진행되는데 그럴 때 원이 축과 다르면 종종 원치 않는 결과를 만들어내기 때문입니다.

축에 일치하는 경우 빨간색이나 녹색 그리고 파란색 중에 하나가 되고 그렇지 않은 경우는 검은색으로 보입니다. 빨간색, 녹색, 파란색 중에 하나에 일치해서 그리면 됩니다.

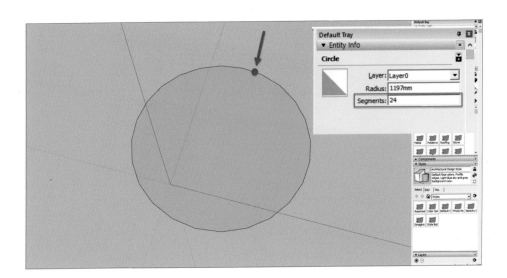

Circle(원)이나 Arc(호)를 그릴 때 Sides 값은 4의 배수로 하는 것이 좋습니다. 역시 원이 다각형이기 때문에 전후좌우의 모양이 같으려면 4의 배수로 그려주는 것이 좋습니다.

Circle(원)이나 Arc(호)의 Sides 값을 바꾸는 방법은 두 가지입니다. 예를 들어 Sides 값을 48로 바꾸고 싶다면 원이나 호를 그리는 툴을 선택한 다음 48s를 입력한 뒤에 그려주면 됩니다. 그리고 다 그려진 상태라면 위 그림처럼 그려진 원의 선을 선택하고 우측의 Default Tray에서 Entity Info 메뉴에서 Segments 값을 48로 바꾸면 됩니다.(Sides와 Segments 값은 같은 걸로 생각해도 됩니다.) Entity Info에서 변경이 안 되는 경우는 선택한 원이 다른 선이나 오브젝트에 의해 나뉘게 되면 변경이 불가능합니다.

🔗 Line과 Curve 좀 더 알아보기

Line과 Curve에 대해 좀 더 알아보기 위해서 루비를 설치할 필요가 있습니다.

Extension Warehouse로 가서 Weld라는 루비를 검색하고 다운로드해줍니다. (https://extensions.sketchup.com/en/content/weld)

다운로드를 하려면 가입이 필요합니다.

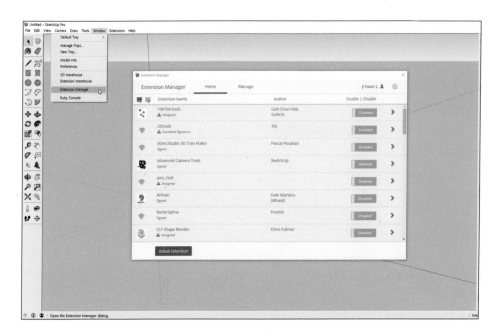

상단의 메뉴 Window > Extension Manager 를 클릭합니다. 그러면 Extension Manager 창이 열립니다. 이 창 좌측 하단의 Install Extension을 클릭하고 열려진 창에서 앞서 다운로드한 Weld 루비를 찾아주면 설치가 됩니다. 설치가 되면 다운로드한 파일은 지 워도 상관없습니다.

상단의 메뉴 View > Toolbars...를 클릭해 서 위 그림과 같은 Toolbar 창을 열어주고

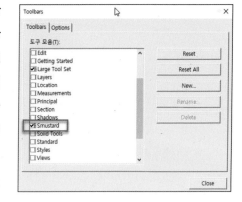

Smustard라는 루비를 체크해주면 루비 아이콘이 나타납니다. 아이콘 창이 열리면 제목 부분을 클릭한 다음 드래그해서 좌측 툴바 밑으로 이동하면 아이콘이 그 툴바 밑으로 들 어갑니다.

이번에는 Line과 Curve의 차이를 확인하기 위해서 Style을 변경하려고 합니다. 우측의 Default Tray에서 Style 메뉴를 찾아서 Default Styles에서 Architectural Design Style을 선택해줍니다.

Edit를 클릭하고 Edge Setting을 클릭합니다. 그리고 Endpoints를 체크해줍니다. 이러면 Line의 끝점들이 분명하게 나타납니다. 평소에는 Endpoints 옵션을 꺼놓고 작업하는 것이 좋습니다만 확인하기 위해서 잠시 켜두려고 합니다. 확인하고 나서는 다시 꺼두시기 바랍니다. 옵션을 하나씩 늘릴 때마다 작업 효율이 떨어지기 때문입니다.

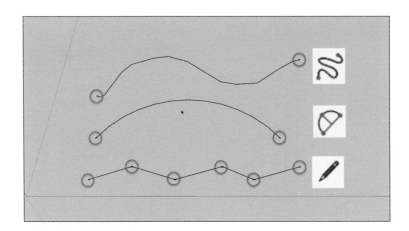

그림처럼 Line, Arc, Freehand 툴을 이용해서 Line과 Curve를 그려줍니다.

보이는 것처럼 Line으로 그린 경우는 클릭한 위치마다 점이 보이는 것을 알 수 있습니다. 그런데 Curve는 양쪽 끝에만 점이 있고 중간에 Side나 Segment들에는 점이 표현되지 않습니다. 선택 툴(단축키 Spacebar)로 선택을 해보면 Line의 경우는 각각 선택이 되지만 Arc와 Freehand의 경우는 전체가 하나로 선택됩니다. 이처럼 커브는 짧은 선들의 묶음처럼 행동합니다. 그래서 중간에 점들이 표현되지 않는다고 보면 됩니다.

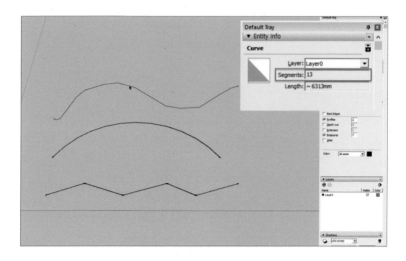

Freehand로 그린 Curve를 선택하고 우측의 Default Tray에서 Entity Info를 보면 Segments가 13이라고 되어 있습니다. Arc의 Entity Info는 Segments 값이 12일 것입니다. 그리고 그 값은 고정 값이 아니라 변경 가능합니다. 앞서 알아본 것처럼 Arc나 Circle은 입체가 되거나 자르지 않았다면 Segments 값을 수정할 수 있습니다.

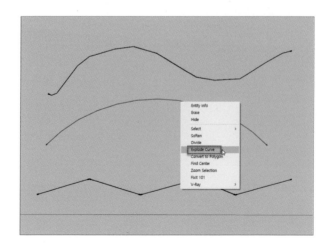

중간의 Arc로 그린 Curve를 클릭하고 그 Curve 위에서 마우스 우클릭을 한 번 더 해줍니다. 우클릭 메뉴 중에 Explode Curve를 클릭해주면 Arc가 Line으로 그린 것처럼 각각의 Segments마다 점이 추가됩니다.

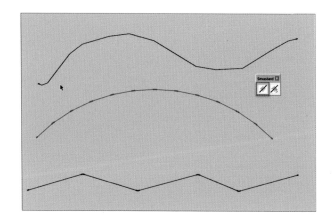

보이는 것처럼 Arc가 아래 Line으로 그린 선들처럼 하나하나 나뉘었습니다. 다시 이 선들을 Curve로 바꾸려면 연결된 선을 모두 클릭해주고 앞서 설치했던 Weld 루비를 클릭해주면 됩니다.

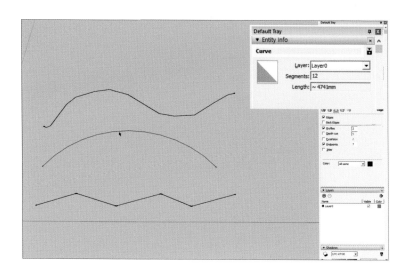

그림을 보면 점들이 없어졌습니다. Weld로 다시 라인들이 하나의 Curve가 된 것입니다. 그러나 Entity Info를 확인해보면 달라진 것이 있습니다. Arc로 정의되었던 것이 Curve가 되었고 Segments도 변경이 불가한 상태입니다.

지금까지 살펴본 것처럼 스케치업은 모두 짧은 직선으로 모든 사물을 표현합니다. 그렇지만 Line과 Curve라는 개념을 두어서 직선과 부드러운 곡선을 표현하고 있습니다. 그리고 Explode나 Weld를 통해 직선과 Curve를 오갈 수 있습니다.

SECTION 06 점, 선, 면

📎 면 만들기

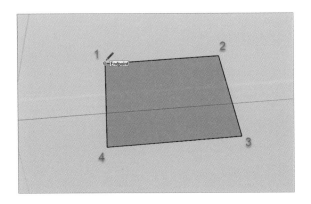

면을 만들어보기 위해 Line 툴을 클릭하고 그림처럼 1번에서 4번 그리고 다시 1번을 순서대로 클릭해줍니다. 그러면 안쪽에 면이 생성됩니다. 면이 만들어지지 않았다면 연결된 선들이 평면이 아니라는 이야기입니다. 스케치업에서 면은 언제나 평면이며 평면이 아닌 경우에는 면을 만들어주지 않습니다.

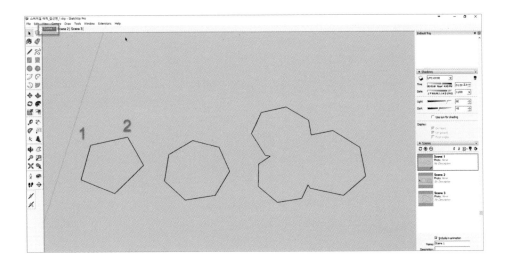

이번에는 선만 있고 면이 없는 상태에서 면을 만들어보겠습니다. 예제 중에 '스케치업 예제_점선면_1.skp' 파일을 열고 Scene 1번의 도형들에 Line 툴로 선을 그려줍니다. 이때 각각의 도형의 라인들 중 하나를 따라 라인을 그려줍니다.(왼쪽 오각형에서 1에서 2로 따라 그려줍니다.) 그러면 면이 만들어집니다. 그러나 해당 도형이 평면이 아니라면 면이 만들어지지 않습니다. 또는 모서리 중 하나가 확대해보면 떨어져 있는 경우도 있습니다.

📎 면이 만들어지는 조건, 평면

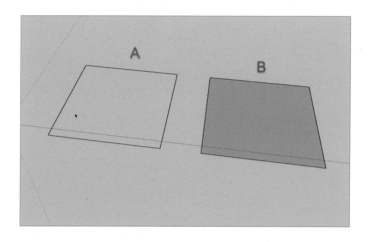

위 그림(Scene 2)에서 A는 앞서 했던 것처럼 Line 툴로 그렸으나 사각형이 생기지 않았습니다. 이유는 아주 작은 차이로 Z 값이 다르기 때문입니다. 삼각형은 언제나 평면이기 때문에 면이 생성되지만 사각형 이상의 도형은 그리는 상황에 따라서 Z 값이 다를 수 있습니다. 여기서 Z 값이란 파란색 축으로 높낮이가 다를 수 있다는 것입니다. B 사각형은 현재 상태에서 파란색 축의 값은 점 네 개가 모두 동일합니다. 좀 더 정확하게 말하면 파란색 축의 값이 모두 동일해야 평면이 된다는 말이 아니라 점 네 개 또는 그 이상을 연결한 면이 평면이어야 한다는 이야기입니다. 스케치업을 처음 접할 때 자주 경험하는 것 중 하나가 분명히 라인을 잘 연결해서 그렸는데 면이 만들어지지 않는다는 것입니다. 면이 만들어지지 않을 때는 100% 그 점들의 연결이 평면에서 이루어지지 않았다는 것입니다. 예를 들어 종이 위에 네 개의 점을 찍고 연결해보면 사각형이 만들어지지만 만약에 그중 한 점이 종이 위에 있지 않고 종이 면보다 살짝 위에 떠 있다면(종이 면에 대하여 Z 값이 다르다면) 면은 만들어지지 않습니다.

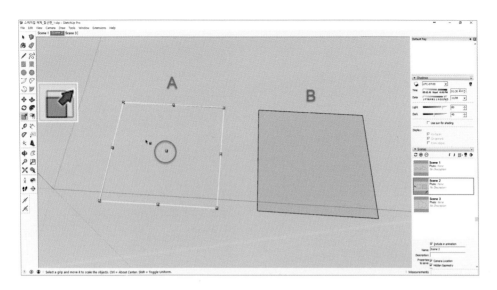

파란색 축의 값이 다른 것을 확인해보도록 하겠습니다. 현재 B는 파란색과 빨간색 축의 평면에 그려진 사각형입니다. 그러나 A의 네 점 중에는 평면 위에 있지 않는 것들이 있습니다. 즉 평면이 아닙니다. 선택 툴(단축키 Spacebar)로 A 사각형의 선 중 하나를 세 번 빠르게 클릭해줍니다. 그러면 연결된 선 전체가 선택됩니다. 그리고 왼쪽 툴바에서 Scale 버튼을 눌러보면 가운데에 파란색 스케일 컨트롤 포인트가 생깁니다. B를 똑같이 해보시면 가운데 스케일 조절 포인트가 없습니다. 평면이기 때문에 파란색 축으로는 스케일을 키울 수 없기 때문입니다.

📚 면이 만들어지는 조건, 닫힌 모양

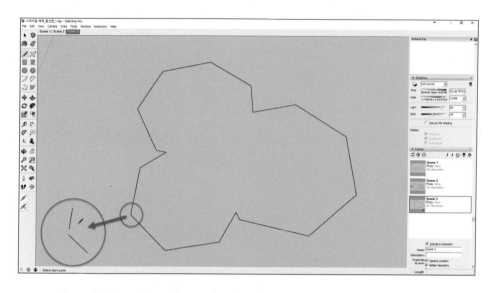

Scene 3을 클릭해서 보이는 도형은 그림에 동그라미로 표시된 모서리를 확대해보면 라인이 연결되어 있지 않습니다. 이런 경우 선을 따라 그려도 면이 만들어지지 않습니다. 얼핏보면 문제가 없어 보이는 도형 중에 위 그림처럼 일부 모서리가 연결되어 있지 않은 경우가 많습니다. 이럴 때는 라인 툴로 연결해주면 면이 만들어집니다. 위 그림보다 훨씬 복잡한 경우는 저런 부분을 찾기 어렵습니다.

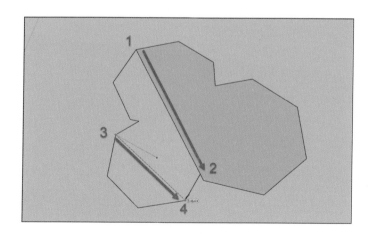

떨어진 모서리를 찾기 어려운 경우는 그림처럼 도형의 중간을 가로지르는 선을 그려주면 문제가 없는 쪽은 면이 만들어집니다. 그림처럼 1번과 2번을 연결하고 다시 3번과 4번을 연결해서 면을 만들어가면 문제가 있는 모서리를 찾을 수 있습니다.

Soften Edges

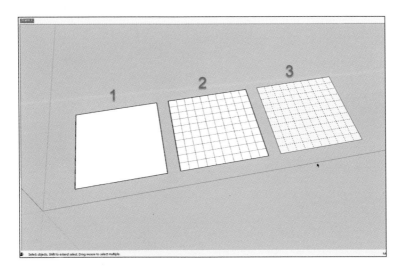

'스케치업 예제_Soften Edges.skp' 파일을 열어줍니다. 그림에서 1~3번은 모두 같은 평면입니다. 1번은 점이 네 개, 선이 네 개, 면이 하나인 사각형이고 2, 3번은 점, 선, 면의 수가 매우 많습니다. 2번은 선이 보여서 확인이 가능하지만 3번은 세 번 클릭을 해줘야 감춰진 선들이 보이면서 내부 선들을 확인할 수 있습니다. 3번은 면을 한 번 클릭하는 방법으로는 1번과 같습니다. 2, 3번 면은 100개의 면으로 나뉜 면입니다. 그리고 3번에는 Soften Edges가 적용된 상태여서 내부의 선이 감춰진 상태입니다.

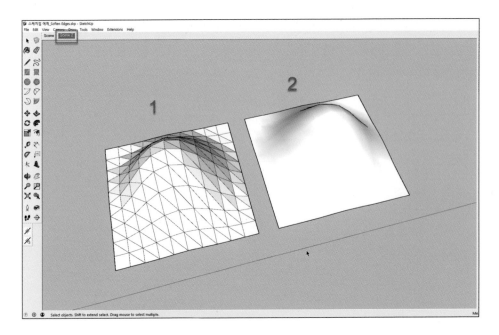

Soften Edges에 대해서 알아보기 위해 Scene 2번을 클릭합니다. 1번과 2번은 데이터상으로는 같은 모양입니다. 그러나 1번은 내부의 선들을 모두 보여주고 있고 2번은 보이지 않고 면이 부드럽게 보입니다. 2번에 Soften Edges가 적용되었기 때문입니다. 짧은 직선이 곡선을 표현했듯이 작은 삼각형 평면들이 곡면을 표현하는 것입니다.

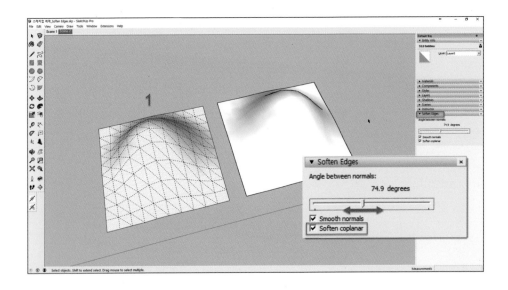

1번 면을 세 번 클릭으로 전체 선택을 해줍니다. 그리고 우측의 Default Tray에서 Soften Edges 창을 찾습니다. 그런 다음 중앙에 슬라이드를 좌우로 이동해봅니다. Soften coplanar도 체크해줍니다. 위 그림에서 74.9 degrees라는 값은 평면과 평면이 만나는 각도에 따라 해당 면들 사이의 모서리를 감춰서 부드럽게 보이도록 할지 말지를 결정하는 기준이 됩니다. 슬라이드 바를 왼쪽으로 낮추면 면 사이의 모서리는 점점 증가합니다. 반대로 오른쪽으로 높여주면 선이 감춰져 부드럽게 보입니다. 이때 Soften coplanar의 기능은 같은 평면 즉 서로 만난 면이 동일한 평면일 때 그 사이의 선을 감춰주는 것입니다. 면 전체를 부드럽게 하려면 체크해두면 됩니다. 앞서 보았던 사각형들에서 Soften coplanar 가 체크되지 않으면 안쪽의 선들을 감출 수 없습니다.

SECTION 07 Lock / Unlock

🖘 Lock / Unlock

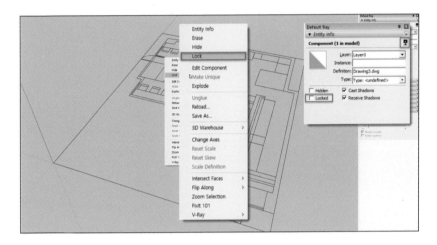

Lock 기능을 사용해보기 위해 '스케치업 예제_Lock과 Hide.skp' 파일을 열어줍니다. 도면을 클릭하고 도면 위에서 마우스 우클릭을 해줍니다. 우클릭 메뉴 중에 Lock을 누르면 도면이 빨간색으로 바뀌고 잠금 상태가 되어 지워지거나 편집되지 않는 상태가 됩니다. 우클릭 메뉴 말고 Default Tray에서 Entity Info 창에서 Lock 체크해주어도 됩니다. Entity Info 창에서 Show Detail 버튼을 눌러줘야 Lock 옵션이 보입니다. Unlock을 하려면 마우스 우클릭 메뉴에서 Unlock을 클릭해주면 됩니다. 역시 Entity Info에서 Lock 옵션을 해제해주어도 됩니다.

⬤ Hide/Unhide

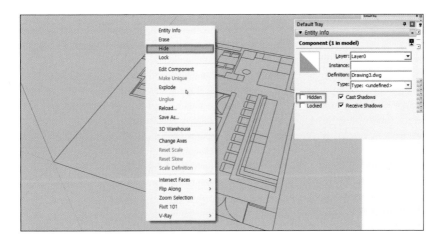

Hide 기능도 사용 방법은 Lock과 동일합니다. 우클릭하여 Hide하거나 Entity Info 창에서 Hide를 체크해주면 눈에 보이지 않습니다.

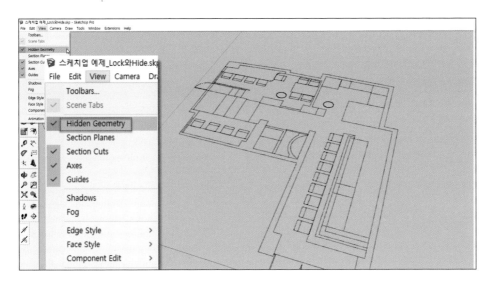

Hide의 경우는 감춰졌기 때문에 Lock처럼 바로 선택할 수가 없습니다. 그래서 상단 메뉴에서 View > Hidden Geometry를 클릭해줘야 합니다. 활성화가 되면 감춰졌던 도면이 점선으로 나타납니다. 이 점선 상태의 오브젝트를 우클릭해서 Unhide를 체크해줍니다. 또는 Entity Info에서 Hide 체크를 해제해주면 됩니다.

SECTION 08 모델링을 도와주는 Inference

● Origin

작업 환경의 중심점입니다. Origin 점은 두 가지입니다. 하나는 전체 작업 공간의 Origin(World Origin)입니다. 컴포넌트나 그룹 내부에 있는 Origin(Local Origin) 점은 전체 작업 공간에서 그 그룹과 컴포넌트의 위치를 나타내는 지점입니다. World Origin은 유일하게 하나만 존재하지만 Local Origin은 각각의 그룹과 컴포넌트에 모두 존재합니다.

● Endpoint

직선의 양 끝을 의미합니다.

● Midpoint

직선의 중심점입니다.

● Intersection

그림처럼 보조선과 보조선이 만나거나 선과 면이 만나거나 두 오브젝트 사이에 교차되는 지점을 말합니다.

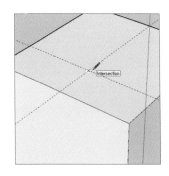

● Center

Circle이나 Polygon 또는 Arc의 중심입니다. 중심점을 나타나게 하려면 먼저 외곽의 라인에 잠시 마우스 포인터를 머물렀다가 가운데로 가져가면 됩니다. 그렇지만 원이나 Arc가 Explode Curve로 인해서 해체가 되었다가 다시 Weld된 상태라면 만들어지지 않습니다.

● On Face

마우스 포인터가 면과 만나거나 면 위에 올려져 있는 경우에 On Face라고 알려줍니다. 위 그림에서 선을 그리면 면 위에서 그려지게 됩니다.

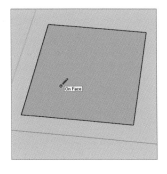

● On Edge

마우스 포인터가 라인 위에 있을 때 나타납니다. On Face와 On Edge는 잘 확인해야 합니다. 무심코 작업을 하다 보면 면과 선 위에서 그리지 않고 아주 미세하게 옆이나 다른 위치를 클릭하는 실수를 자주 합니다.

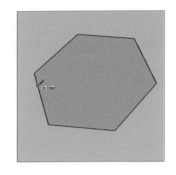

● From Point

두 개의 Inference로부터 만들어진 교차점의 위치입니다.

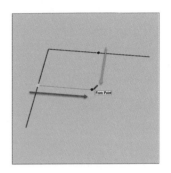

● Parallel to Edge

1번 라인과 평행한 2번 라인이 그려지고 있습니다. 2번 새로운 라인을 1번과 평행하도록 그리려면 Line 툴로 선을 그리기 전에 1번 라인 위에서 On Edge가 나올 때까지 기다렸다가 1번 라인 위로 마우스 포인터를 조금 이동해 줍니다. 그리고 원하는 위치에 라인을 그리면 평행한 선으로 그려지게 됩니다. 이때 화살표의 아래 방향을 눌러주면 평행에서 수직선으로 바뀌게 됩니다.

● Perpendicular to Edge

Line 툴 상태에서 마우스를 1번 라인을 따라 이동한 다음 바탕에 라인의 시작점을 클릭한 다음 2번처럼 이동하면 1번 라인에 수직인 라인을 그릴 수 있습니다. 이때 화살표 키 아래 방향을 누르면 평행선으로 바뀌게 됩니다.

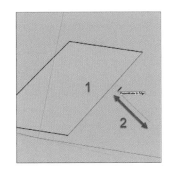

● Tangent to Edge

Arc 툴 선택 후에 모서리 선을 클릭하고 그림처럼 2번 방향으로 이동하면 Tangent to Edge가 보입니다. 모서리에 라운드를 만들어줍니다.

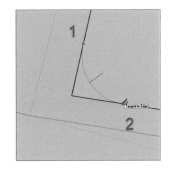

어떤 면과 같은 방향의 면을 외부에 그리고 싶을 때는 Circle 툴을 선택한 다음 그림처럼 원하는 1번 면 위에서 Shift 키를 눌러줍니다. 그러면 1번 면의 외곽이 핑크색으로 활성화됩니다. 그 상태에서 외부에 있는 2번으로 이동해서 클릭하면 1번 면과 같은 방향의 면을 그릴 수 있습니다. Rotate 툴을 이용해서 외부의 오브젝트를 원하는 면 방향으로 돌리고 싶을 때도 그 면 위에서 Shift를 누르고 원하는 점에서 마우스를 돌려주면 됩니다.

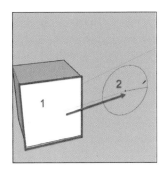

이동하는 경우에 Shift 키를 누르면 이동하려는 방향으로 고정이 됩니다. 그림처럼 빨간 축으로 이동하려는 경우에 먼저 빨간 축 방향으로 이동을 합니다. 그리고 움직이기 시작하면 Shift 키를 누르고 있으면 빨간 축으로 이동하면서 보이던 점선이 굵은 점선으로 바뀝니다. 이때 다른 오브젝트의 모서리 등에 마우스를 가져가면서 다른 인퍼런스 기능들과 함께 사용할 수 있습니다. Shift는 이동하

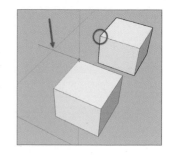

려는 방향을 고정하는 기능을 합니다. 추가로 화살표 방향키를 사용해서 이동 시 고정이 가능합니다. 좌측 화살표는 녹색 축, 우측 화살표는 빨간 축, 위쪽 화살표는 파란 축으로 고정이 됩니다.

CHAPTER 3
모델링 기초 1

SECTION 01 Move / Rotate / Scale

🔖 Move

'스케치업 예제_기초모델링_1.skp' 파일을 열고
Scene 1을 클릭해줍니다. Box를 세 번 클릭해서
전체 선택을 한 다음 Move 툴을 클릭해줍니다.
그림처럼 시작 위치를 클릭하고 다음 위치로 이동
하면 오브젝트가 따라서 이동을 합니다. 이때 Ctrl
키를 누르면 복사가 되면서 이동합니다.(Ctrl 키를
눌렀다 뗍니다.) 오브젝트 이동은 AutoCad와 유
사합니다. 시작 위치 클릭 후에 수치를 입력하면
마우스가 이동한 방향을 따라서 입력된 수치만큼
이동합니다.

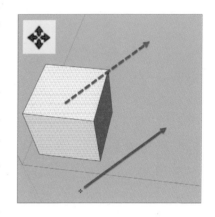

Scene 4를 클릭하면 그림과 같은 오브젝트가 보
입니다. 앞서 사용한 Move 툴은 오브젝트를 먼저
선택하고 Move 툴을 사용했습니다. 이번엔 Move
툴을 먼저 클릭하고 사용해보겠습니다.

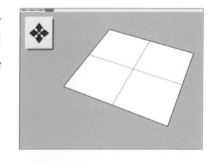

가운데 교차점에 마우스를 가져가서 교차점을 클
릭하고 움직이면 그림과 같이 이동할 수 있습니다.

이때 화면을 마우스 가운데 휠을 눌러서 그림처럼 지평선이 보이는 방향으로 바꾼 다음에 키보드의 화살표 방향키 중 위쪽 방향키를 한 번 눌렀다 뗍니다.(또는 Alt 키) 그러면 면에 대해서 Z 방향으로 들어 올려서 피라미드와 같은 모양으로 이동할 수 있습니다. 모든 이동에서 방향키, Shift 키 사용은 모델링의 정확도를 높여줍니다. 앞서 설명한

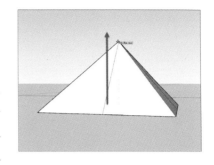

것처럼 녹색 축 좌, 빨간색 축, 파란색 축 위, 원하는 방향으로 고정은 아래 방향키를 누르면서 진행합니다. Shift 키는 누르고 있는 상태에서만 되지만 방향키는 클릭만으로 작동합니다.

Rotate

Scene 2번을 클릭하면 직선 두 개가 보입니다. 보이는 Box를 전부 선택한 다음 Rotate 툴을 클릭해줍니다. 그리고 1번 점을 클릭한 다음 드래그해서 2번 점으로 선을 따라 이동합니다.(1번 점을 마우스 왼쪽 버튼을 누른 상태로 2번 점으로 이동) 그리고 마우스 왼쪽 버튼을 떼면 그 축을 기준으로 돌릴 수 있습니다. 이때 수치를 입력하면 원하는 각도만큼 돌릴 수 있습니다. 또한 Ctrl 키를 누

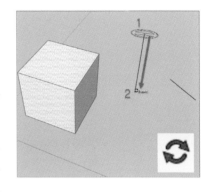

르면 복사해서 돌려줍니다.(그림의 선은 이해를 돕기 위해 만들어놓은 것입니다. 선이 없어도 돌릴 수 있습니다.) 스케치업 사용자 중에서 Rotate를 잘 못하는 경우가 의외로 많습니다. 이유는 Rotate 툴을 선택해서 오브젝트를 옮길 때 대부분 기준이 바닥이나 벽면인데 이런 경우는 드래그를 사용하지 않고도 Inference 기능이 활성화되어 쉽게 찾을 수 있기 때문입니다. 그러나 특정한 기준을 사용해서 돌리는 경우는 실수를 하거나 모르는 경우도 많습니다. Rotate 툴 사용에서 축을 드래그해서 지정하는 방법을 꼭 기억하기 바랍니다. 화면을 돌려서 보면 좀 더 이해하기 쉽습니다. 다른 선으로도 돌려보시기 바랍니다. 또한 방향키를 이용해서 고정하는 방법도 있습니다. 이동과 같이 녹색 축 좌, 빨간색 축 우, 파란색 축 위, 지정 방향 또는 특정 면 등은 아래 방향키를 클릭하시면 됩니다.

⬚ Scale

Scene 3으로 장면을 바꿔줍니다. 그리고 전체 선택 후에 Scale 툴을 클릭해줍니다. 그림처럼 Scale 툴이 활성화되면 녹색의 작은 컨트롤 포인트들이 보입니다. 마우스를 각각의 포인트로 옮겨보면 빨간 포인트로 바뀝니다. 그리고 반대편에 빨간 포인트가 하나 더 활성화됩니다. 두 개의 점으로 스케일이 변한다는 뜻입니다. 그림처럼 꼭짓점에 가져가면 반대편 꼭짓점이 활성화되고 이때 클릭을 하면 두 점이 기준이 되어

전체 크기가 늘어납니다. 이때 수치를 입력하면 크기가 입력한 수치만큼 커집니다. 예를 들어 2를 입력했다면 2배 크기가 됩니다. 스케일을 줄이거나 늘릴 때 Ctrl 키를 누르면 중심 방향으로 줄어들거나 커집니다.

Spacebar를 클릭해서 다시 선택 툴로 바꿉니다. 그리고 바탕을 클릭해서 선택 해제를 합니다. 그런 다음 그림처럼 왼쪽에서 오른쪽으로 드래그하면서 안쪽의 면들만 선택해줍니다.

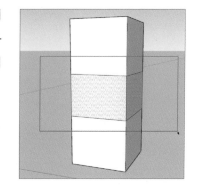

Scale 버튼을 클릭하고 화살표 방향의 대각선 꼭짓점을 클릭합니다. 그리고 Ctrl 키를 누르고 마우스를 이동하면 선택한 것들의 중심 방향으로 줄어듭니다. 중심 방향으로 스케일을 변경하는 경우는 Ctrl 키를 누르고 있어서 수치 입력을 할 수 없으니 우선 중앙으로 적당하게 이동을 하고 나서 동작이 끝난 다음에 원하는 수치를 입력하면 됩니다.

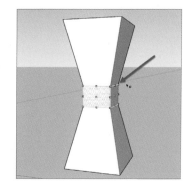

SECTION 02 Copy / Array & Divide

'스케치업 예제_기초모델링_2.skp' 파일을 열고 Scene 1을 클릭해줍니다. 박스를 선택한 다음 그림처럼 시작점으로 바탕을 클릭한 다음 빨간색 축과 평행하게 이동합니다. 이때 Ctrl 키를 눌렀다 뗍니다. 그러면 복사를 하면서 이동합니다. 그리고 키보드로 2000을 바로 입력하고 Enter 키를 눌러줍니다. 그러면 빨간색 축으로 2000을 이동하면서 복사됩니다.

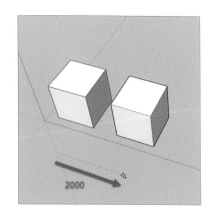

위에서 2000을 입력하여 복사한 다음 곧바로 *5를 키보드로 입력한 다음 Enter를 눌러줍니다. 그러면 총 5개가 복사됩니다.

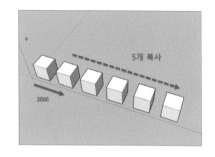

Scene 2를 선택해서 장면을 바꿔줍니다. 보이는 Box를 선택한 다음 Rotate 툴을 클릭해줍니다. 그리고 원점을 클릭합니다. 이때는 Inference 기능으로 파란색 축에 일치하게 되므로 드래그하지 않아도 됩니다.

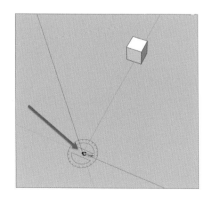

1번 위치를 클릭해줍니다. 그리고 화살표 방향으로 마우스를 이동하면서 Ctrl 키를 눌렀다 떼어줍니다. 복사가 되면서 원점을 기준으로 돌기 시작합니다. 키보드에 30°를 입력해줍니다. 그러면 30도만큼 돌면서 복사가 됩니다.

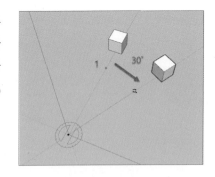

복사가 된 다음 곧바로 *11을 입력해줍니다. 11개를 30°를 돌면서 복사해줍니다.

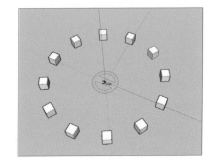

바닥에 사각형을 하나 만들어줍니다. 그리고 그림처럼 라인 하나를 선택해줍니다. 그리고 Move 툴을 선택한 다음 화살표 위치의 점을 클릭해줍니다.(스케치업 예제_기초모델링_3.skp)

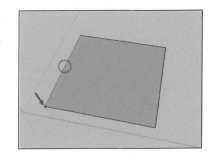

Ctrl 키를 한 번 눌러줍니다. 그리고 화살표 방향으로 이동해서 클릭하여 우측의 라인에 겹쳐지게 복사를 해줍니다.

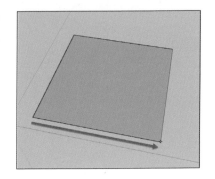

복사가 되면 /10(나누기 10)을 입력하고 Enter 키를 눌러줍니다. 그러면 면이 10개로 나닙니다.

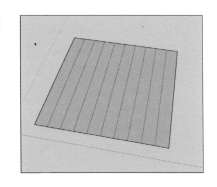

그림처럼 녹색 축 위에 사각형을 그려줍니다. 그리고 선택 후에 Rotate 툴을 클릭해서 원점을 클릭하여 기준을 잡아줍니다. 그리고 녹색 축 위에 2번 점을 클릭하고 3번 방향으로 이동하면서 Ctrl 키를 한 번 눌러줍니다. 그리고 3번 위치의 빨간색 축 위에서 클릭을 합니다. 또는 90을 입력합니다. 그러면 90°만큼 이동해서 복사가 됩니다.
그리고 /5를 입력해줍니다. 위 그림처럼 90°가 5등분되어 사각형이 복사가 됩니다.

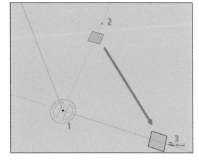

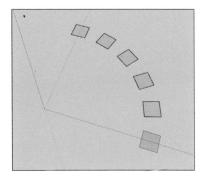

SECTION 03 Push / Pull / Offset

Rectangle(사각형) 툴을 선택한 다음 원점에 시작
점을 클릭하고 500,500을 입력해서 사각형을 만
들어줍니다.

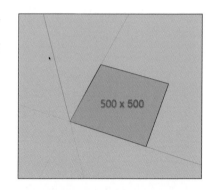

툴바에서 Push/Pull 메뉴를 선택하고 면을 클릭
한 다음 화살표 방향으로 마우스를 올려줍니다.
그리고 500을 입력하고 Enter를 누르면 입체가 만
들어집니다.(모서리가 500인 정육면체가 만들어
집니다.)

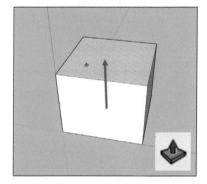

이번에는 툴바에서 Offset 툴을 클릭합니다. 그리
고 그림처럼 마우스를 앞면에 가져가면 그 면이
활성화됩니다. 그리고 그 면 주변의 테두리 모
서리에 빨간 점 하나가 만들어지고 마우스 위치
에 따라 움직입니다. 그 상태에서 그 면을 클릭하
고 화살표 방향으로 이동한 다음 50을 입력하고
Enter를 눌러줍니다. 그러면 테두리에서 50만큼
간격이 띄워져서 사각형이 만들어집니다. Offset
은 면 안쪽뿐만 아니라 밖으로도 가능합니다.

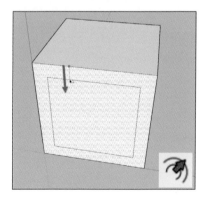

안쪽 면을 Push/Pull 툴로 클릭해서 화살표 방향으로 밀어 넣어줍니다. 뒤쪽의 면과 일치시키면 On Face라는 메시지가 보입니다. 뒷면과 맞닿을 때까지 밀어주고 클릭을 합니다. 이때 뒷면이 잘 보이지 않으면 마우스 가운데 휠을 눌러서 화면 방향을 바꾸어도 됩니다.

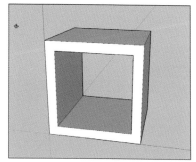

Push/Pull로 뒷면까지 밀어주면 그림처럼 오브젝트를 뚫을 수 있습니다.

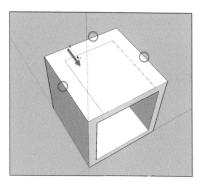

선택 툴로 그림처럼 동그라미 표시된 3개의 라인을 선택해줍니다. 그리고 화살표 방향으로 안쪽으로 이동합니다. 그리고 100을 입력하고 Enter를 눌러줍니다. 그러면 3개의 선이 안쪽으로 Offset 됩니다.

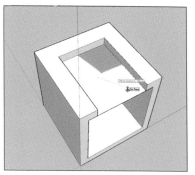

안쪽의 면을 Push/Pull 툴을 누르고 아래 방향으로 밀면 Offset limited 메시지가 나타납니다. 이 메시지는 더 이상 Push/Pull로 밀어 넣을 수 없다는 뜻입니다. 이때 클릭해주면 뚫리면서 면이 지워집니다. 종종 면이 지워지지 않는 경우도 있습니다. 조건이 만족되면 면이 지워지지만 조건이 다르면 안 될 수도 있습니다. 이럴 땐 직접 지워주셔도 됩니다.

SECTION 04 예제 연습 - 도면 불러와서 벽체 세우기

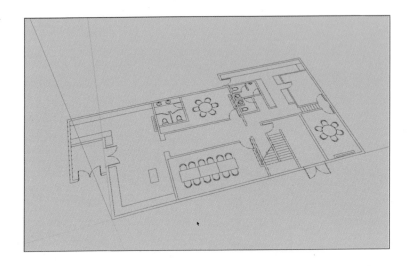

'스케치업 예제_기초모델링_4.skp' 파일을 열어줍니다.

도면을 클릭하고 라인 위에서 마우스 우클릭해서
메뉴 중에 Lock을 선택해줍니다. 도면 등은 정리
한 다음 Lock을 만들어주면 지워지거나 변형되지
않아서 편리합니다.

Retangle(사각형) 툴로 벽면에 그림처럼 사각형을 그려줍니다.(벽 두께에 맞춰서 그려줍니다.) 그리고 만들어진 사각형을 Push/Pull 툴로 높이 값을 2400을 입력해서 입체로 만들어줍니다.

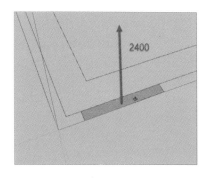

🕊 Ctrl 키를 눌러주며 Push/Pull 사용하기

Push/Pull을 이용해서 그림처럼 면을 선택해서 화살표 방향 끝의 모서리 점까지 끌어당겨줍니다. 그리고 클릭하면 벽이 모서리 부분까지 길어집니다.

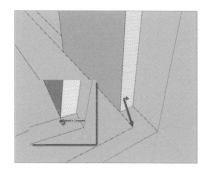

다시 면을 클릭하고 Ctrl 키를 한 번 눌러줍니다. 그러면 해당 면이 복사되면서 앞으로 돌출됩니다. 그림처럼 벽 두께만큼 이동한 뒤에 라인에 맞춰서 클릭해줍니다.

Push/Pull 툴로 이어서 옆면을 선택하여 그림처럼
또 다른 모서리까지 돌출시켜줍니다.

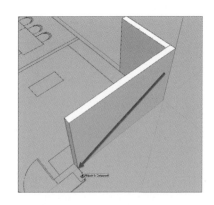

그림처럼 Ctrl 키를 이용해서 면을 복사하면서 앞
으로 돌출시켜줍니다.

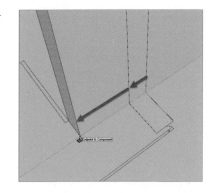

Push/Pull로 그림처럼 클릭해서 모서리까지 돌출
시켜줍니다.

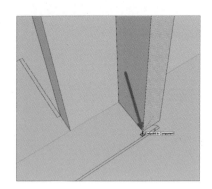

🖉 Erase(지우개) 사용하기

진행 과정에서 생긴 불필요한 선과 그 안쪽의 면은 Eraser(지우개) 툴로 지워줍니다.

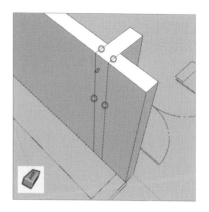

문도 그림처럼 Push/Pull 툴로 Ctrl 키를 이용해서 만들어줍니다.

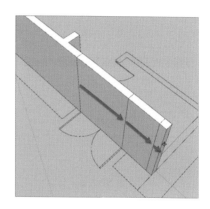

그리고 바닥 면으로 화면을 돌려서 아래에서 위쪽으로 밀어 올려줍니다. 이때 2100을 입력해서 문 높이를 지정해줍니다.

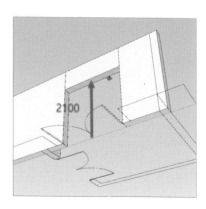

불필요한 선들을 지우개 툴로 지워줍니다. 그리
고 흰색 면 위에서 Orient Faces를 클릭해서 문 안
쪽에 뒤집혀 있는 면을 흰색으로 만들어줍니다.
Reverse Faces로 해도 좋습니다. Orient Faces
를 사용한 이유는 파란색 면이 여러 개인 경우는
Orient Faces로 하면 한 번에 흰색 면으로 바꾸어
주기 때문입니다.

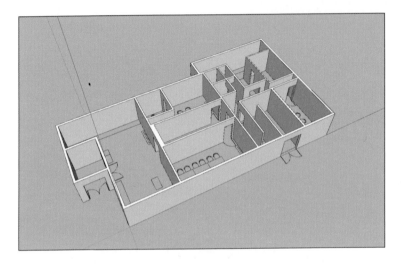

같은 방법으로 나머지 벽면을 모두 만들어줍니다.

SECTION 05 Tape/Protractor 툴로 보조선 그리기

🖥 Tape

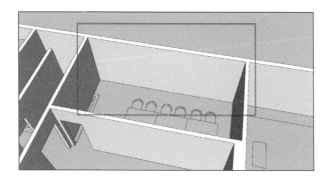

'스케치업 예제_기초모델링_5.skp' 파일을 열어줍니다. Scene 1에서 빨간색으로 표시한 위치에 창문을 뚫으려고 합니다.

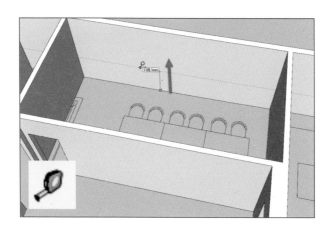

툴바에서 Tape Measure Tool을 클릭해줍니다. 그림처럼 바닥 쪽에 있는 라인을 클릭한 다음 화살표 방향으로 이동하면서 1000을 입력하고 Enter를 눌러줍니다. 보조선이 바닥 에서부터 높이 1000 위치에 만들어지게 됩니다.

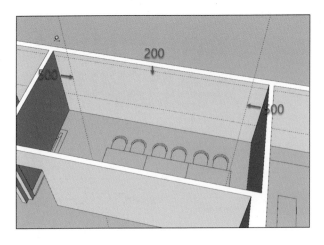

같은 방법으로 양 옆에서 500씩 띄워서 보조선을 만들고 천장에서 아래로 200 띄워서 보조선을 만들어줍니다.

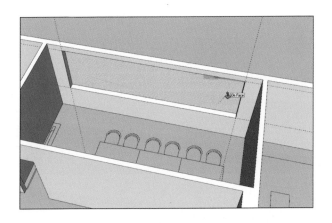

보조선을 활용해서 Rectangle 툴로 사각형을 만들고 Push/Pull 툴로 그림처럼 밀어서 On face에서 클릭해주면 벽이 뚫리게 됩니다.

Protractor

Protractor 툴을 사용해보려고 합니다. 새 파일을 열어서 Rectangle 툴과 Push/Pull 툴을 이용해서 그림처럼 5000,5000,5000 크기의 정육면체를 만들어줍니다.

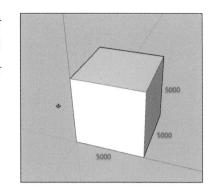

Protractor 툴을 클릭하고 그림처럼 1번 꼭짓점에서 2번 꼭짓점 방향으로 드래그해서 축을 잡아줍니다.

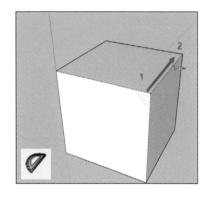

그림처럼 시작점을 1번 위치의 선을 클릭합니다. 그리고 화살표 방향으로 마우스를 이동하고 45를 입력합니다. 그러면 45°의 보조선이 만들어집니다.

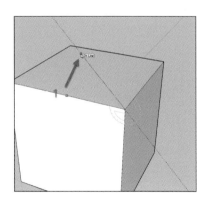

반대편에도 같은 방법으로 45°의 보조선을 그림처럼 그려줍니다.

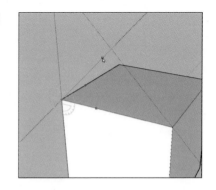

Line 툴을 이용해서 그림처럼 앞쪽 선의 Midpoint(1번 점)와 뒤쪽 선의 Midpoint(2번 점)를 이어줍니다.

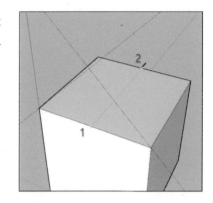

이어준 선을 선택 툴(Spacebar)로 선택해줍니다. 그리고 Move(M) 툴을 선택하고 앞쪽의 점을 클릭해서 보조선이 교차하는 Intersection 지점으로 이동해서 클릭해줍니다.

CHAPTER 4
모델링 기초 2

SECTION 01 **Group & Components**

📚 Group(만들기 / 해제하기 / 다루기)

원점(origin) 점에서 Circle 툴로 반지름이 500인
원을 그려줍니다. 그리고 Push/Pull 툴로 높이
1000의 원기둥을 만들어줍니다.

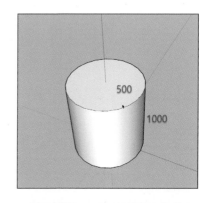

원기둥을 세 번 클릭해서 전체를 다 선택해줍니
다. 그리고 마우스 우클릭 메뉴에서 Make Group
을 해줍니다.

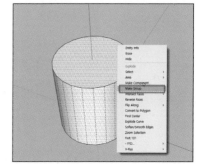

Make Group을 실행해주면 그림에서 우측
원기둥처럼 바운딩 박스가 보입니다. 오브
젝트를 선택했는데 라인이나 면이 선택되
는 것이 아니라 그림처럼 바운딩 박스가 보
인다면 그 오브젝트는 그룹으로 묶였다는
뜻입니다. 좌측의 그림처럼 선택 시 면이나

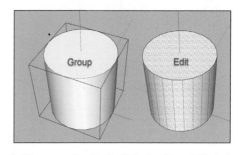

선이 선택되는 상태는 Edit 상태입니다. Edit 상태는 오브젝트를 수정할 수 있는 상태이며
그룹 상태는 그 그룹 안으로 들어가기 전에는 모양을 수정할 수 없습니다.

그룹을 해제하기 위해서는 그룹을 선택하고 마우스 우클릭 메뉴에서 Explode를 해주면 됩니다. 그러면 그룹이 해제됩니다. 그룹은 묶음입니다. 그룹을 해제하면 바로 편집 상태인 것만은 아닙니다. 즉 그룹 안에 또 다른 그룹이 존재할 수 있습니다. 그룹 안에 그룹 안에 그룹 안에 그룹이 있을 수 있습니다. 그룹 선택 시 바운딩 박스를 꼭 기억하고 바운딩 박스가 선택된다면 언제나 그룹 상태임을 기억해야 합니다.

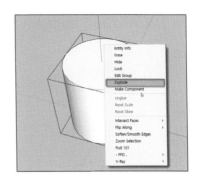

그룹은 매우 중요한 모델링 기능입니다. 그룹을 잘 만들지 않으면 나중에 수정이 더 어려워집니다. 예를 들어 바닥과 의자와 책상이 모두 편집 상태여서 서로 엉켜 붙어 버리면 이동이나 편집이 너무 어렵거나 불가능합니다. 그룹을 해주는 기준은 특별히 정해진 것은 없습니다. 다만 그동안의 경험에 의하면 재료가 바뀐다면 그룹을 해주는

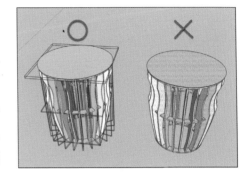

것이 좋습니다. 창문이라면 창틀과 유리가 분리되어야 합니다. 그리고 같은 재료라고 하더라도 실제로 만든다는 생각으로 나누어주면 좋습니다. 예를 들어 나무로 만든 책상이라면 같은 재료지만 책상 상판과 다리는 분리되는 것이 좋습니다. 나중에 다리 모양만 바꾸거나 재질에 색을 다르게 하려면 합쳐져 있는 것보다는 나누어져 있는 것이 좋습니다.('스케치업 예제_기초모델링_6_그룹1.skp')

그룹 상태에 있는 오브젝트를 편집하려면 그룹을 더블클릭하면 됩니다. 그룹 상태에 들어가면 그림처럼 바운딩 박스 외부와 내부로 구분이 됩니다. 내부의 밝은 색은 편집이 가능한 오브젝트이며 외부는 흐리게 표현됩니다. 그룹을 빠져나가려면 바운딩 박스 밖의 외부를 선택 툴로 클릭해주면 됩니다.

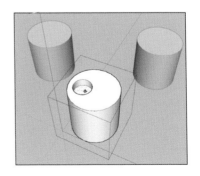

🛋 Components(만들기/활용하기)

새 파일을 열어서 그림처럼 200×100×75 크기의
육면체를 만들어줍니다.

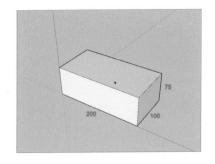

만들어놓은 육면체 모두를 선택하고 마우스 우클
릭 메뉴에서 Make Component...를 클릭해줍니다.

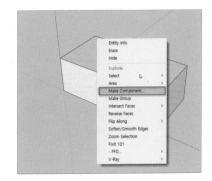

Make Component...를 실행하면 그림과 같은 창
이 열립니다. 컴포넌트의 기본 정보 및 이름 등
을 지정할 수 있습니다. Definition은 컴포넌트의
이름입니다. Set Component Axes는 컴포넌트의
로컬 중심축을 정해주는 것입니다. Always Face
Camera를 체크하면 오브젝트가 카메라(화면) 방
향을 언제나 쳐다봅니다.(새 파일을 열면 원점 옆
의 사람 캐릭터가 계속 화면을 바라보는 것을 확

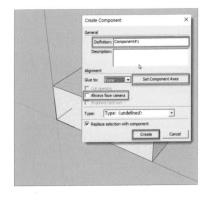

인할 수 있습니다.) Creat를 누르면 컴포넌트가 만들어집니다. 컴포넌트는 그룹과 같이 하
나의 묶음입니다. 그러나 단순한 그룹이 아니라 캐드의 Block과 같은 기능을 합니다. 즉
컴포넌트를 복사해서 사용하면 언제든 그 전체 컴포넌트를 한 번에 수정할 수 있습니다.

스케치업 베이직: 원리는 책으로, 예제는 YouTube로

만들어진 컴포넌트를 그림처럼 Move 툴을 이용해서 1번 점을 시작점으로 하고 2번 점에 복사(Ctrl 키)해줍니다. 그런 다음 *10을 입력하고 Enter를 눌러줍니다. 그러면 10개가 추가로 복사됩니다.

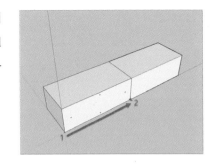

복사된 천체를 모두 선택한 다음 그림처럼 첫 번째 Box의 Midpoint(1번) 점을 시작점으로 하고 Ctrl 키를 한 번 눌러줍니다. 복사 위치는 2번 위치의 꼭짓점을 클릭합니다.

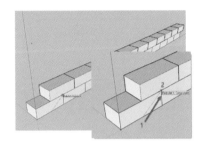

이번에도 복사된 모두를 선택하고 그림처럼 1번 위치의 꼭짓점을 시작으로 해서 2번 위치의 중심점으로 이동하면서 복사를 합니다. 그리고 *10을 해서 열 개를 더 복사해줍니다.

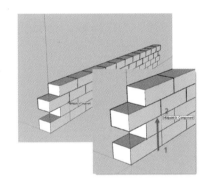

복사된 Box 중에 하나를 선택해서 더블클릭합니다. 그러면 편집 상태가 됩니다. Box는 모두 컴포넌트라서 하나를 편집하면 나머지 Box들이 모두 변하게 됩니다.

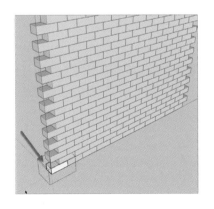

Offset 툴로 안쪽으로 5만큼 간격 띄우기를 해줍니다.

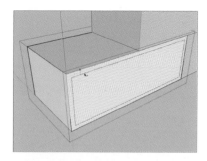

Push/Pull 툴을 이용해서 테두리에 만들어진 면을 5만큼 안쪽으로 밀어 넣어줍니다.(Push/Pull로 면 클릭 후 5 입력)

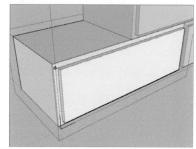

선택 툴에서 Shift 키를 누르고 그림처럼 빨간 점이 표시된 선들을 하나씩 선택해줍니다.(+ Shift 추가 선택) 그리고 그 선들 위에서 마우스 우클릭을 합니다. 메뉴에서 Hide를 눌러주면 해당 선들이 감춰집니다.

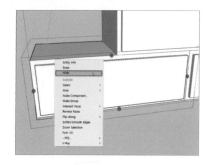

같은 컴포넌트들의 모양이 바뀐 것을 확인할 수 있습니다. 스케치업에서 컴포넌트는 매우 중요한 개념입니다. 컴포넌트는 그룹과 달리 여러 개의 똑같은 컴포넌트를 하나로 인식합니다. 예를 들어 모델링상에 그룹으로 만들어진 의자가 100개가 있다면 100개가 똑같은 모양을 하고 있어도 각각 다른 것으로 이해합니다. 그러나 컴포넌트는 다릅

니다. 컴포넌트는 100개가 있어도 하나의 오브젝트만 기억하고 나머지는 위치 정보만 별도로 기억합니다. 이러한 특징 때문에 이후 과정에서 컴포넌트를 사용하는 것이 작업 진행에 효율적입니다.

🏠 3D Warehouse

Default Tray에서 Components를 찾아서 그림처럼 빨간색 체크된 검색 칸에 Chair를 검색해봅니다. 그러면 인터넷에 연결된 컴퓨터라면 3D Warehouse에서 의자를 검색해서 보여줍니다.

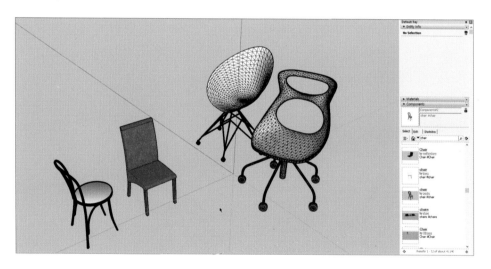

검색된 컴포넌트들은 클릭해서 작업창에 가져다놓을 수 있습니다.

3D Warehouse는 인터넷으로도 직접 접속이 가능합니다.

Explorer나 Chrome에서 https://3dwarehouse.sketchup.com/ 주소로 접속하면 위와 같은 화면이 보입니다. 여기서 검색해서 스케치업 파일로 다운로드할 수 있습니다. 3D Warehouse는 방대한 3D 데이터들을 보유하고 있습니다. 스케치업 사용자들이 많아서 기업에서도 직접 자신들의 제품을 스케치업 파일로 만들어서 올려놓습니다.

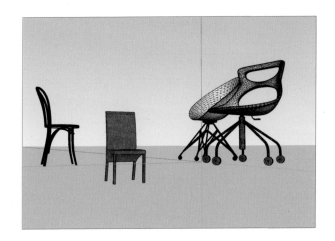

3D Warehouse에서 다운로드한 컴포넌트를 사용할 때는 주의할 점이 있습니다. 위 그림에서 보는 것처럼 스케일이 맞지 않는 경우가 많습니다. 3D Warehouse에 올라오는 데이터는 많은 사람들이 제작해서 올리다 보니 다른 단위로 작업한 사람도 있습니다. 그래서

스케일이 정확하지 않습니다. 그리고 위 그림에서 빨간색 의자처럼 중심점이 다른 위치에 있는 경우도 있습니다. 이 외에도 다양한 문제가 있습니다. 레이어가 별도로 존재해서 보이지 않는 다른 파일들이 있는 경우도 있습니다. 그래서 외부에서 가져온 컴포넌트를 사용하려면 바로 사용하기보다는 Explode해서 필요한 부분만 다시 Component로 만들어서 사용하는 것이 좋습니다.

또 다른 주의할 점은 컴포넌트를 검색하고 작업 화면에 한 번이라도 가져다놓은 컴포넌트들은 현재 작업 파일이 기억하고 저장한다는 사실입니다. 그렇기 때문에 위 그림처럼 의자 하나만 있는 경우에도 In Model 항목에는 사용했던 컴포넌트들이 남아 있습니다. 이것을 확인하려면 화살표가 지시하는 집 모양의 아이콘(In Model)을 눌러서 목록을 보면 됩니다. 다른 컴포넌트들이 많이 있으면 저장할 때 불필요하게 용량이 커지게 됩니다. 그리고 작업 중간중간 끊기는 현상이 생깁니다. 이유는 스케치업의 자동저장 기능이 기본 세팅상 5분에 한 번 저장하도록 되어 있는데 불필요한 컴포넌트들로 인해서 저장 시간이 길어지기 때문입니다.

불필요한 컴포넌트를 줄이기 위해서는 스케치업 새 파일을 열어서 그 파일에서 컴포넌트를 불러서 확인하고 잘못된 것은 수정하거나 정리해서 작업 중인 파일로 가져오는 것이 좋습니다. 그렇지 않고 작업 파일에서 컴포넌트를 직접 가져온 경우는 그림처럼 Default Tray의 Components 창에서 위에서 체크한 Detail 메뉴를 눌러보면 Purge Unused를 클릭해줍니다. 현재 작업창에 사용하지 않는 Component들을 모두 지워줍니다.

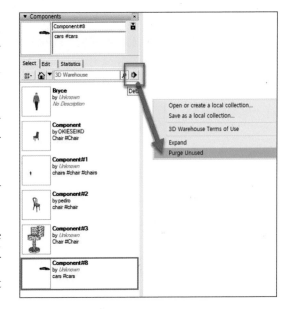

SECTION 02 Follow Me

Follow Me 툴에 대해서 알아보겠습니다. '스케치
업 예제_기초모델링7_FollowMe1.skp' 파일을 열
어줍니다.

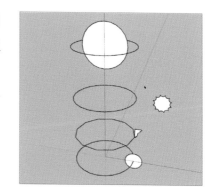

Follow Me 사용에 있어서 선택의 순서가 있습니
다. 먼저 선을 선택해줍니다. 그리고 Follow Me
명령을 클릭합니다. 그리고 3번 면을 선택해줍니
다. 1번 선을 3번 면이 따라가면서 입체를 만들어
주는 방식입니다.

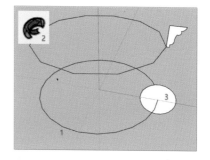

이번에는 바로 위에 있는 예제를 진행해보겠습니
다. 1번 선을 Sides 값을 12로 바꾸었습니다. 1번
선을 클릭 후 Follow Me를 클릭합니다. 그리고 3
번 면을 클릭해줍니다. 만들어진 오브젝트는 1번
라인의 Side(Segment)를 따라 이동하며 입체를
만들고 있다는 것을 확인할 수 있습니다.

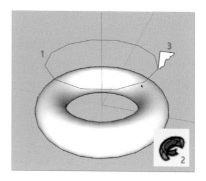

이번 예제는 라인에서 면이 떨어져 있는 경우입니다. 역시 선과 Follow Me 그리고 면을 순서대로 클릭해서 입체를 만들어봅니다. 라인과의 위치 관계에 따라서 입체가 만들어지는 모양(크기나 방향)이 달라지는 것을 알 수 있습니다.

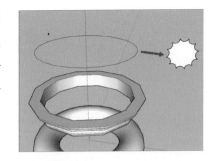

만들어진 입체 역시 라인에서 멀리 떨어져서 만들어진 것을 확인할 수 있습니다.

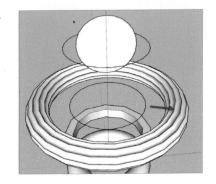

오브젝트가 많아져서 잠시 감춰두겠습니다. 먼저 만들었던 오브젝트들을 모두 선택하고 마우스 우클릭 메뉴에서 Hide를 실행해줍니다.

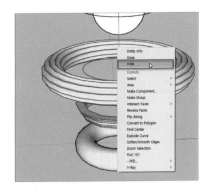

마지막 예제는 1번과 3번이 같은 중심에 있습니다. 1번 원은 평면과 평행하게 누워 있으며 3번은 1번과 수직관계에 있도록 세워놓았습니다. 1~3번 순서로 Follow Me를 실행해주면 구가 만들어집니다. 이때 만들어진 면이 파란색이라면 면을 클릭하고 우클릭 메뉴에서 Reverse Faces 명령을 실행해줍니다.

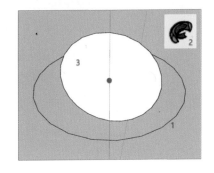

구를 살펴보기 위해 세 번 연속으로 클릭을 해 주면 안에 숨겨진 선들이 보입니다. 자동으로 Smooth 상태가 되어 있기 때문에 연속으로 클릭 해야 보여집니다. 보이는 선을 살펴보면 앞서 1번 과 3번의 Side 값이 그대로 드러나 있습니다. 좀 더 부드러운 구를 만들고자 한다면 앞서 1번과 3번의 원의 Side 값을 더 높게 설정해주면 됩니다.

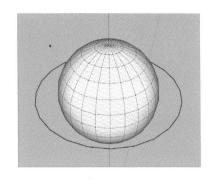

SECTION 03 **Solid Tools**

'스케치업 예제_기초모델링_7_Solidtools1.skp' 파
일을 열어줍니다. 그리고 그림처럼 우측 툴바에서
버튼이 없는 비어 있는 위치(빨간 점)에서 마우스
우클릭을 해주면 메뉴를 더 열어줄 수 있습니다.
이 중에서 Solid Tools 메뉴를 실행해서 열어줍니
다. 그림처럼 Solid Tools 팝업 메뉴창이 열립니다.

예제를 열면 보이는 구를 세 번 연속 클릭하고 마
우스 우클릭 메뉴에서 Make Group을 실행해서
그룹을 만들어줍니다.

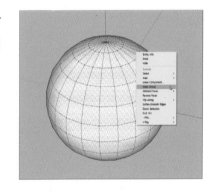

만들어진 구를 다시 우클릭해서 메뉴 중
Entity Info를 클릭해줍니다. 그러면 우측
Default Tray에 Entity Info 창이 보입니다.
여기서 주의해서 봐야 할 것이 바로 Solid
Group이라는 것입니다. Solid는 매우 중요
한 개념입니다. Solid는 현실에 존재하는
모든 입체들이 다 가지고 있는 속성입니다.
즉 부피의 개념이라고 보면 좋을 것 같습니

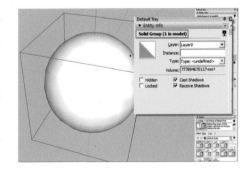

스케치업 베이직: 원리는 책으로, 예제는 YouTube로

다. 모든 입체는 두께라는 것을 가지고 있다는 말입니다. 그래서 입체를 자르면 절단면이 보이는 것이지요. 만약 컴퓨터 안의 입체를 자른다면 우리가 지금까지 봐왔던 것처럼 텅 빈 안쪽이 보일 것입니다. Solid라는 개념은 현실 공간에서의 물체처럼 이해하시면 좋습니다. 즉 입체에서 입체를 빼내거나 입체와 입체를 더할 수 있는 계산을 할 수 있다는 말입니다.

그룹을 선택하고 그림처럼 Move 툴과 Ctrl 키를 이용해서 복사합니다. 이때 그림과 같이 서로 겹쳐지도록 합니다.

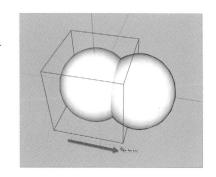

Solid Tools의 기능을 살펴보려고 서로 겹친 구를 다시 복사해두었습니다. 그리고 그중 하나로 Solid Tools 창에서 첫 번째 기능을 사용해보겠습니다. Outer Shell을 찾아서 클릭해줍니다. 그리고 1번과 2번을 순서대로 선택을 합니다. 이때 1번이나 2번에 마우스를 올리면 Solid Group이라는 메시지가 마우스 포인트 옆에 보입니다. Solid Tool을 사용할 수 있다는 뜻입니다. 빨간색 금지 표시가 뜬다면 해당 오브젝트는 Solid가 아닌 것입니다.

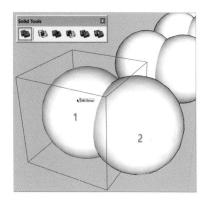

Outer Shell 기능을 실행한 결과 한 덩어리로 오브젝트가 합쳐졌습니다. Outer Shell은 세 번째 기능인 Union과 유사합니다. 둘을 같이 사용해도 크게 상관은 없습니다. 다만 Union은 둘을 합쳐주고 겉으로 보여지지 않는 안쪽의 오브젝트를 남겨두는 반면 Outer Shell은 보여지는 부분 이외의 안쪽 영역에 남아 있는 오브젝트들은 모두 지워줍니다. 그림의 구처럼 안쪽이 모두 채워진 입체 말

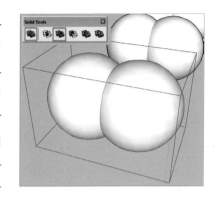

고 안쪽이 비어 있는 오브젝트들(계란의 노른자 부분이 없이 흰자위만 있는 오브젝트 공 등)의 경우엔 둘을 합치고 나면 안쪽에 보이지 않는 오브젝트들이 만들어집니다. 이런 경우 지워주는 것이 좋습니다. Outer Shell을 사용하는 것이 오브젝트가 좀 더 깔끔합니다.

Intersect는 그림처럼 교차되는 부분만 남겨줍니다. 그리고 Subtract는 하나에서 다른 하나를 빼는 형태입니다. 이때 선택의 순서에서 첫 번째 선택하는 것이 빠져 없어집니다. 그림에서 1번 위치에 있던 그룹을 먼저 선택하고 2번 그룹을 선택했습니다.

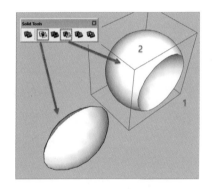

Trim의 경우는 Subtract와 같은데 1번 그룹이 지워지지 않고 남습니다.(그림은 설명을 위해서 1번 구를 옆으로 이동해두었습니다.) Split의 경우는 두 개의 오브젝트를 그림처럼 나누어줍니다.

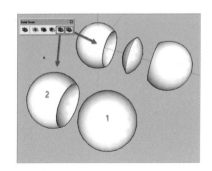

예제 파일의 Scene 2를 클릭해서 보이는 네 개의 육면체 그룹은 모두 Solid가 아닌 상태입니다.

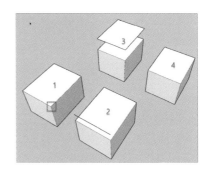

1번 육면체는 빨간 네모 표시를 확대해보면 아주 작은 구멍이 있습니다. 그리고 2번의 경우는 그룹 안에 Line이 포함되어 있습니다. 라인은 입체가 아니기 때문입니다. 3번 역시 그룹 안에 면이 있습니다. 면 역시 입체가 아닙니다. 4번의 경우는 그룹 안에 또 다른 그룹이 있는 경우입니다. 이렇게 4가지가 Solid 그룹이 아닌 대표적인 경우입니다. 1~4번까지 문제가 되는 부분을 해결해준다면 Entity Info에서 Solid Group이라고 표시가 됩니다.

Scene 3의 예제처럼 그룹이 여러 개 겹쳐 있는 경우는 더하고 빼는 데 어려움이 있습니다. 지금까지 본 스케치업의 Solid Tools는 오브젝트와 오브젝트가 만나는 지점을 계산해서 입체를 빼고 더하고 있습니다. 그런데 이렇게 계속 계산을 하다 보면 종종 Solid Tools의 기능을 실행하고 만들어진 그룹이 Solid Group이 아닌 경우가 있습니다. 이런 경우 이후 Solid 작업이 불가능합니다. 위와 같은 경우에 원기둥들을 몇 개 빼고 나면 Solid가 아닌 경우가 생기는 것입니다.

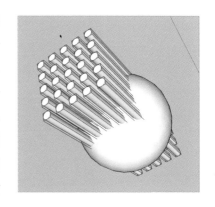

이런 경우에는 우선 전체 원기둥들을 하나의 묶음으로 그룹을 해줍니다. 아직은 이 원기둥 그룹은 Solid가 아닙니다. 원기둥 그룹을 더블클릭해서 편집 상태로 들어갑니다. 안에 있는 모든 원기둥 그룹들을 선택하고 마우스 우클릭 메뉴를 열어서 Explode를 실행해줍니다. 그리고 모두 선택해보면 위와 같이 그룹은 모두 해제된 상태입니다. 이 상태에서 바운딩 박스 (그룹) 밖을 클릭해서 외부로 나옵니다.

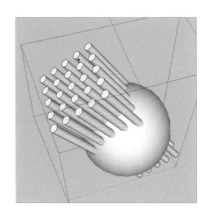

원기둥들의 그룹이 Solid Group이 된 것을 확인할 수 있습니다.

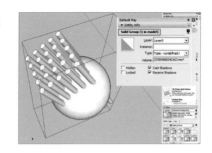

Subtract를 이용해서 원기둥들을 **빼봤습니다**. 그림처럼 한 번에 Solid Tools가 실행이 되었습니다.

스케치업이나 3DSMAX와 같은 툴들에서 Solid Tools(Boolean)와 같은 명령은 만족스러운 퀄리티는 아닙니다. 그러나 이 기능을 사용하지 않고 만들기에는 어려운 모양들이 많습니다. 잘 이해하고 적절하게 사용하는 연습이 필요합니다.

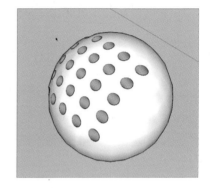

여러 가지 이유로 Solid가 아닌 경우 Intersect Faces를 활용하면 Solid Tools와 유사한 결과를 얻을 수 있습니다. 예제 '스케치업 예제_기초모델 링_8_IntersectFaces.skp' 파일을 열어줍니다. 예제 파일의 그룹들은 그림과 같이 솔리드가 아닙니다. 위 예제는 솔리드 문제를 바로 해결할 수 있지 만 해결하기 어렵다고 가정하겠습니다.

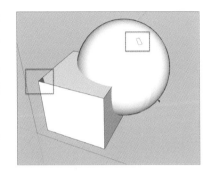

우선 두 개의 그룹을 모두 선택해서 하나의 그룹을 만들어줍니다.

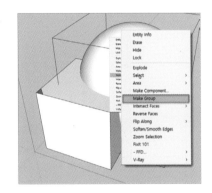

두 그룹을 모두 선택하고 Explode를 실행해줍니다.

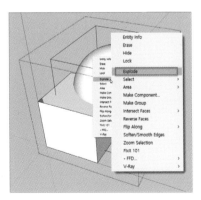

Explode된 두 오브젝트를 그림처럼 전부 선택을 해줍니다. 그리고 마우스 우클릭 메뉴에서 Intersect Faces > With Selection을 클릭해줍니다.

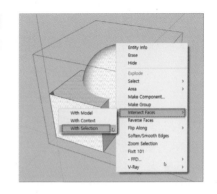

Intersect Faces를 실행한 결과 오브젝트와 오브젝트 사이에 선이 만들어졌습니다. 이 선이 만들어졌다는 의미는 오브젝트끼리의 교차점이 오브젝트 면을 나누게 되었다는 뜻입니다.

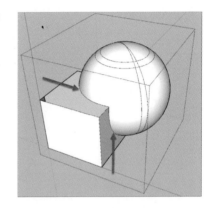

그림과 같이 불필요한 부분들을 지워주고 나면 Solid Tools에서 진행했던 것과 같은 오브젝트 간에 더하고 빼는 입체 작업을 진행할 수 있습니다. 파란색 면은 Reverse Faces 명령을 실행해서 뒤집어주면 됩니다.

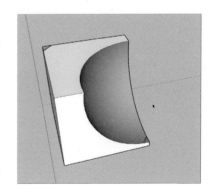

그림과 같은 오브젝트들을 겹쳐놓고 Intersect Faces 를 실행해보겠습니다. '스케치업 예제_기초모델 링_IntersectFaces2.skp' 파일을 열어줍니다.

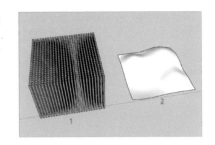

파일을 열어보면 그림과 같이 미리 겹쳐놓았습니다. 그림에서 보듯이 서로 겹쳐서 Intersect Faces 명령을 실행할 때는 확실하게 겹쳐서 면이 나누어 질 수 있도록 합니다. 그림에서는 1번이 2번 곡면 안으로 충분히 들어와 있습니다. 2번 곡면의 경계 에 1면이 딱 맞는다면 1번의 경계 부분의 면이 2번 에 의해 나누어지지 않습니다.

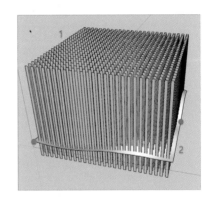

1번 오브젝트들만 선택을 합니다. 그리고 마우스 우클릭 메뉴에서 Intersect Faces > With Model 을 실행해줍니다. 선택한 모델과 겹쳐 있는 모든 오브젝트들에 대하여 교차된 부분에 라인을 만들 어줍니다. 이번 경우에 아래 2번은 그룹이고 1번 은 편집 상태이기 때문에 교차된 부분에 라인이 생기면 1번 오브젝트의 면들이 아래위로 나뉘게 됩니다.

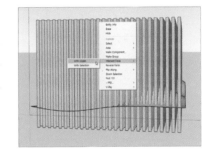

1번의 오브젝트 윗부분 면들을 모두 지우고 2번 곡면을 위로 올린 모습입니다. 잘 나누어졌습니 다. 그러나 종종 나누어지지 않을 때도 있습니다. 이런 경우는 연산의 범위를 넘어선 경우입니다. 모양을 바꾸거나 교차하는 위치를 바꾸는 등의 조 건을 바꾸어 다시 시도하는 것이 좋습니다.

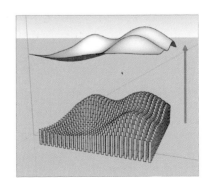

SECTION 05 # 다른 프로그램에서 데이터 가져오기

CAD

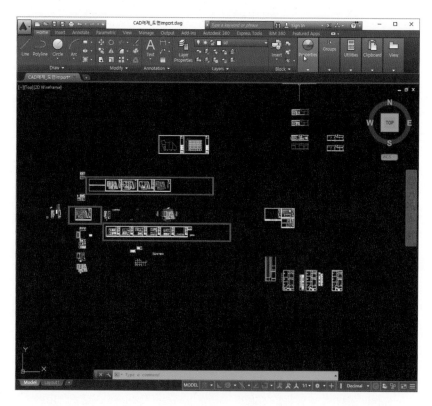

대부분의 도면들은 위 그림처럼 많은 데이터를 포함하고 있습니다. 그렇기 때문에 CAD 도면을 스케치업으로 불러오는 과정에서 주의할 점은 캐드에서 스케치업 모델링에 꼭 필요한 부분만 남기고 정리하여 저장한 다음 그 파일을 불러와야 한다는 것입니다. 스케치업에 불러놓고 선을 정리하거나 레이어를 정리하는 것은 좋지 않은 방법입니다. 우선 캐드에서 모델링에 불필요한 해치나 각종 모델링과 상관없는 Block들은 지워줍니다. 그리고 벽이나 모델링에 꼭 필요한 것들을 다른 이름으로 저장한 다음 그것을 불러오도록 합니다.

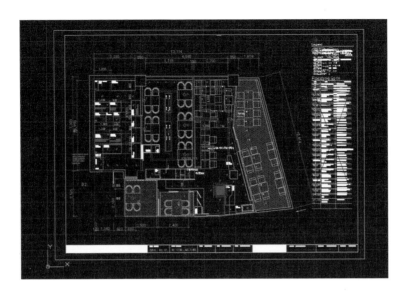

CAD 도면을 불러오는 과정을 진행해보기 위해서 'CAD예제_Import.dwg' 예제 파일을
캐드에서 열어줍니다.

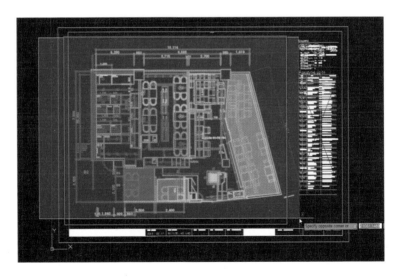

도면에서 내가 필요한 부분만 골라내는 과정을 진행하려고 합니다. 우선 그림처럼 불러
올 도면 영역을 선택합니다.

Ctrl + C를 눌러서 복사합니다.

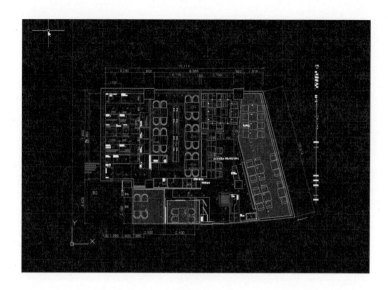

새 파일을 열어서 Ctrl + V로 붙여 넣기해줍니다. 불필요한 부분을 지우기 전에 이렇게 해서 필요한 영역을 먼저 정하고 그 부분 내부의 불필요한 부분을 지우는 것이 좋습니다. 도면 영역이 너무 넓거나 작아서 안 보이는 부분들을 놓치는 경우가 있기 때문입니다.

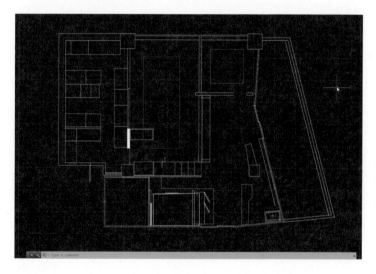

위 그림처럼 불필요한 부분을 모두 지워주었습니다. 스케치업 레이어를 찾아서 감추는 방식으로 진행을 했다면 다시 한번 전체 선택을 해서 복사한 다음 새로운 파일에 필요한 부분만 옮겨줍니다. 스케치업에서 부를 때 감춰진 레이어도 불러와지기 때문입니다.

이제 CAD 파일을 저장하려고 합니다. 저장할 때 중요한 것은 캐드의 버전을 낮추어 저장하는 것입니다. 최신 버전 파일은 불러와지지 않는 경우가 많습니다.

스케치업에서 상단의 메뉴 File > Import...를 클릭합니다. 캐드 파일을 불러올 때 옵션을 꼭 확인해야 합니다. 간혹 Unit을 확인하지 않고 불러오면 다른 치수로 불러와지게 됩니다. 옵션에서 mm를 확인합니다. 캐드에서 mm로 작업했다면 mm로 설정합니다.

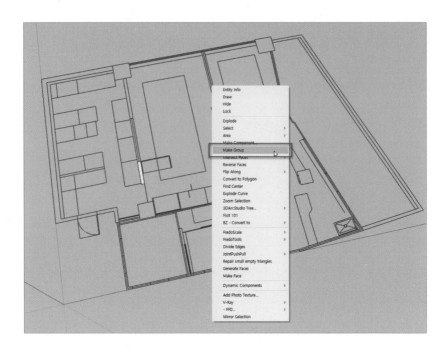

도면을 불러온 다음 도면이 그룹인지 아닌지 확인합니다. 그룹이 아니라면 모두 선택해서 그룹으로 만들어줍니다.

Default Tray에서 Layers를 확인해보니 캐드의 레이어가 같이 불러와졌습니다. 대부분의 캐드 도면은 위예제보다 더 많은 레이어를 포함하고 있습니다. 이 레이어들을 그림처럼 Layer0만 남겨두고 모두 선택해서 지워줍니다. 마이너스 버튼을 눌러줍니다.

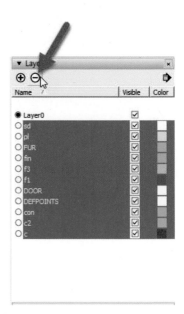

지울 때 옵션에서 첫 번째 옵션을 선택하고 OK를 눌러줍니다. 레이어 안에 데이터들이 있는데 지우기 전에 기본 레이어(Layer0)로 옮긴다는 것입니다. 캐드 파일을 부를 때에는 이렇게 정리해서 사용하는 것이 좋습니다. 그리고 될 수 있으면 한 번에 파일을 불러오기보다는 필요한 부분만 따로따로 필요할 때 불러오는 것이 좋습니다.

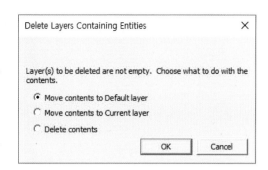

3DSMax

3DSMax에서 오브젝트가 어떤 단위(Unit)로 제작되었는지 확인을 하기 위해서 상단 메뉴에서 Customize > Unit Setup을 클릭해서 Unit Setup 창을 열고 거기서 System Unit Setup을 클릭해줍니다. System Unit Setup 창에서 Unit을 확인합니다.

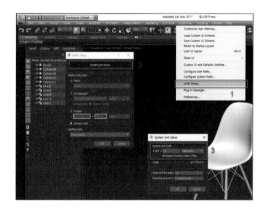

3DsMAX 파일을 스케치업으로 불러갔을 때 종종 이렇게 불러와지는 경우가 있습니다. 맥스에서 스케치업으로 보내기 전에 Attach와 Detach라는 과정을 거치면 이런 현상을 바로잡을 수 있습니다.

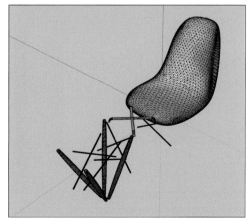

먼저 맥스에서 오브젝트를 Editable
Poly 상태로 만들어줍니다. 전체 선택
하고 마우스 우클릭 메뉴에서 Cover
To: > Convert to Editable Poly를 클
릭합니다.

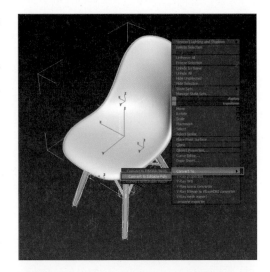

오브젝트를 하나 클릭해서 보면 Modify
메뉴에 Editable Poly 상태가 된 것을
확인할 수 있습니다. 그리고 Selection
메뉴에서 Element를 클릭합니다. 그리
고 메뉴를 찾아보면 Attach가 보입니
다. 각각 개별의 오브젝트를 하나의 오
브젝트로 붙여주는 기능입니다.

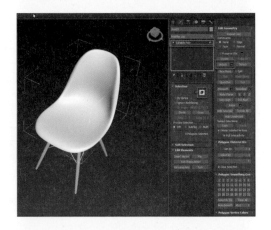

Attach를 클릭하고 작업 화면의 다른
오브젝트들을 모두 클릭하면 하나의 오
브젝트가 됩니다.

Ctrl + A를 눌러서 전체를 선택해보면 그림처럼 하나의 편집 상태입니다. 스케치업으로 비교하자면 하나의 그룹 안에 들어와 있는 상태입니다. 일단 이렇게 한 오브젝트를 스케치업에 가져가면 앞서 봤던 오류가 없습니다.

스케치업으로 보내기 위해서는 3DS라는 파일 형식으로 저장해주어야 합니다. 그런데 3DS로 변환하는 과정에서 하나의 오브젝트가 너무 많은 Vertex, 다시 말하면 너무 많은 폴리곤 데이터를 가지고 있으면 그림과 같은 경고를 보이고 변환되지 않습니다.

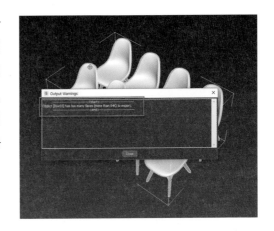

그래서 데이터가 많다고 경고를 보내는 경우에는 Attach를 다시 분리해주어야 합니다. 데이터가 많아 보이는 등받이 부분을 클릭하고 Detach를 클릭합니다. Detach 창이 열리면 OK를 눌러줍니다.

그림과 같이 등받이를 분리해서 두 개의 오브젝트로 만들어주었습니다.

Attach를 하는 이유는 오브젝트를 스케치업에 가져갔을 때 앞서 보였던 오류를 해결하기 위해서이고 다시 Detach를 하는 이유는 3DS로 저장 시에 생기는 오류를 해결하기 위해서입니다.

오브젝트를 선택합니다. 그리고 Export > Export Selected를 클릭합니다.

저장 형식을 3DS로 하고 저장해줍니다.

스케치업에서 File > Import...를 클릭
해서 Import 창을 열어줍니다. 창이 열
리면 Options...를 클릭해서 단위를 확
인해줍니다. 맥스에서 작업한 단위인
Millimeters로 바꿔줍니다.

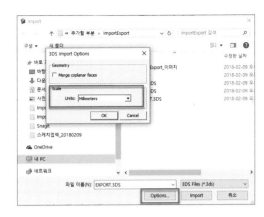

그림과 같이 맥스 데이터를 오류 없이
불러올 수 있습니다.

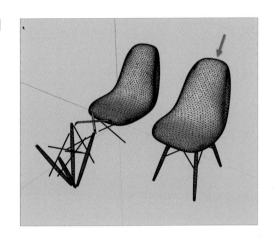

내부의 복잡한 선들은 그룹 안으로 들
어가서 Soften Edges로 보이지 않게 바
꿔줍니다.

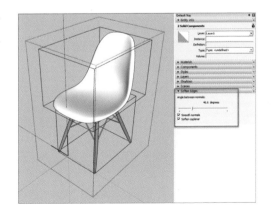

RHINO

Rhino의 메뉴에서 Tools > Option...을 클릭해서 Rhino Options 창을 열어줍니다. Units을 클릭하고 Millimeters를 클릭합니다.

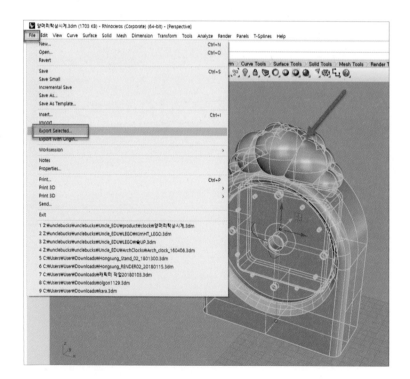

먼저 오브젝트를 선택합니다. File > Export Selected...를 클릭합니다.

파일 형식을 3DS로 바꿔줍니다.

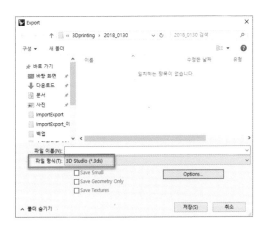

저장 버튼을 누르면 Polygon Mesh Options 창이 열립니다. Rhino의 넙스 모델링을 스케치업의 폴리곤 모델링으로 변환하는 과정에서 디테일의 정도를 설정하는 옵션입니다. More Polygons 쪽으로 슬라이드 바를 이동하면 그림처럼 폴리곤이 많아져서 작은 부분 가지 표현을 해줍니다. 그렇지만 데이터가 무거워질 수 있습니다.

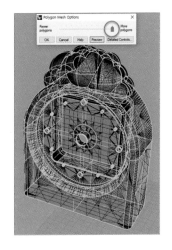

Fewer Polygons 쪽으로 슬라이드를 이동하면 그림처럼 폴리곤의 수가 줄면서 모델링의 섬세함이 떨어지게 됩니다.

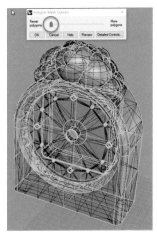

스케치업에서 File > Import...를 클릭
해서 창을 열어주고 파일 형식을 3DS
로 설정해서 저장한 파일을 선택합니
다. 그리고 Options...에서 단위 설정을
확인합니다. Millimeters를 확인하고 열
어줍니다.

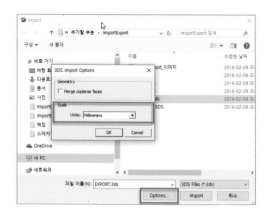

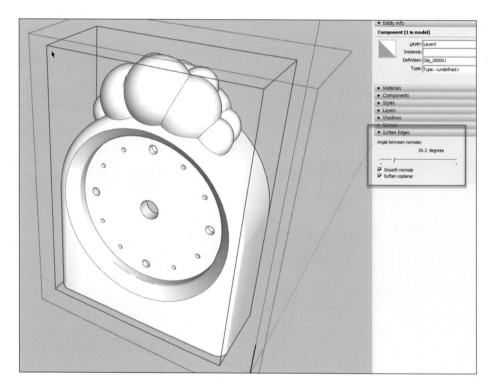

Soften Edges로 표면의 선들을 감춰줍니다. 오브젝트를 불어오면 Group이 두 번 되어
있는 경우가 있습니다. 두 번 그룹이 되어 있는 경우에 Soften Edges 기능이 활성화되지
않으니 참고하시기 바랍니다.

CHAPTER 5

레이어와 스타일 그리고 포토샵, 재질 입히기

SECTION 01 Tag(Layer) 사용하기

레이어 만들기와 사용하기

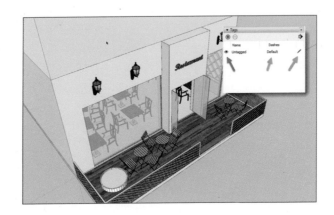

'스케치업 예제_레이어.skp' 파일을 열어줍니다. 2020 버전부터 기존의 Layer가 Tag로 변경되었습니다. 큰 차이는 없습니다. 레이어별로 숨겨주는 기능인 Visible이 포토샵처럼 눈 모양 버튼으로 변했습니다. 연필 모양 버튼은 현재 작업 중인 레이어라는 표시입니다. 기존에는 검은색 점으로 표현했습니다. Dashes는 AutoCad처럼 해당 레이어에

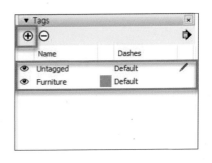

들어 있는 오브젝트의 선을 다양한 종류로 바꿀 수 있는 기능입니다.

Tag 메뉴에서 +를 클릭해줍니다. 이름을 Furniture로 바꿔줍니다.(되도록 영문이나 숫자를 사용하는 것이 좋습니다. 다른 프로그램으로 보내거나 받을 때 한글은 오류가 있을 수 있습니다.) Untagged에는 연필 표시가 있고 새로 만든 Furniture Tag는 없습니다. 이것은 Untagged가 현재 작업하고 있는 Tag라는 것을 표시해주는 것입니다.(Current Tag(Layer)라고 합니다.) Furniture_A Tag의 빈 곳을 클릭해서 연필 아이콘으로 바뀌면서 현재 Tag로 바꿔줍니다. 현재 Tag는 오브젝트를 만들면 해당 Tag에 만들어진다는 뜻입니다.

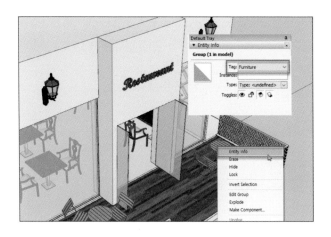

오브젝트 중에 외부에 있는 테이블과 의자를 클릭하면 내부의 가구들과 함께 그룹이 되어 있는 것을 알 수 있습니다. 이 가구 그룹을 Furniture Tag(레이어)에 넣어보려고 합니다. 클릭한 가구 그룹 위에서 마우스 우클릭 메뉴 중 Entity Info를 클릭해주면 Default Tray에 Entity Info가 열립니다. 선택한 그룹의 정보를 나타내주고 있습니다. 이 정보 창에서 Tag(레이어) 부분에 보면 현재 Untagged에 소속되어 있는 것이 보입니다. 우측에 보이는 삼각형 모양의 버튼을 눌러주면 Furniture_A Tag(레이어)로 바꿀 수 있습니다. 바꿔줍니다.

🖘 레이어 사용 시 꼭 알아둘 것

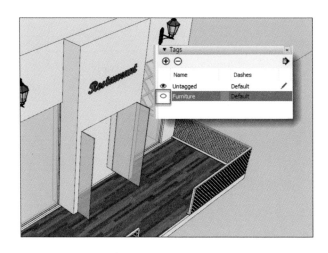

Default Tray의 Tag(레이어) 메뉴에서 Furniture의 눈(Visible) 버튼을 클릭해줍니다. 그러면 Tag에 소속된 가구들이 보이지 않습니다. 현재 상태에서 Untagged의 눈(Visible)을 해제하려고 하면 현재 Tag(레이어)라서 감출 수 없다는 메시지가 나타납니다. 현재 작업 중인 Tag(레이어)는 감출 수 없습니다.

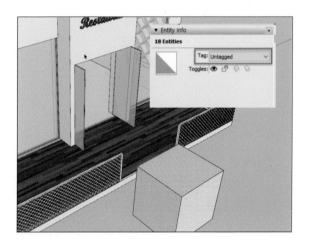

바탕에 그림처럼 육면체를 하나 만들어줍니다. 현재 Tag가 Untagged에 있었기 때문에 만들어진 육면체는 Untagged에 들어가 있습니다.

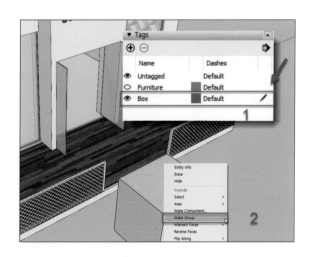

그림에 표시한 순서대로 먼저 Box Tag(레이어)를 새로 만들어줍니다. 그리고 Box Tag(레이어) 앞의 빈 점을 클릭해서 그림처럼 현재 Tag(레이어)로 만들어줍니다. 그런 다음에 좀

전에 만들어두었던 육면체를 모두 선택해서 마우스 우클릭 메뉴에서 Make Group으로 만들어줍니다.

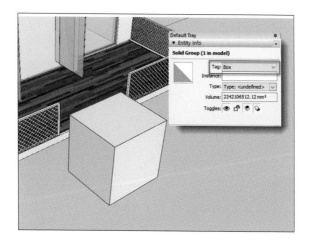

그룹으로 만들어준 오브젝트의 Entity Info를 확인해보겠습니다. Entity Info 정보에는 그룹이 Box Tag로 되어 있습니다. 현재 Tag(레이어)를 Box로 바꾼 다음에 그룹이 만들어졌습니다. 그래서 그룹이 Box Tag(레이어)에 들어가게 된 것입니다.

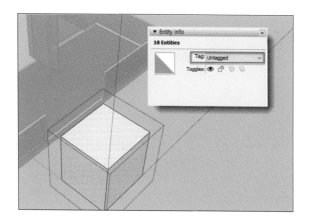

Box를 더블클릭해서 편집 상태로 들어가 보겠습니다. 그리고 안쪽의 선과 면을 모두 선택합니다. 그리고 Entity Info 창을 다시 보면 안의 오브젝트들은 아직도 Untagged에 있는 것을 확인할 수 있습니다. 그룹과 그 안의 오브젝트들이 서로 다른 Tag(레이어)일 수 있다는 것입니다. Tag(레이어) 사용 시 알아두어야 할 내용입니다.

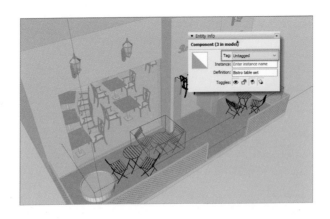

이번에는 좀 전에 Furniture의 눈(Visible)을 체크해서 가구를 보이게 해줍니다. 그리고 가구 그룹을 더블클릭해서 그룹 안으로 들어갑니다. 그런 다음 그림처럼 외부의 테이블 그룹을 선택해봅니다. 그리고 Entity Info 창을 확인해봅니다. 역시 Untagged에 있는 것을 알 수 있습니다. 전체 가구 그룹은 Furniture Tag(레이어)에 있지만 그 안의 오브젝트가 Untagged에 있습니다.

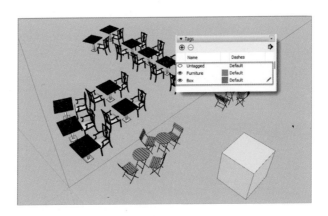

레이어 창에서 현재 레이어를 Box로 바꿔줍니다. 그리고 그룹 밖으로 나와서 Untagged의 눈(Visible)을 해제해줍니다. 그림처럼 건물은 보이지 않고 가구와 육면체만 보입니다. 안의 오브젝트들이 Untagged에 있지만 Furniture가 보이는 상태이므로 보이는 것입니다.

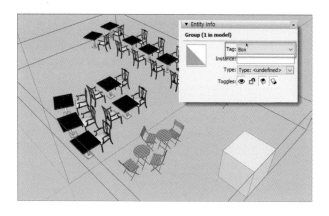

이번에는 육면체와 가구를 모두 선택해서 한 번 더 Make Group을 실행해주었습니다. 현재 Tag(레이어)를 Box로 하고 그룹을 만들었기 때문에 이 그룹은 Box Tag(레이어)에 속해 있습니다.

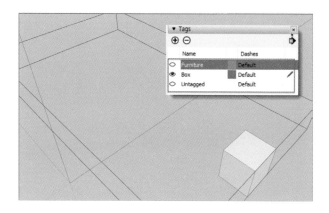

이번엔 다시 Tags로 가서 눈(Visible)을 그림처럼 만들어줍니다. 현재 Tag(레이어)는 Box이고 눈(Visible)도 Box만 켜고 Furniture는 꺼줍니다. 그런데 이번엔 전체 그룹 안에 있는 가구들이 모두 보이지 않습니다.

스케치업에서 Tag의 특징입니다. Tag(레이어) 속의 그룹들이 저마다 다른 Tag(레이어)에 소속되어 있다면 어떨 때는 보이고 어떨 때는 보이지 않아 다루기가 어려울 수 있습니다. Tag(레이어) 사용이 지금 살펴본 것처럼 조금 이해하기 어려울 수도 있습니다. 그렇지만 Tag(레이어)는 작업에 효율성을 위해 꼭 사용하는 것이 좋습니다. Tag(레이어)와 그룹의 관계를 너무 복잡하게만 설정하지 않는다면 사용하는 데 큰 문제가 되지는 않습니다.

🗐 레이어 지우기 및 정리

지금까지 만들었던 Furniture와 Box Tag(레이어)를 지우려고 합니다. Shift 키를 누르고 두 레이어를 함께 선택해줍니다. 그리고 빼기를 클릭합니다. 그러면 그림과 같은 창이 나타납니다. 세 가지 옵션은 지우려는 Tag 안에 있는 오브젝트들을 어떻게 할 것인지 정해달라는 메시지입니다. 첫 번째는 'Untagged (Default)로 옮겨놓는다.' 두 번째는 '현재 Tag(레이어)로 옮겨놓는다.' 세 번째는 '지운다.'입니다. 위 상황에서는 Default와 Current가 모두 Untagged입니다.

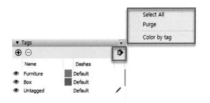

Tags 메뉴에서 그림처럼 Detail 메뉴를 눌러 열어주면 그림과 같이 세 가지 옵션이 더 열립니다. 첫 번째는 세 가지를 모두 선택하는 것이고 두 번째는 Tag(레이어) 안에 오브젝트가 없는(사용하지 않는) Tag(레이어)는 지워주는 것입니다. 그리고 마지막은 오브젝트들이 어떤 Tag(레이어)에 속해 있는지 한눈에 알 수 있도록 작업창의 오브젝트들을 Tag(레이어) 색으로 구분해주는 것입니다. 이 색들은 눈(Visible) 옆에 보이는 Color에서 지정된 색을 따릅니다.

SECTION 02 Style 사용하기

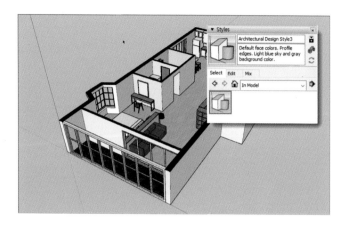

'스케치업 예제_스타일-2020.skp' 파일을 열어줍니다. 그리고 Default Tray에 Style을 찾아 열어봅니다.

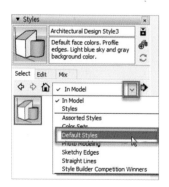

그림처럼 아래 화살표를 클릭해서 Style 항목을 열어보면 다양한 스타일 그룹이 나타납니다. 각각의 그룹 안에 다양한 스케치업 스타일이 들어 있습니다. In Model은 현재 내가 사용하고 있거나 사용했던 스타일을 저장해두는 곳입니다. 현재는 지금 사용하고 있는 스타일 하나만 들어 있습니다.

🗂 Edges 설정

Style 창에서 그림과 같이 Edit를 눌러줍니다. 그리고 두
번째는 Edge Setting을 선택합니다. 그 아래 나오는 옵션
을 확인해봅니다. Edges와 Profiles가 체크되어 있습니다.
Edge Setting은 선을 세팅하는 곳입니다. 각각의 Setting
옵션을 모두 체크해보면서 기능을 확인해보시기 바랍니
다. 다만 옵션이 증가하면 그만큼 화면에 표현해야 되는
것이 많아지기 때문에 컴퓨터의 작업 속도는 느려집니다.

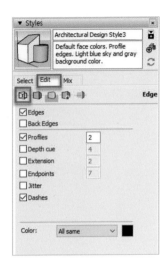

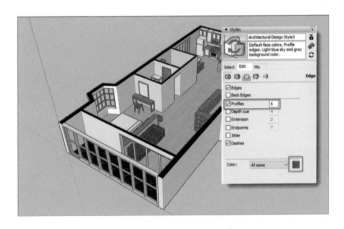

Profiles 수치를 5로 입력하고 Color에서 빨간색으로 바꾸어봤습니다. Profiles는 외곽 라
인을 뜻합니다. 두꺼워진 라인에 의해서 입체들 간의 구분이 좀 더 잘 이루어지고 있습니
다. 그리고 Color 조절에 의해서 라인이 빨간색으로 바뀌었습니다. 옵션 옆의 숫자는 픽
셀을 의미하며 두께나 길이를 나타냅니다.

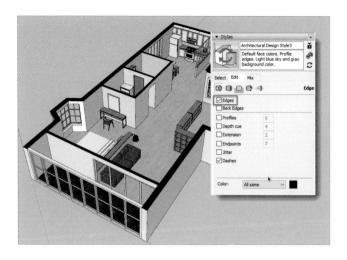

그림과 같이 Profiles를 해제하고 Edges만 남겨둡니다. Color는 다시 검은색으로 만들어 줍니다. 개인에 따라서 또는 작업 환경에 따라서 다르겠지만 지금 만들어놓은 Style이 컴퓨터에게도 부담을 주지 않으며 작업하기에도 좋은 스타일 세팅이라고 생각합니다.

🢒 Faces 설정

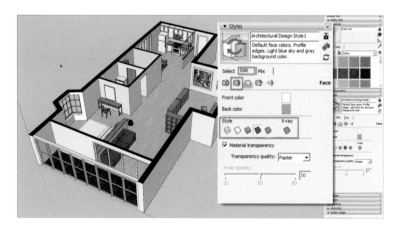

Edit에서 Face Setting을 클릭해서 면에 대한 세트 창을 열어줍니다. Front color와 Back color는 처음 오브젝트를 만들면 나타나는 앞면과 뒷면입니다. 클릭해서 색을 바꿀 수 있습니다. 그리고 빨간 사각형으로 표시한 Style의 아이콘들을 클릭해서 각각 어떤 기능을 하는지 확인해봅니다.

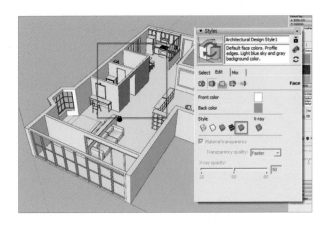

그림에서처럼 빨간색 체크된 Display shaded using all same.을 클릭하면 위에 Front color와 Back color로 표현이 됩니다. 만약에 위 그림처럼 어떤 면이 뒷면으로 표현이 되었다면 면이 뒤집혀 있는 것입니다. 바로잡아주는 것이 좋습니다. 뒷면에도 재질이 입혀지기 때문에 작업 중에는 확인이 안 됩니다. 위 스타일로 변경해서 수정해주는 것이 좋습니다. 스스로 만들지 않은 오브젝트를 불러온 경우에도 이렇게 확인해서 바로잡아주는 것이 좋습니다.

📔 Background 설정과 png 형식 저장

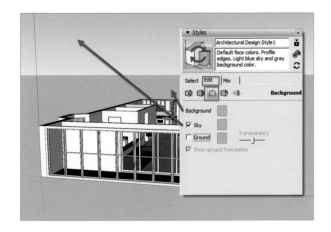

이번엔 Edit에서 Background Setting을 클릭해줍니다. 그림과 같이 메뉴가 열립니다. 여기서는 작업의 배경 색을 바꿀 수 있습니다. 현재 세팅에는 Ground가 체크되어 있지 않기

때문에 Background의 색이 바닥에 나타나고 있습니다. Sky는 현재 설정이 되어 있습니다.

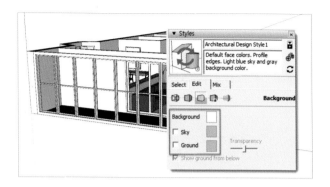

그림처럼 Background Setting을 해줍니다. Sky와 Ground는 해제하고 Background는 흰색으로 만들어주었습니다.

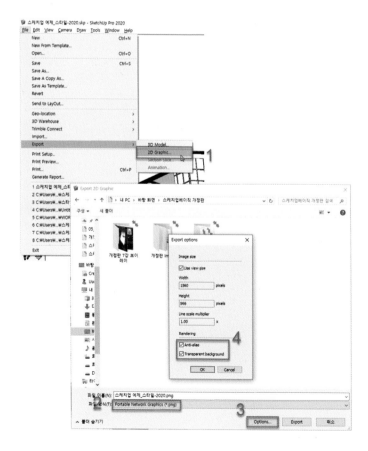

지금 보이는 장면을 포토샵으로 가져가보려고 합니다. 그림에서 표시된 순서대로 진행합니다. 상단의 메뉴 File > Export > 2D Graphic...을 클릭해줍니다. Export 2D Graphic 창이 열립니다. 저장 파일 형식을 png로 바꿔줍니다. 그리고 Option을 클릭합니다. 그리고 Rendering에서 Transparent Background를 체크합니다. 배경을 투명하게 만들어주는 옵션입니다. 이때 Sky와 Ground가 체크되어 있다면 배경을 투명하게 할 수 없습니다.

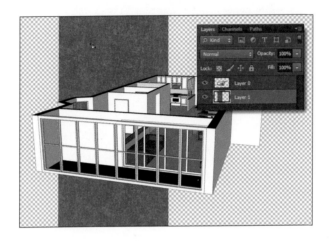

포토샵에 가져가서 파일을 열어보면 배경이 투명한 것을 확인할 수 있습니다. 위 그림은 포토샵에서 투명한 것을 볼 수 있도록 아래쪽에 색이 들어간 레이어를 추가했습니다.

🖰 Section Plane과 Style의 Modeling 설정

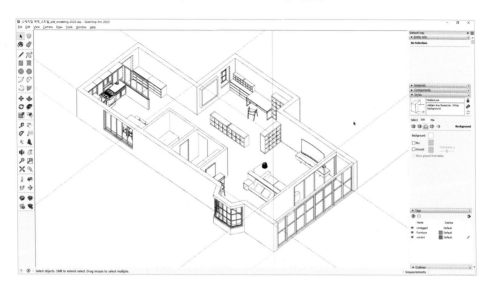

'스케치업 예제_스타일_edit_modeling-2020.skp' 파일을 열어줍니다.

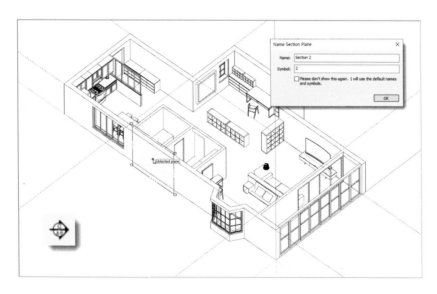

좌측의 툴바에서 Section Plane 툴을 클릭해서 그림처럼 벽으로 갑니다. 그리고 벽면을
클릭해줍니다. 섹션의 이름을 지정하는 창이 열리는데 엔터를 치고 넘어갑니다.

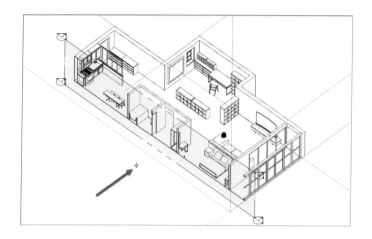

선택 툴로 섹션 면을 클릭해서 선택합니다. 그리고 Move 툴을 이용해서 그림과 같이 이동합니다. 화살표 방향으로 1500을 이동합니다. 이동하면서 단면을 만드는 것을 볼 수 있습니다.

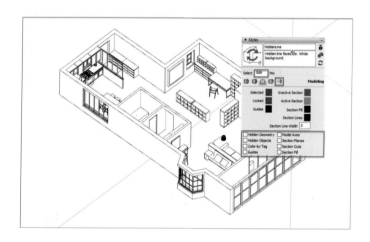

Default Tray에서 Style 메뉴의 Edit 그리고 Modeling 옵션에서 그림처럼 하단에 체크 옵션을 차례차례 해제해봅니다. Guide(보조선 on/off), Section Planes(작업 화면에 Section plane on/off), Section Cut(단면 실행 on/off), Model Axes(빨간색·파란색·녹색 축 on/off), Hidden Geometry(오브젝트의 숨은 선 on/off), Hidden Objects(숨겨진 오브젝트 on/off), Color By Layer(레이어별로 색으로 표현 on/off), Section Fill(단면에 면을 채움 on/off)

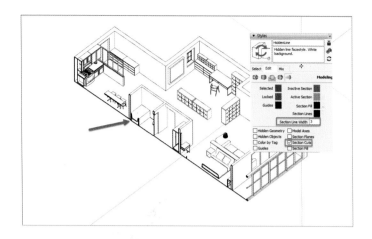

다시 Section Cut을 체크합니다. 단면이 다시 활성화되어 잘린 면이 보이게 되었습니다. 그 위로 Section cut width라는 옵션은 화살표가 가리키는 곳인 단면이 된 부분의 라인 두께를 의미합니다. 현재는 3으로 되어 있습니다. 1로 바꾸면 다른 라인들과 같은 두께가 됩니다.

SECTION 03 레이어와 스타일을 활용한 포토샵 리터치

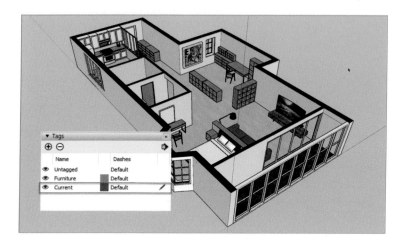

스타일의 Edit의 Modeling 파트를 알아보기 위해 '스케치업 예제_스타일_section-2020.skp' 파일을 열어줍니다. 그리고 그림처럼 current라는 레이어를 만들어줍니다. 창에서 +를 누르고 이름을 current라고 합니다. 그리고 우측 끝의 연필 아이콘을 체크해서 current 레이어로 만들어줍니다.

상단의 메뉴 Camera > Parallel Projection을 클릭해줍니다. 그림처럼 화면에 투시가 사라졌습니다.

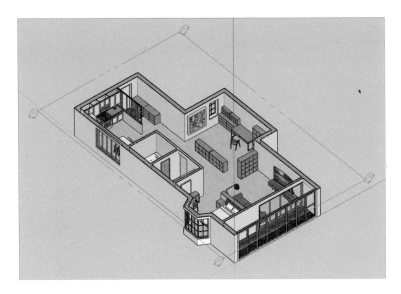

Section Plane 툴로 벽 윗면을 클릭해서 그림과 같은 방향이 되도록 만들어줍니다.

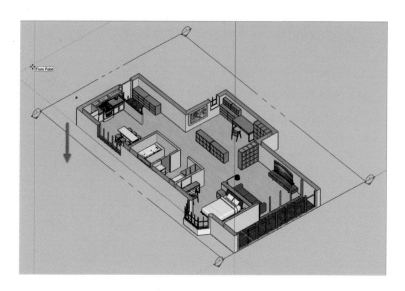

Section Plane을 선택하고 Move 툴로 아래로 900만큼 이동합니다.

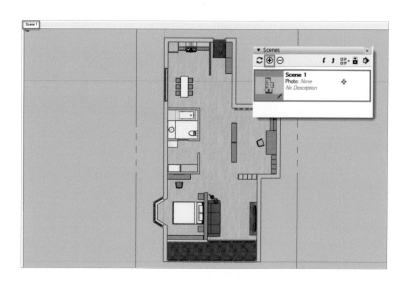

상단의 메뉴에서 Camera > Standard Views > Top을 클릭해서 그림처럼 평면도가 되도록 만들어줍니다. 그리고 앞으로 진행 중에 화면의 위치가 바뀌는 것을 대비해서 Scene을 하나 추가해줍니다. 작업 도중 미세하게라도 화면이 이동하면 이후 작업을 진행할 수 없습니다.

그림처럼 Style > Select > Default Styles에서 HiddenLine을 클릭해줍니다. 그러면 그림과 같이 흰색 바탕에 검은 라인으로 도면처럼 보이게 됩니다.

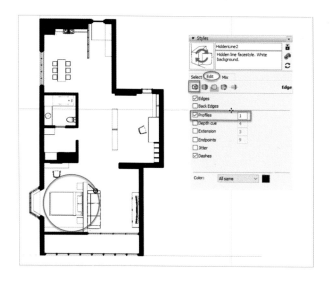

Style > Edit > Edge Setting에서 Profiles를 체크합니다. 값은 1입니다. 여기서 Profiles를 체크하는 것이 좋습니다. 그림에서 동그라미 표시가 있는 부분은 침대입니다. 침대나 소파 같은 오브젝트들인 박스 형태들은 상관없지만 외형이 둥근 형태들은 Profiles가 체

크되어야 외형이 라인으로 만들어집니다. 원기둥이나 구체를 만들고 Profiles를 실행해보면 바로 이해할 수 있습니다.

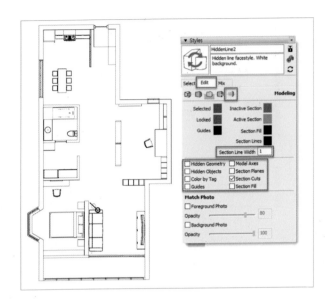

Style > Edit > Modeling에서 Section Line width 값을 1로 바꿔줍니다. 그리고 그 아래 옵션은 그림처럼 Section Cuts만 체크합니다. 이렇게 설정을 해주면 그림처럼 도면 라인처럼 바뀌게 됩니다.

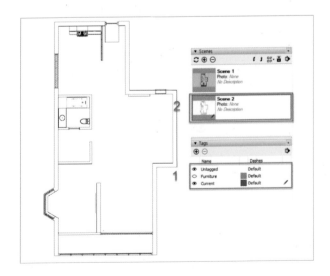

스케치업 베이직: 원리는 책으로, 예제는 YouTube로

그림과 같은 순서로 먼저 Layers에 가서 Furniture 레이어의 Visible을 해제합니다. 그리고 장면을 저장하기 위해서 Scene을 하나 더 만들어줍니다.

상단의 메뉴 File > Export > 2D Graphic...를 클릭해서 현재 상태를 png 파일로 저장합니다. png로 파일 형식을 지정한 다음 옵션을 클릭합니다. 저장 옵션이 열리면 그림처럼 체크해줍니다. Use view size는 해제합니다. 원하는 크기로 해상도를 조절하려면 해제되어 있어야 합니다. Width 값에 2400을 입력합니다. Height 값은 비례에 따라 가로 값과 자동으로 맞춰줍니다.

Rendering 부분의 Transparent background는 체크해줍니다. 그래야 배경이 투명해집니다.

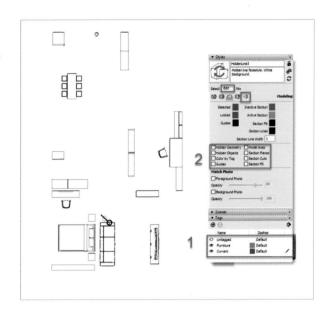

이번에는 Tag(Layer) 메뉴에서 Untagged의 눈(Visible)을 해제하고 Furniture를 체크해서 가구들만 보이게 합니다. 그리고 Style > Edit > Modeling에서 Section Cuts를 해제합니다. 단면 처리가 비활성화되었습니다. 가구들이 잘린 모습이 어색해서 해제한 것입니다.

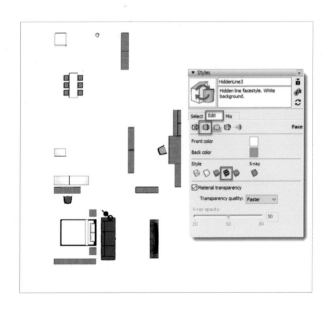

그리고 Style > Edit > Face Settings에서 그림과 같이 Display shaded using textures를 클릭해줍니다. 그러면 라인으로만 보이던 오브젝트들의 재질이 다시 보입니다. 포토샵에서 가구까지 일일이 재질을 변경하기엔 번거로워서 가구 및 소품은 재질을 입혀서 변환해주는 것이 좋을 것 같습니다.

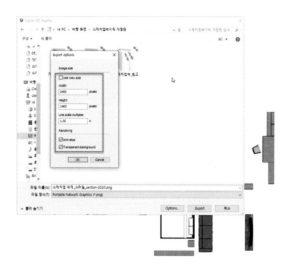

좀 전과 같이 상단의 메뉴 File > Export > 2D Graphic...를 클릭해서 현재 상태를 좀 전과 다른 이름으로 하여 png 파일로 저장합니다. png로 파일 형식을 지정한 다음 옵션을 클릭합니다. 저장 옵션이 열리면 그림처럼 체크해줍니다. Use view size는 해제합니다. Width 값에 2400을 입력합니다. Height 값은 비례에 따라 가로 값과 자동으로 맞춰줍니다. Rendering 부분의 Transparent background는 체크해줍니다.

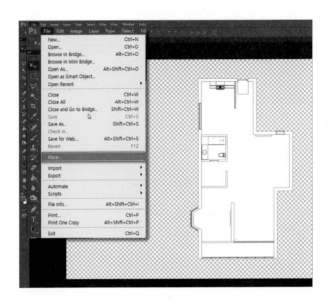

포토샵에서 처음에 만들었던 이미지를 불러옵니다. 그리고 가구를 불러올 때는 File >
Place...로 불러옵니다.

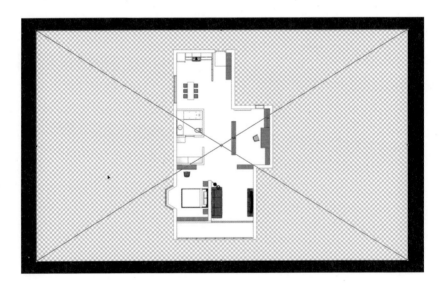

Place로 불러오게 되면 그림처럼 이미지를 딱 맞춰줍니다. 키보드에서 Enter 키를 눌러줍
니다. Place가 위 그림과 같이 되지 않는 경우는 새로 열어서 전체를 복사해서 붙여 넣는
방식으로 가져와도 상관없습니다.

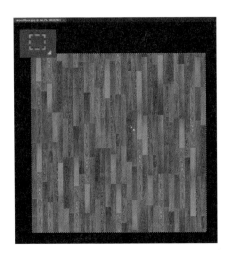

바닥에 합성을 하기 위해서 'woodfloor.jpg' 파일을 열어줍니다. 좌측의 툴바에서 Rectangular marquee tool을 클릭합니다. 그리고 전체를 모두 선택(Ctrl + A)한 다음 Ctrl + C를 눌러 복사합니다.

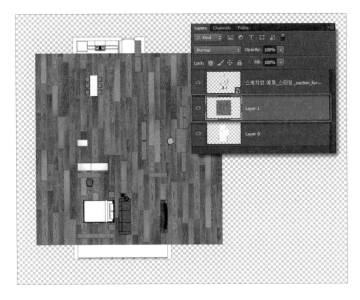

합성을 진행할 파일에 와서 Ctrl + V를 눌러 붙여 넣습니다. 그리고 레이어 순서를 바꿔 줍니다. 레이어를 선택하고 드래그해서 이동하면 됩니다.

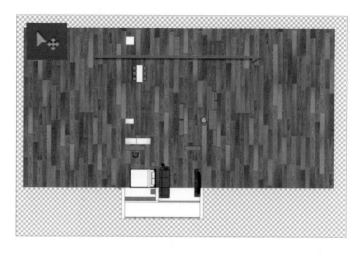

Move 툴을 이용해서 그림처럼 복사해줍니다. Move 툴로 바꾼 다음 바닥 재질 레이어를
선택합니다. 이미지 부분을 드래그(클릭해서 이동)할 때 Alt 키를 누르고 있으면 해당 레
이어가 복사됩니다. 레이어를 옆으로 이동해 그림처럼 배치합니다. 이때 상단의 메뉴 바
에서 View > Snap이 체크되어 있으면 쉽게 위치시킬 수 있습니다.

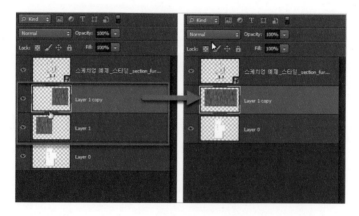

그림처럼 레이어 창에서 복사된 두 레이어를 Shift 키를 눌러서 동시에 선택하고 Ctrl + E
를 누르면 레이어가 합쳐집니다.

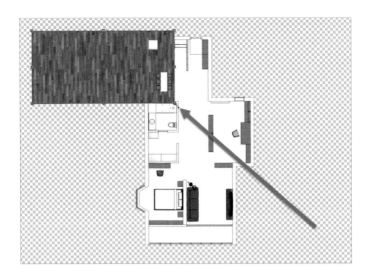

Ctrl + T를 누르면 레이어 안의 이미지를 줄일 수 있습니다. 이미지를 줄여줍니다.

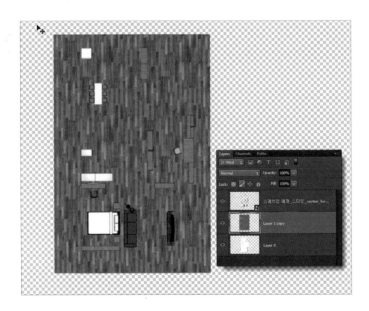

그림처럼 바닥 재질의 스케일을 맞춰가면서 레이어의 위치를 이동하고 복사한 다음 모두
합쳐줍니다.

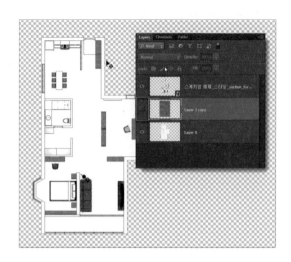

바닥 재질 레이어의 눈 모양 아이콘을 클릭해서 화면에서 잠시 보이지 않게 합니다.

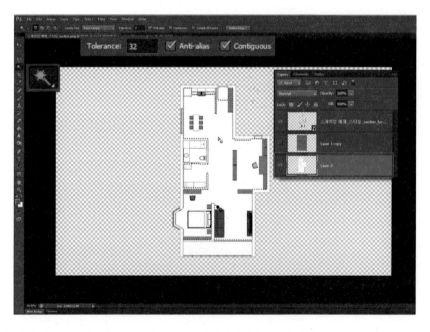

먼저 바탕의 도면 레이어(Layer0)를 선택합니다. 좌측 툴바에서 Magic wand tool을 클릭해서 상단에 보이는 세팅을 확인해봅니다. 현재 Tolerance는 32이고 Anti-alias와 Contiguous는 체크되어 있습니다. Tolerance는 Magic wand Tool이 클릭한 지점의 색과 유사한 색을 같이 선택하는데 유사한 색의 범위를 나타냅니다. 높으면 높을수록 주면

의 더 많은 색을 선택에 허용합니다. Anti-alias 경계 부분을 자연스럽게 선택해줍니다. Contiguous는 클릭한 위치 영역만 선택해줍니다. 해제가 되어 있는 경우는 전체 이미지에서 클릭한 지점의 색과 같은 색을 모두 선택해줍니다. 빨간 점 위치를 클릭하면 거실만 선택됩니다. 추가 영역은 Shift 키를 누르고 선택하면 됩니다.

> **:) YouTube 영상을 확인해보세요!**
>
> - 스케치업과 포토샵으로 투시도를 리터치하는 예제 영상입니다.
>   https://youtu.be/xo_-HlkY790
>   https://youtu.be/hh52KDFqvvY
>   https://youtu.be/iqqtMGI2-Ww
>   https://youtu.be/ISbPHdPE2hY
>   https://youtu.be/AZsmB9dZi8Y
>   https://youtu.be/RGzAAqmHsXQ
>
> - 스케치업과 포토샵을 활용하여 수채화 느낌을 표현한 영상입니다.
>   https://youtu.be/JwdQakUzjtU

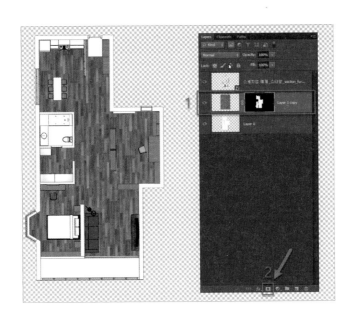

다시 바닥 레이어를 보이도록 만들고 레이어를 선택해줍니다. 현재 바닥 영역을 Magic wand tool로 선택해두었습니다. 레이어 창 하단에 있는 Add vector mask 버튼을 눌러줍니다. 그러면 그림처럼 바닥 재질 레이어 옆에 마스크가 만들어집니다. 그리고 좌측의 이미지는 좀 전에 선택한 영역만 보이고 나머지 부분은 보이지 않습니다. 마스크는 선택한 곳을 보여주고 선택하지 않은 곳을 가려주는 기능입니다. 마스크를 제거하면 언제든지 원래 이미지로 돌아갈 수 있습니다.

몇 가지 리터치를 더해서 마무리했습니다. 스케치업 스타일과 포토샵을 이용해서 간단하게 합성하는 과정을 진행해봤습니다. 입면도나 투시도 역시 비슷한 과정으로 리터치할 수 있습니다.

SECTION 04 재질 입히기

🔷 그룹과 재질의 관계

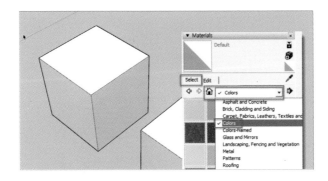

재질에 대해서 알아보기 위해서 '스케치업 예제_재질입히기.skp' 파일을 열어줍니다. 그리고 Scene 1로 장면을 바꿔줍니다. 재질을 입히기 위해서 우측의 Default Tray에서 Materials 탭을 선택하고 그림과 같이 재질 목록 중에서 Colors를 선택해줍니다. 스케치업은 위 그림처럼 다양한 재질 목록을 가지고 있습니다. 무엇이 있는지 천천히 목록을 확인해보시기 바랍니다.

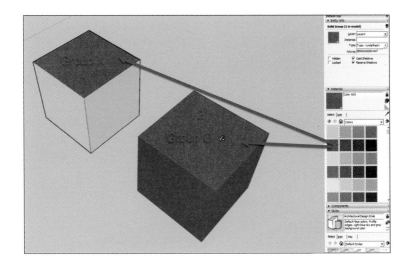

재질 창에 보이는 Color 중에 그림처럼 빨간색을 클릭합니다. 그리고 모양이 페인트 통 모양으로 바뀌면 Scene 1 장면에 있는 육면체에 그림처럼 클릭을 해줍니다. 1번 육면체는 Make Group이 되어 있지 않은 편집 상태입니다. 그리고 2번 육면체는 그룹 상태입니다. 그림처럼 그룹 상태에 있는 오브젝트에 재질을 입히면 그룹 전체의 색이 해당 재질로 바뀝니다. 그러나 그룹되어 있지 않으면 클릭한 면에만 재질이 적용됩니다.

그림처럼 그룹되어 있지 않은 육면체를 모두 선택해서 마우스 우클릭 메뉴에서 Make Group을 실행해줍니다. 이제 그룹이 되었습니다.

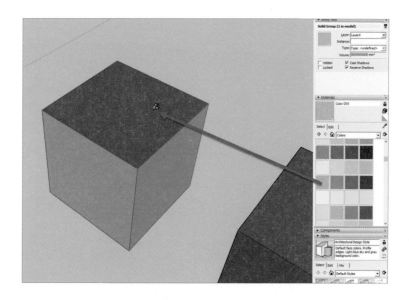

지금 그룹으로 바꾼 육면체에 노란색 재질을 입혀줍니다. 우측의 재질 목록에서 노란색을 찾아서 클릭합니다. 그리고 그림처럼 그룹된 오브젝트에 클릭해서 재질을 적용해줍니다. 그런데 재질이 처음에 적용한 윗면의 빨간색은 노란색 재질로 바뀌지 않았습니다. 다른 재질을 적용해도 위의 빨간색 재질은 바뀌지 않습니다. 스케치업에서 재질은 면에 직접 재질을 입힌 경우와 그룹에서 재질을 입힌 경우가 차이가 있습니다. 면에 직접(편집 상태) 재질을 적용하는 것이 좋습니다. 다만 재질을 자주 바꿀 경우 그룹이 아닌 면에 직접 재질을 입히면 계속 편집 상태로 들어가고 나오는 작업을 반복해야 합니다. 적절하게 그룹을 활용하는 것도 좋은 방법입니다.

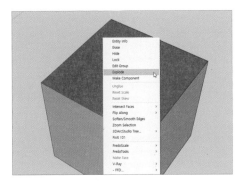

이번엔 다시 그룹을 Explode합니다. Explode하게 되면 그룹 상태에 있던 재질이 편집 상태로 바뀌면서 면에 직접 적용됩니다. 다시 그룹을 하고 다른 재질을 적용하면 재질이 전혀 적용되지 않습니다. 이렇게 직접 면에 적용된 재질들은 그룹 안에 직접 들어가서 재질을 바꾸어줘야 합니다.

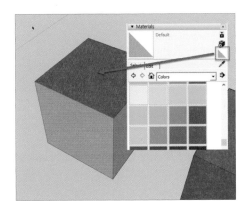

Explode된(또는 편집 상태) 육면체를 클릭하고 그림처럼 재질 창에 Set Material to Paint with to Default라는 버튼을 클릭합니다. 그리고 재질을 적용해줍니다. 그러면 직접 면에 적용되어 있던 재질이 모두 사라지고 처음의 Default 재질이 됩니다. 이제 처음 만들었던 상태처럼 사용할 수 있습니다. 그룹을 만들어 다시 재질을 적용하면 전체를 한 번에 바꿀 수 있습니다.

🎨 앞면과 뒷면의 재질

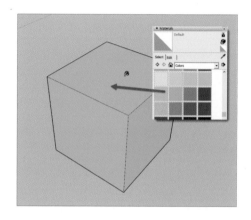

Scene 2로 장면을 바꿔줍니다. 육면체 그룹이 보이면 그림처럼 하늘색 재질을 입혀줍니다. 그룹 전체에 색이 입혀졌습니다.

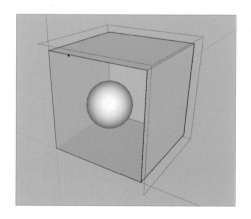

육면체 그룹을 더블클릭해서 편집 상태로 들어갑니다. 그리고 그림처럼 앞면 하나를 지워 줍니다. 그러면 내부에 구가 보입니다.(구는 그룹 밖에 있는 오브젝트입니다.)

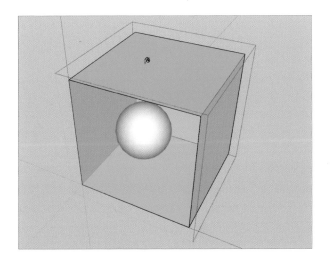

그림처럼 편집 상태에서 윗면에 녹색을 적용해줍니다.

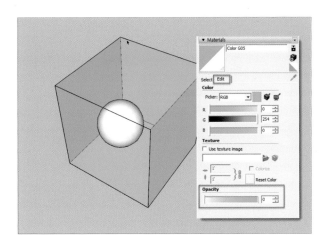

Default Tray에 Materials 메뉴에서 그림처럼 Edit 탭의 Opacity 값을 0으로 만들어줍니다. 그러면 그림처럼 윗면이 투명해지면서 안쪽이 보입니다.

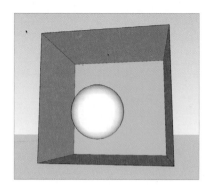

그림처럼 안쪽에서 윗면을 바라보면 처음 입혔던 재질이 보이는 것을 확인할 수 있습니다. 위에서 내려다볼 때는 안 보이지만 안에서 밖을 볼 때는 보이는 재질을 만들었습니다. 스케치업의 기본 재질인 Default가 앞면이 흰색이고 뒷면은 파란색인 것도 같은 속성입니다.

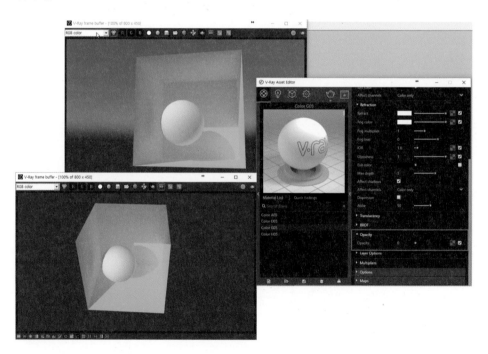

V-ray 렌더링을 해보면 역시 위에서 보면 윗면이 안 보이지만 아래서 위를 보면 윗면이 보입니다. 이때 스케치업 재질에서 Opacity 값을 0으로 해준 것처럼 V-ray 재질에서도 V-ray BRDF > Opacity 값을 0으로 만들어줘야 합니다.

그림자가 윗면을 뚫고 내려오지 않는 점을 확인할 수 있습니다. ISO 이미지를 만들 때 이런 재질의 특징을 활용하면 내부 이미지와 외부에서 내려다보는 이미지를 동시에 작업할 수 있습니다.

🗐 이미지를 사용하는 재질

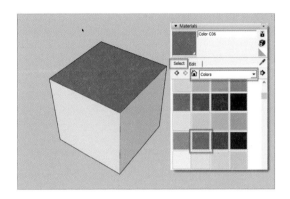

Scene 3으로 장면을 바꾸면 육면체가 보입니다. 그룹이 되어 있지 않은 편집 상태입니다. 그림과 같이 Default Tray의 Materials 메뉴의 Color 탭에서 재질을 적용해줍니다.(어떤 색이든 상관없습니다.) 이미지를 맵핑하기 위해 기본 재질을 먼저 입혀주었습니다.

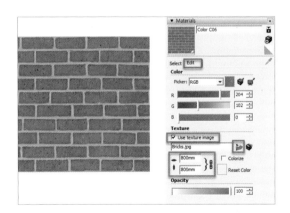

Default Tray의 Materials의 Edit에서 Texture 부분의 Use texture image를 체크해주면 창이 열립니다. 넣을 이미지를 찾아달라는 창입니다. 예제 파일 중 'Bricks.jpg' 파일을 찾아서 넣어줍니다. 그리고 이미지 크기에 해당 이미지의 실제 크기를 입력해줍니다. 지금

이미지에서는 블록 하나의 가로 폭이 200mm라면 네 개가 있으므로 800mm으로 입력해 주었습니다. 실제 크기라는 것은 해당 이미지 파일이 표현하고 있는 진짜 크기를 말하는 것입니다. 스케치업 상태에서 현실에 있는 블록의 크기를 똑같은 크기로 표현하려면 이미지의 크기를 알려줘야 합니다.

(이미지가 들어간 재질을 만들 경우 1. 색상 재질 입히기 → 2. Edit에서 이미지 찾아주기 순서를 지키는 것이 좋습니다.)

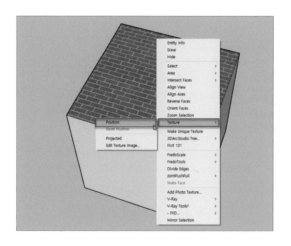

재질이 적용된 면을 클릭한 다음 마우스 우클릭 메뉴에서 Texture > Position을 클릭해 줍니다.(위 메뉴에서 스케치업 기본 우클릭 메뉴보다 옵션이 많은 것은 루비를 설치해서 그랬습니다. 지금의 과정은 루비 사용이 없으나 궁금하신 분들은 이 책의 루비 관련 내용을 참고해주세요.)

💬 **YouTube 영상을 확인해보세요!**

• 재질 기초 영상입니다.
https://youtu.be/h-52_OW5Jog
https://youtu.be/3L1eBkyn-oY

• 곡면에 재질을 입히는 방법을 설명한 영상입니다.
https://youtu.be/HPCVWhZjQZ0

• 스케치업과 포토샵을 활용해서 타일형(나무 바닥) 재질을 만드는 영상입니다.
https://youtu.be/4OZpEb9Jtsw

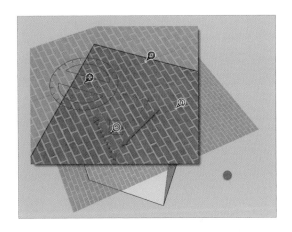

녹색 Pin을 선택하고 드래그하면 이미지가 돌아가기 시작합니다. 이때 이미지의 크기도 바꿀 수 있습니다. 점선 화살표처럼 중심점과 멀어지면 이미지가 커지고 가까워지면 작아집니다. 다 되었다면 빨간색 점 바탕 부분을 클릭해줍니다. 각각의 Pin의 역할이 다릅니다. 가장 많이 사용하는 것은 빨간색 Move pin과 녹색 Rotate Pin입니다.

곡면에 재질 입히기

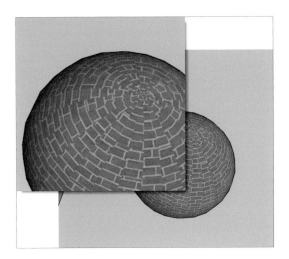

Scene 4번을 클릭해서 장면을 바꾸면 구가 보입니다. 좀 전에 만들었던 재질을 구에 적용해줍니다. 그런데 구에 재질이 원하는 것처럼 입혀지지 않고 어긋나 있습니다. 곡면의 경

우 각각의 면에 재질이 입혀지다 보니 부자연스럽게 보입니다.

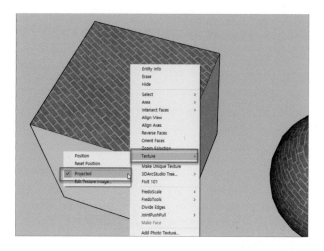

우측의 육면체 윗면을 클릭하고 마우스 우클릭 메뉴에서 Texture > Projected를 클릭해
줍니다.

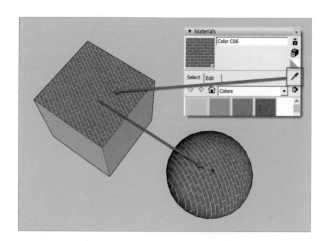

그림처럼 Materials 메뉴에서 스포이드 버튼을 찾아 클릭해줍니다. 그리고 육면체 윗면을
클릭합니다. 그러면 마우스 포인터가 재질을 입혀주는 페인트 통으로 바뀝니다. 이때 구
를 클릭해주면 육면체에 있던 재질의 방향이 구면에 투사됩니다.(Project됩니다.) 그림처
럼 육면체에 적용한 각도 그대로 입혀진 것을 확인할 수 있습니다. Project는 꼭 곡면이
아니더라도 다른 곳에 재질을 똑같이 적용하고 싶을 때 활용됩니다.

🖋 그룹 상태에서 입힌 재질의 특징

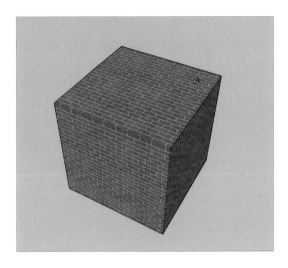

Scene 5로 장면을 바꾸면 그룹이 된 육면체가 보입니다. 좀 전에 만들어준 재질을 입혀줍
니다.

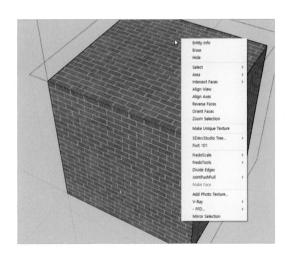

육면체 그룹을 더블클릭해서 편집 상태로 들어갑니다. 그림처럼 윗면을 선택해서 마우
스 우클릭 메뉴를 확인해보니 Texture 메뉴가 없습니다. 그룹 상태에서 입혀진 재질은
Texture 메뉴가 없습니다. 그래서 재질을 적용하고 재질의 방향이나 크기를 바꾸고자 한
다면 편집 상태에서 재질을 입혀주어야 합니다.

SECTION 05 png 재질의 특징과 나무 만들기

🖼 png 나무 만들기 1

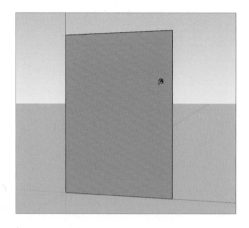

예제 중 '스케치업 예제_재질입히기_PNG.skp' 파일을 찾아서 열어줍니다. 그리고 Materials에서 Color 재질 목록 중 그림처럼 녹색 재질을 입혀줍니다.

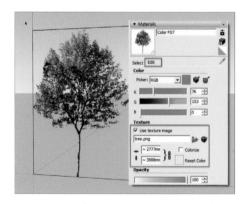

Materials의 Edit에서 Texture의 Use texture image를 체크하고 예제 중 'tree.png' 파일을 찾아줍니다.

그러면 그림처럼 배경이 투명한 이미지가 만들어집니다. 여기서 보이는 것과 크기가 다른 경우는 이미지 크기를 조절하거나 앞서 진행했던 것처럼 마우스 우클릭 메뉴의 Texture 에서 이미지 크기를 조절하면 됩니다. png 파일은 인터넷에서 많이 사용하는 이미지로서 jpg 이미지가 투명도가 없는 이미지인 반면에 png 파일은 투명도 값을 가지고 있습니다. 그래서 배경이 투명한 png인 경우는 스케치업상에서도 투명하게 보입니다.

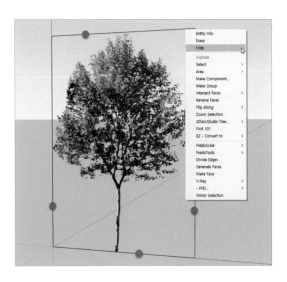

사각형 외곽의 선이 보기에 좋지 않다면 선만 선택해서 마우스 우클릭 메뉴에서 Hide를 실행해주면 보이지 않습니다.

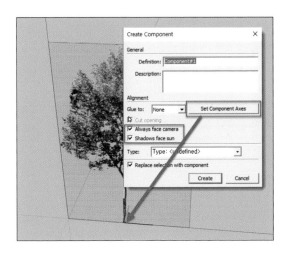

만들어진 나무를 Component로 만들려고 전체를 선택한 다음 마우스 우클릭 메뉴에서 Make component를 클릭해줍니다. 그림처럼 창이 열리면 Always face camera를 체크하고 Shadows face sun을 클릭해줍니다. 그런 다음에 Set Component Axes를 클릭합니다. 그리고 그림의 화살표 끝 부분처럼 나무의 큰 줄기가 땅과 만나는 지점을 두 번 클릭해줍니다. Component의 기준 위치를 지정해주는 것입니다. 별도로 지정하지 않으면 좌측 끝에 형성이 됩니다. 그러면 이후에 화면을 움직일 때 나무가 놓인 위치가 변할 수 있습니다.

Create 버튼을 눌러서 컴포넌트를 만들어줍니다. 그리고 화면을 바꾸어 움직여보면 나무가 화면을 따라서 방향을 바꾸는 것을 확인할 수 있습니다. 이때 나무가 방향을 바꾸는 기준이 앞서 Set Component Axes에서 설정한 위치입니다.

상단의 메뉴에서 View > Shadows를 클릭해서 그림자를 만들어줍니다. png 파일 사용 시 아쉬운 점 하나는 그림처럼 그림자에는 배경이 나타난다는 점입니다. 해결 방법은 사각형 평면을 나무 모양으로 대략 그린 다음에 나무 재질을 입히는 것입니다. 또 하나는 일러스트레이터의 trace 기능을 이용해 따내는 방법도 있습니다.

나무 컴포넌트를 더블클릭해서 편집 상태로 들어갑니다. 그리고 Line 툴을 선택합니다.

Line 툴로 그림처럼 나무 모양을 만들어줍니다.

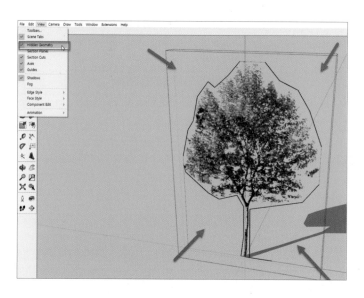

View > Hidden Geometry를 체크해서 감춰진 선을 보이게 합니다. 그리고 Eraser 툴로 그림처럼 화살표 방향의 면과 선을 지워줍니다.

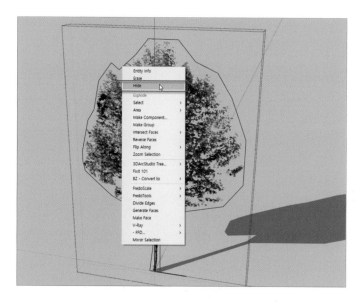

외곽선을 모두 선택해서 Hide해줍니다. 이때 Unhide가 보이면 선택한 선 중 일부가 이미 감춰진 상태라서 HIde 명령이 안 되는 것입니다. Unhide를 하고 다시 Hide 명령을 주면 됩니다.

외곽 라인을 감추고 View > Hidden Geometry를 다시 해제하면 위 그림과 같은 결과를 얻을 수 있습니다. 그림자가 꼭 정교하지 않아도 된다면 위와 같은 방법으로 간단하게 나무 컴포넌트를 만들어 쓸 수 있습니다.

🌳 png 나무 만들기 2

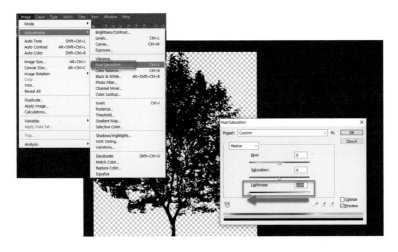

좀 더 정교한 나무 그림자를 만들기 위해서 포토샵과 일러스트레이터를 이용해보려고 합니다. 우선 포토샵에서 Tree.png 파일을 열어줍니다. 그리고 Ctrl + U를 눌러서 Hue/Saturation...을 실행합니다. 그리고 Lightness 값을 −100으로 만들어서 나무를 블랙으로 만들어줍니다. 그리고 Tree_black.png 파일로 저장합니다.

일러스트레이터에서 Tree_Black.png 파일을 열어줍니다. 그리고 상단의 메뉴에서
Object > Image Trace > Make and Expand를 실행해줍니다.

좀 전의 이미지를 클릭해보면 그림과 같이 일러스트레이터의 벡터 형식으로 이미지가 바뀌어 있습니다. 비트맵 이미지를 연산 과정을 거쳐서 벡터 방식의 이미지로 바꾼 것입니다. 이 이미지는 확대를 해도 비트맵처럼 해상도가 변하지 않습니다. 이 파일을 클릭하면 흰색과 검은색 부분이 하나인 상태입니다. Ctrl + Shift + G를 눌러서 Ungroup 명령을 해줍니다. 그러면 블랙 부분만 따로 선택할 수 있습니다.

안쪽의 검은색 부분을 선택하고 그림처럼 이동합니다. 그리고 남은 부분은 모두 지워줍니다.

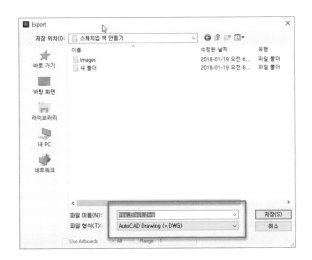

나무만 남겨진 것을 상단의 메뉴 File > Export로 저장을 합니다. 이때 AutoCAD 파일인
dwg 파일로 저장합니다.

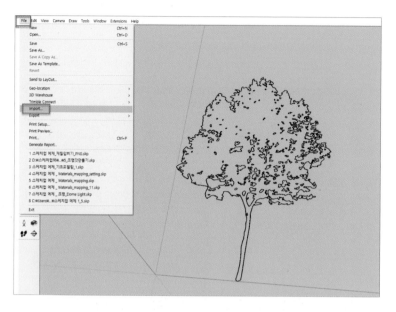

스케치업에서 좀 전에 저장한 dwg 파일을 상단의 메뉴 File > Import…로 불러옵니다.

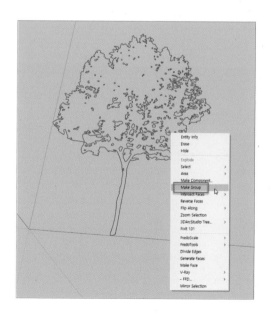

스케치업으로 불러온 라인이 그룹으로 선택되지 않고 라인으로만 선택되는 경우는 전체를 선택해서 Make Group을 실행해줍니다.

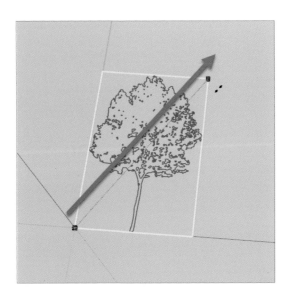

Scale 툴을 이용해서 그룹을 화살표 방향으로 키워줍니다. 화살표 방향으로 클릭하고 10을 입력해서 열 배 키워줍니다.

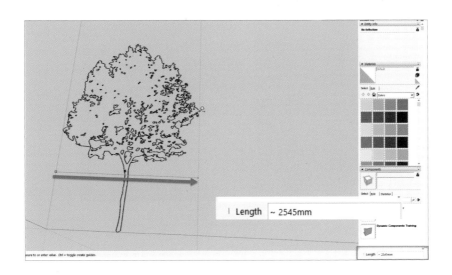

나무의 크기를 재려고 합니다. Tape 툴을 이용해서 그림처럼 녹색 축을 클릭하고 나무 라인의 우측 끝에 가져갑니다. 그러면 우측 하단의 수치 창에 크기가 보입니다.

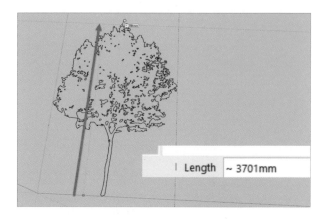

높이도 같은 방향으로 확인해줍니다. 가로는 2545, 세로는 3701입니다.

현재 작업 중인 tree.png 파일을 포토샵에서 확인해보면 상하좌우의 여백이 없는 꽉 찬 이미지입니다. 다른 파일을 작업할 때 이 부분을 확인하고 여백이 있다면 Crop으로 맞춰 주어야 합니다.

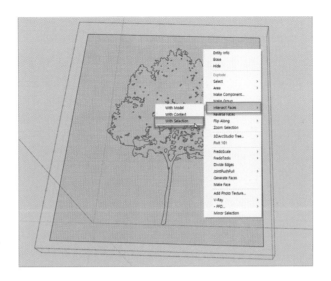

스케치업에서 나무 그룹 안에 들어갑니다. 그리고 사각형 툴로 그림처럼 면을 만들어줍니다. 그러면 사각형 면과 라인이 겹치게 됩니다. 그리고 전체를 선택한 다음 Intersect Faces > With Selection을 눌러줍니다. 그러면 면과 라인의 교차되는 부분을 계산해서 면을 나누어줍니다.

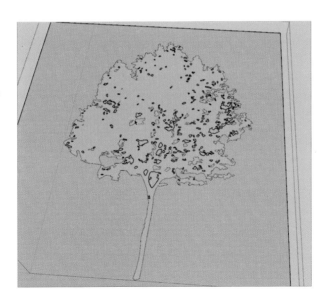

위 그림처럼 외부 면이 선택됩니다. 지워주면 됩니다.

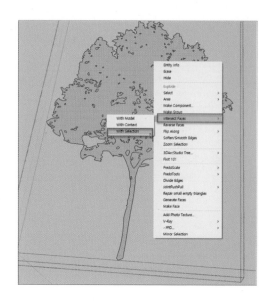

내부에 작은 선들은 나누어지지 않았습니다. 이럴 때는 모두 선택해서 다시 명령을 해주
면 됩니다.

이 과정은 컴퓨터가 교차되는 지점을 계산해야 돼서 시간이 좀 걸립니다.

필요한 면만 사용하기 위해서 필요한 부분의 면만 선택합니다. 그리고 Ctrl + C로 복사해
줍니다. 그룹 밖으로 나와서 Ctrl + V로 붙여 넣기를 실행합니다.

꼭 그룹 밖으로 나와서 위 그림처럼 복사해줍니다.

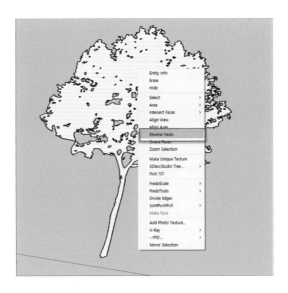

파란색 면을 선택하고 Reverse Faces를 클릭해서 면을 흰색으로 만들어줍니다.

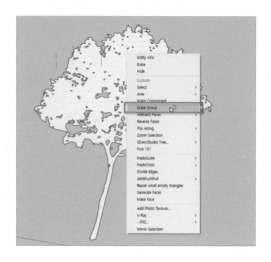

전체를 선택해서 Make Group해줍니다.

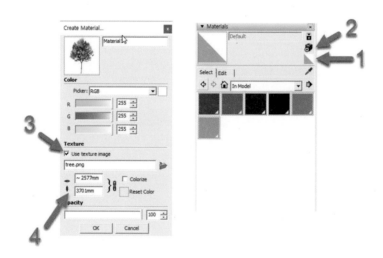

위 그림의 순서대로 새로운 재질을 만들어줍니다. Default Tray의 Materials 메뉴에서 위
그림처럼 Default 재질을 클릭하고 Create Material을 클릭합니다. 그러면 새로운 머트리
얼 창이 열립니다. Use texture image를 클릭하고 tree.png 파일을 찾아줍니다. 그리고
크기를 앞서 확인했던 크기로 바꿔줍니다. 이때 가로나 세로 중 하나만 맞추어줘도 상관
없습니다. 똑같이 하고 싶다면 수치 입력란의 우측 체인을 클릭한 다음 가로세로를 별도
로 입력합니다.

새로 만든 재질을 나무에 입혀줍니다.

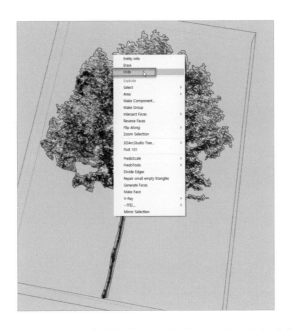

겹쳐 보이는 라인을 Hide시키기 위해서 나무 그룹 안으로 들어가서 전체 선택 후에 Shift
키를 누르고 내부의 면을 한 번만 클릭해줍니다. 그러면 안쪽 면이 선택에서 제외됩니다.
이때 라인 위에서 마우스 우클릭을 해줍니다. 우클릭 메뉴에서 Hide를 실행해줍니다.

나무를 세워서 그림자를 적용해보면 그림과 같이 그림자가 디테일하게 표현되는 것을 확
인할 수 있습니다.

SECTION 06 재질 라이브러리 리뷰

스케치업이 가지고 있는 기본 머트리얼을 소개하려고 합니다. 그림처럼 집 모양 버튼 옆을 클릭해서 Materials로 바꾸면 폴더로 표시된 재질 목록이 보입니다. 대부분의 머트리얼은 color 항목을 제외하고는 비트맵을 가지고 있습니다.

집 모양 버튼 옆의 리스트를 클릭해도 재질 리스트로 접근할 수 있습니다. Wood 재질로 가보도록 하겠습니다.

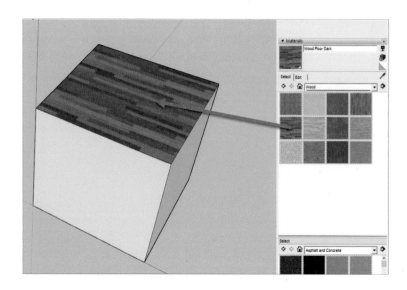

2000,2000,2000 크기의 박스를 만들고 Wood Floor Dark 재질을 클릭해서 윗면에 재질을 입혀줍니다.

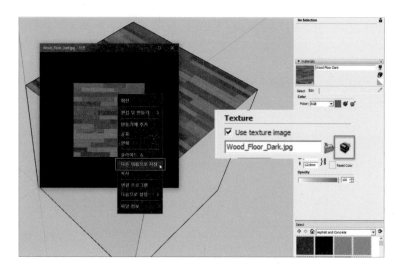

재질에 들어간 이미지를 확인하기 위해서 Edit에서 Edit texture image in external editor 버튼을 눌러주면 윈도우 사진뷰어 프로그램이 실행됩니다. 이미지 위에서 마우스 우클릭해서 다른 이름으로 저장하면 해당 이미지를 저장할 수 있습니다.

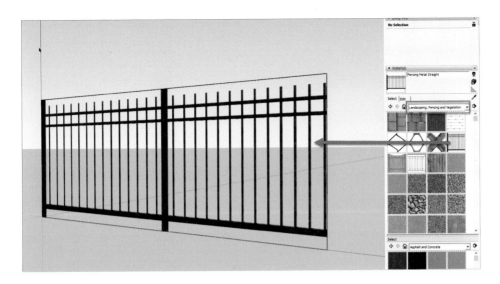

재질 목록 중에서 Landscaping, Fencing and Vegetation에서 Fencing Metal Straight를 면에 적용해보면 그림과 같습니다. Png 파일을 사용해서 얇은 재질은 모델링이 아닌 재질로 표현이 가능합니다. 건축 모델링에서 데이터가 무거워지는 현상을 줄여줄 수 있습니다.

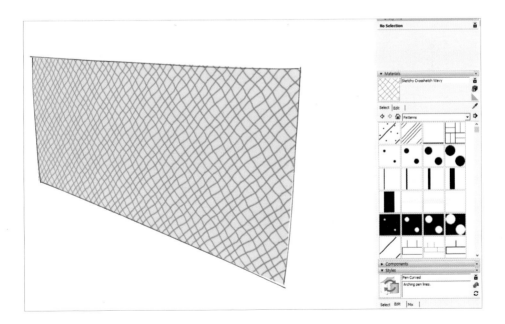

Patterns 목록을 보면 다양한 재질 패턴을 볼 수 있습니다. Style에서 스케치 스타일 등으로 바꾸고 패턴을 적용하면 다양한 스케치 느낌의 표현도 가능합니다. 또한 패턴에는 다양한 단면 및 재질 표현 등이 있습니다. 잘 활용하면 효율적인 프로젝트 진행에 도움이 될 것입니다.

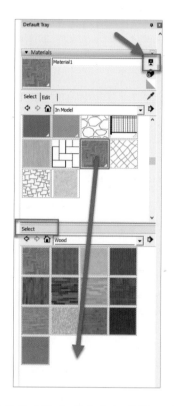

직접 새로 만든 재질을 목록에 추가할 수 있습니다. 화살표 방향의 세부 메뉴를 열어주면 아래쪽에 Select 메뉴가 열립니다. 새로 만들어진 재질을 드래그해서 집어넣으면 직접 만든 재질을 목록에 넣고 다른 프로젝트를 진행할 때도 불러서 사용할 수 있습니다.

CHAPTER 6
루비를 활용한
모델링

SECTION 01 루비 설치와 불러내기

루비를 설치하려고 합니다. 루비를 찾을 수 있는 곳은 Extension warehouse가 있습니다.

그리고 SketchUcation.com이 있습니다.

인터넷 창을 띄우고 구글에서 Extension warehouse를 검색하거나 https://extensions. sketchup.com/ko 주소로 갑니다. 로그인하고 가입을 해줍니다. 로그인 정보를 기억하기 에는 Google 계정으로 가입하는 것이 좋습니다.

(루비는 스케치업에 없는 기능을 회사 또는 개인이 만들어서 공유하거나 상업적 거래를 하고 있습니다. 그러다 보니 스케치업의 버전이 높아지면 루비들이 바로 새로운 버전의 스케치업에 적용이 되도록 업데이트되지 않는 경우가 많습니다. 유료 루비는 발 빠르게 대응을 하지만 무료인 루비들은 대응이 많이 늦습니다. 특히 Trimble 사가 인수한 이후에 는 매년 버전이 새롭게 나오면서 루비가 새 스케치업 버전에 호환되지 않는 경우가 많습 니다.

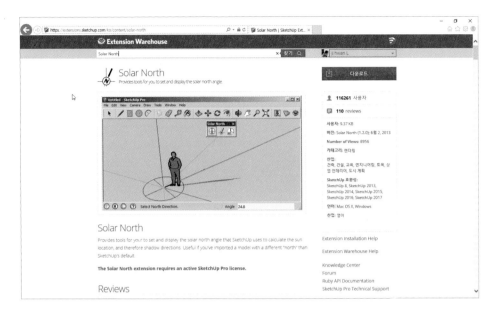

가입하고 로그인을 해서 검색창에 Solar North를 검색합니다. 위 그림과 같은 루비를 선택하고 창이 넘어가면 우측 상단에 보이는 다운로드 버튼을 눌러 파일을 다운로드합니다.

스케치업에서 Window > Extension Manager를 클릭해줍니다.

Extension Manager 창이 열리면 좌측 하단에 Install Extension 버튼을 눌러줍니다.

좀 전에 다운로드한 파일을 찾아서 클릭하고 열어줍니다.

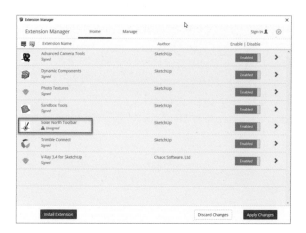

그림처럼 Solar North Toolbar가 추가된 것을 확인할 수 있습니다.

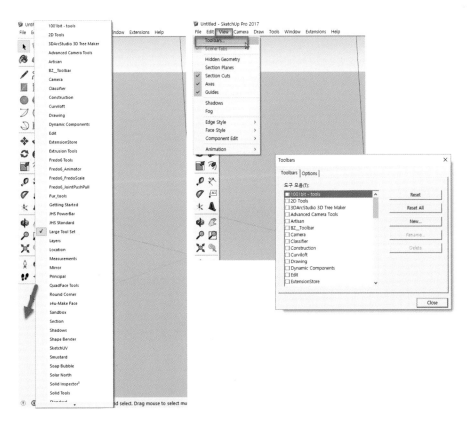

루비를 툴바로 불러내는 방법은 그림처럼 기본 우측 툴바에서 마우스 우클릭을 해서 추가된 루비를 찾아 클릭해주거나 View > Toolbar...를 클릭해서 Toolbars 창을 열어 체크해주는 것입니다. 이때 설치해도 버튼이 보이지 않는 경우는 스케치업 프로그램을 껐다가다시 실행해주면 나타납니다. 그래도 나타나지 않는 경우는 해당 버전과 호환에 문제가있거나 정상적으로 설치가 되지 않은 것입니다.

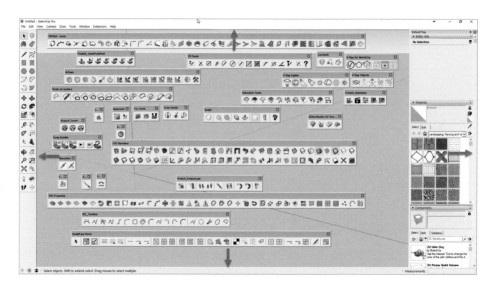

추가 루비를 모두 열어놓으면 그림과 같습니다. 이 루비들은 각 루비 버튼들의 이름 부분을 클릭하여 화살표 위치로 드래그해서 가져가면 우측의 Large Tool Set 툴바처럼 고정시킬 수 있습니다.

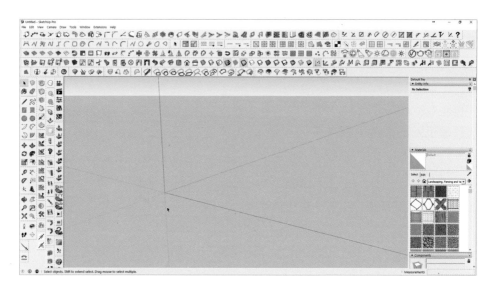

그림과 같이 버튼이 추가되었습니다. 버튼이 많아지다 보니 작업 화면이 작아졌습니다. 버튼을 작게 만들어서 작업 공간을 넓혀줄 수 있습니다.

스케치업 베이직: 원리는 책으로, 예제는 YouTube로

상단의 메뉴에서 Window > Preferences를 클릭합니다. SketchUp Preferences 창이 열리면 Workspace에서 Use Large tool buttons 옵션이 체크되어 있습니다. 그것을 해제해주면 됩니다.

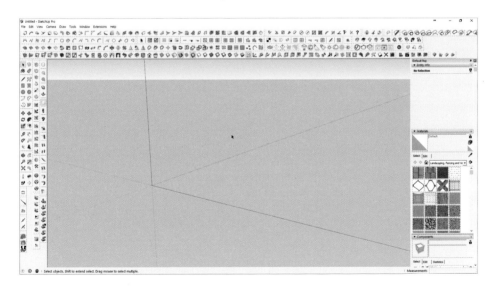

그림처럼 버튼 크기가 많이 줄어든 걸 확인할 수 있습니다. 그렇지만 이렇게 많은 루비를 작업창에 놓고 쓰는 것보다는 필요한 것을 그때그때 열어서 사용하는 것이 좋습니다. 다

만 처음 루비를 다루는 경우라면 어떤 루비가 있는지 확인하고 눈에 익힐 수 있게 당분간 늘어놓는 것도 좋습니다. 이후 과정은 필요한 것들 위주로 열어놓고 설명을 하도록 하겠습니다. 그리고 보기에 좋게 버튼의 크기도 다시 키우겠습니다. 이 책에 사용된 루비들은 Extension Warehouse나 SketchUcation에서 다운로드하실 수 있습니다. 버전에 맞춰서 다운로드하시면 됩니다. 그리고 네이버 카페에서 엉클벅스를 검색해서 카페에 가입 후 Ruby 게시판에서 검색하시면 이 책에 사용된 루비를 볼 수 있습니다.(http://cafe.naver.com/unclebucks)

루비리스트 1

루비리스트 2

SECTION 02 JHS Standard

JHS Standard 루비는 스케치업에 있는 기
능들이지만 찾아서 쓰기에 불편한 것들을
버튼으로 만들어놓은 루비입니다. 몇 가지
자주 사용하는 것들 위주로 설명하도록 하
겠습니다.

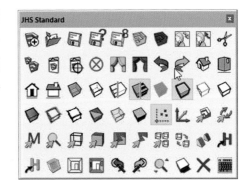

그림에서 빨간색으로 체크한 버튼들 중에
왼쪽 두 개의 버튼은 3D 모델링을 외부에
서 불러오거나 현재 작업창에 있는 스케치
업 모델링을 다른 프로그램으로 보내고자
할 때 사용하는 버튼입니다.

그리고 우측의 두 개의 버튼은 2D 이미지
를 불러오거나 내보내는 버튼입니다. 마지
막 Image Export를 클릭하면 그림과 같이

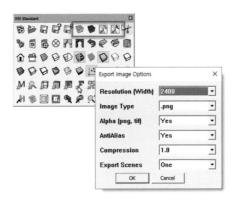

Export Image Option 창이 열립니다. 이 창에서는 해상도와 이미지 타입을 결정할 수 있
고 Export Scenes와 같은 경우는 장면을 한 번에 모두 이미지로 저장해주는 기능입니다.
여러 개의 장면이 있는 경우 하나씩 이미지로 변화하기에 번거로움이 많습니다. Export
Scenes를 사용하면 간단하게 저장할 수 있습니다.

빨간색 체크 영역은 화면 설정에 관한 것들입니다. 대부분 상단의 메뉴 View나 우측의 Default Tray의 Style에서 설정할 수 있지만 일일이 찾아서 설정을 바꾸기 어려운 것들을 사용하기 쉽게 모아놓았습니다. 이 중 좌측 위쪽의 첫 번째 ISO view는 View > Parallel Projection을 체크한 상태에서 누르게 되면 등각 투상도가 만들어집니다. 등각 투상도를 만들려면 화면을 미세하게 컨트롤해야 하기 때

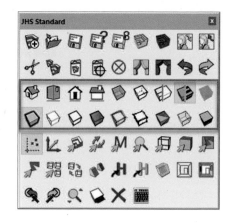

문에 어려웠는데 쉽게 화면을 바꿔줄 수 있습니다. Back Edges 버튼은 오브젝트 뒷면의 보이지 않는 부분을 점선으로 표현해줍니다.(단축키 K) Style: Face Check는 면의 속성의 앞면 뒷면 상태를 확인할 수 있습니다. 대부분 재질을 주기 전에는 앞면은 흰색이고 뒷면은 파란색이라서 구분이 가능하지만 재질을 입히면 확인이 어렵습니다. 이때 이 버튼을 사용하면 녹색은 앞면이고 빨간색은 뒷면으로 표현해줍니다.

Invert Selection은 현재 선택하고 있는 것과 나머지를 뒤바꿔주는 기능입니다. 내가 필요한 것만 남기고 모두 지우거나 감춰두려고 할 때 내가 필요한 것만 선택하고 이 버튼을 눌러주면 나머지 모두가 선택되고 앞서 선택한 것은 놓게 됩니다. Selection Vault는 특정 오브젝트들을 선택하고 이 버튼을 눌러주면 다른 작업을 진행하다가 다시 그 오브젝트를 선택하고 싶을 때 이 버튼을 다시 눌러주면 선택했

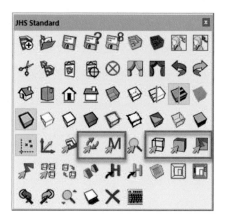

던 오브젝트들을 다시 선택할 수 있는 선택 메모리 기능입니다. 단 재선택 시에 현재 다른 오브젝트를 선택하고 있으면 안 됩니다. 그런 경우는 '기억하라'는 의미가 되기 때문입니다. 그리고 Filter Edges는 편집 상태에서 오브젝트들의 라인만 선택하고 싶을 때 전체를 선택하고 이 버튼을 눌러주면 Edge만 선택됩니다. Filter Face는 반대로 면만 선택해주는 기능입니다. 오브젝트의 라인이나 면만 Hide하고 싶을 때 유용합니다. Select by Material은 편집 상태의 오브젝트가 다양한 재질로 되어 있는 경우에 내가 선택한 재질을

가진 면들을 모두 선택해주는 기능입니다. 단 Default 재질은 선택되지 않습니다. 어떤 재질이든 입혀진 상태여야 합니다.

Hide Rest of the Model 버튼은 그룹이나 컴포넌트를 더블클릭해서 편집 상태로 들어가면 그 외에 나머지 오브젝트를 화면에서 보이지 않도록 해줍니다. 모델링이 복잡해지는 경우 개별 오브젝트를 편집해야 되면 다른 오브젝트들이 방해가 될 때가 많습니다. 화면의 움직임도 둔해서 어렵습니다. 이럴 때 이 버튼을 눌러주면 보이지 않아서 편하게 작업할 수 있습니다. 단축키로 만들어두면 유용합니다.

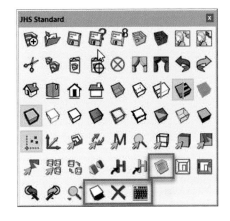

Toggle Shadows는 그림자 버튼입니다. Purge Model 버튼은 컴포넌트 중에 현재 작업 화면에 사용하고 있지 않은 컴포넌트들을 모두 지워주는 기능입니다. 3D Warehouse에서 컴포넌트들을 많이 불러왔는데 그중에 일부 사용하지 않는 컴포넌트들은 작업 화면에 사용하고 있지 않더라도 컴포넌트로 저장되어 있습니다. 그래서 파일을 저장하면 용량을 고스란히 차지하고 있습니다. 이럴 때 이 버튼을 눌러줍니다. 스케치업은 기본 설정에서 자동 저장이 5분에 한 번 이루어집니다. 컴포넌트가 많아질 경우 이때마다 잠시 동안 작업이 중단됩니다. 컴포넌트는 불필요한 것들은 지워주는 것이 좋습니다. Set up Shortcuts는 단축키 만들어주는 창을 열어줍니다.

SECTION 03 **JHS PowerBar**

JHS PowerBar 루비에 대해서 알아보겠습니다.

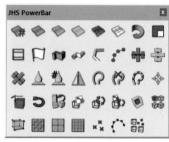

JHS PowerBar

첫 번째 여섯 개의 버튼은 Smooth 기능을 버튼으로
만들어둔 것입니다. 작업창 우측의 Default Tray에서
Smooth 메뉴에 있는 기능입니다. 기능을 사용해보기
위해서 '스케치업 예제_루비_JHSPowerBar_1.skp' 파
일을 찾아서 열어줍니다.

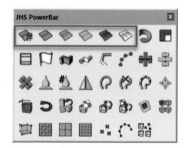

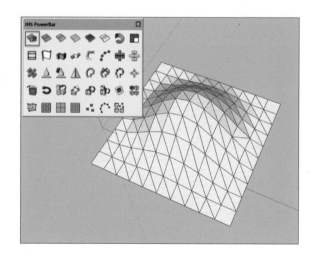

스케치업 베이직: 원리는 책으로, 예제는 YouTube로

예제 파일을 열어서 Scene 1을 보면 위 그림과 같은 오브젝트가 나타납니다. Smooth가 적용되지 않아서 곡면 내부의 선들이 모두 보이고 있습니다. 면을 모두 선택합니다.(해당 오브젝트를 세 번 빠르게 클릭) 그리고 JHS PowerBar 메뉴에서 위 그림에서 빨간색으로 표시한 AMS Soften Edges 버튼을 클릭합니다.

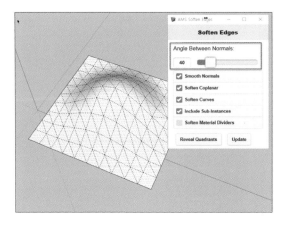

AMS Soften Edges 창이 열리면 Angle Between Normals의 슬라이드 바를 좌우로 움직여봅니다. 좌측의 표시된 숫자에 따라서 Edges가 감춰지거나 나타나는 것을 확인할 수 있습니다.

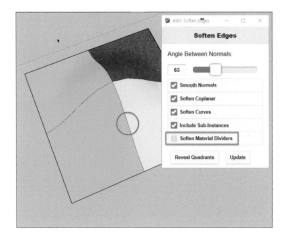

Scene 2를 클릭하고 나오는 면은 위 그림처럼 재질이 나누어져 있습니다. 앞서 진행했듯이 모두 선택한 다음 AMS Soften Edges를 실행합니다. 그러면 위 그림처럼 재질이 나누

어진 부분의 선이 나타난 상태에서 다른 면들의 선은 감춰집니다. 이러한 기능은 Default Tray의 Soften Edges에는 없는 기능입니다.

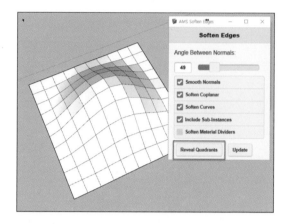

Scene 3을 클릭해서 장면이 바뀌면 앞서 진행했던 것처럼 면을 모두 선택한 다음 AMS Soften Edges를 실행해서 면을 부드럽게 만들어줍니다. 그런 다음 AMS Soften Edges 메뉴에서 Reveal Quadrants 버튼을 눌러줍니다. 그러면 위 그림처럼 사각형 라인들만 보이고 내부의 선만 보이도록 해줍니다.

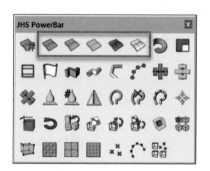

AMS Soften Edges 버튼 옆의 버튼들은 위에서 진행한 메뉴 창이 열리지 않고 간단하게 클릭 한 번으로 Soften 기능을 활성화하거나 제거하는 버튼들입니다. 파란색은 앞서 AMS Soften Edges에서 설정한 것을 바로 적용하는 버튼입니다. 노란색은 Soften의 수치가 낮은 상태이며 녹색은 180 값으로서 수치가 가장 높은 상태입니다. 그리고 빨간색은 Soften을 제거해줍니다. 흰색은 바로 앞에서 진행한 사각형 라인을 만들어주는 기능입니다.

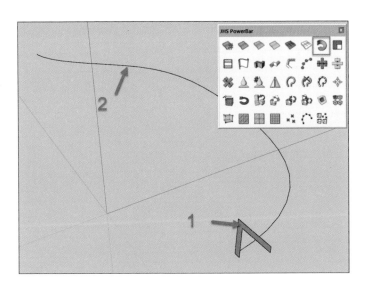

'스케치업 예제_루비_JHSPowerBar_2.skp' 파일을 찾아서 열어줍니다. JHS PowerBar에서 Upright Extruder를 사용하기 위해서는 위 그림처럼 라인과 면을 선택한 뒤에 Upright Extruder 버튼을 클릭해야 합니다. 위 그림의 1번 면이 2번 라인을 따라가면서 만들어지는 입체를 만들어줍니다.

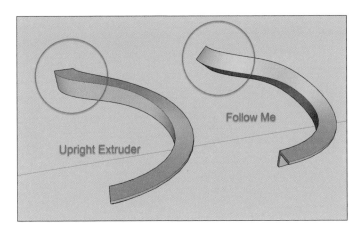

예제에서 Scene 2를 클릭합니다. 위 그림은 Upright Extruder와 Follow Me를 비교한 것입니다. 빨간색 동그라미 부분을 확인해보면 Upright Extruder는 방향이 Follow Me와 다른 것을 알 수 있습니다. 이러한 특징 때문에 Upright Extruder는 슬로우프 등을 만들기에 적당합니다.

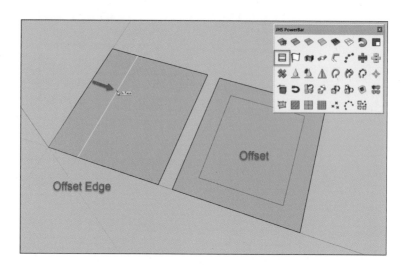

JHS PowerBar의 Offset Edge와 스케치업의 기본 툴인 Offset과의 차이점은 위 그림처럼 Offset Edge은 직선을 클릭해서 간격 띄우기가 되고 스케치업의 Offset은 면을 기준으로 테두리 선이 간격 띄우기가 된다는 점입니다. 스케치업의 Offset도 선을 두 개 이상 선택하면 해당 선을 간격 띄우기가 가능하지만 하나의 직선은 실행되지 않는 단점이 있습니다. 작업 도중에 직선 하나만 간격 띄우기를 하고자 하는 경우가 종종 있는데 그런 경우에 사용하면 좋습니다.

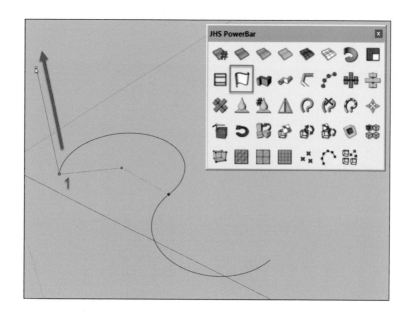

Extrude Lines 기능은 위 그림처럼 라인을 Extrude해주는 기능입니다. 먼저 바닥에 선을 그려줍니다. 그리고 선을 선택합니다. 그런 다음 Extrude Lines를 클릭합니다. 그리고 위 그림처럼 1번 위치를 클릭하고 파란색 선을 축을 따라서 위로 방향을 이동한 다음 두 번째 클릭을 해줍니다. 그러면 이동한 방향과 길이만큼 라인이 면으로 만들어집니다. 스케치업의 PushPull은 면에 대해서 입체를 만들어주기 때문에 종종 라인을 입체로 만들고자 하는 경우에 사용하면 좋습니다.

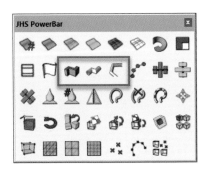

Extrude Along Path는 사각형이 선택한 라인을 따라가면서 입체를 만들어줍니다. 사각형은 수치를 입력하는 창이 열려서 가로세로를 입력할 수 있습니다. Pipe Along Path는 선택한 라인을 따라가면서 파이프가 만들어집니다. 외경과 내경을 입력하여 파이프를 만들 수 있습니다. Line to Tube는 라인에 두께를 만들어줍니다.

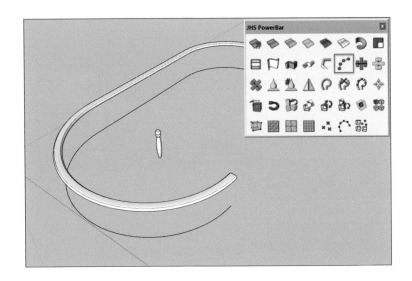

Copy Along Path는 라인을 따라가면서 오브젝트를 배치해주는 툴입니다. '스케치업 예제_루비_JHSPowerBar_3.skp' 파일을 열어줍니다.

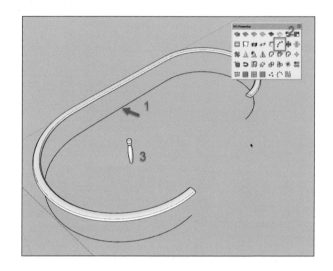

먼저 1번 라인을 선택합니다. 그리고 Copy Along Path를 클릭합니다. 그리고 3번 오브젝트를 클릭해줍니다. 이때 3번의 오브젝트는 Group 또는 Component로 만들어둔 상태여야 합니다.

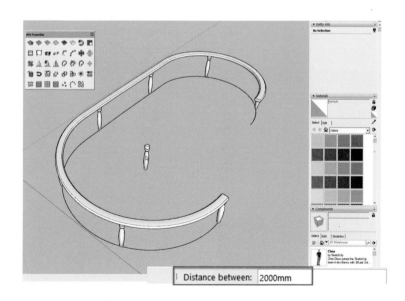

위 그림처럼 라인을 따라서 오브젝트가 배치된 것을 확인할 수 있습니다. 배치가 된 직후에 우측 하단에 보면 Distance between 값이 2000인 것을 알 수 있습니다. 키보드로 1000을 입력하면 배치된 오브젝트들이 1000 간격으로 배치되는 것을 확인할 수 있습니다.

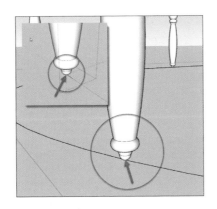

이 기능에서 기억해둘 것은 오브젝트가 라인을 따라 배치가 될 때 오브젝트의 특정 위치가 라인을 따라간다는 것입니다. 그 특정한 위치는 그룹이나 컴포넌트를 만들면 만들어지는 해당 오브젝트의 로컬 중심점입니다. 각각의 그룹과 컴포넌트는 자신만의 원점(중심점)이 있습니다. 위 기둥 오브젝트는 만들어질 당시에 중심점을 기둥의 아래쪽 끝의 중심에 지정을 해두었기 때문에 라인 위를 그 중심점들이 올라가 있는 것입니다.

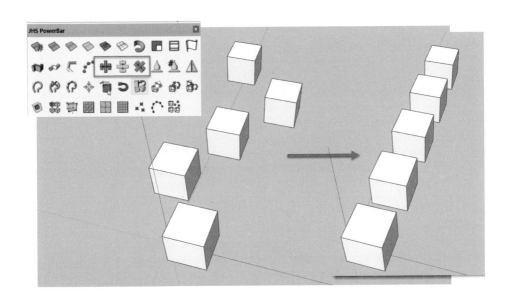

위 그림의 버튼들은 축에 따라서 정렬을 해주는 버튼입니다. 원하는 오브젝트들을 선택하고 원하는 축의 버튼을 누르면 축에 정렬시켜줍니다.

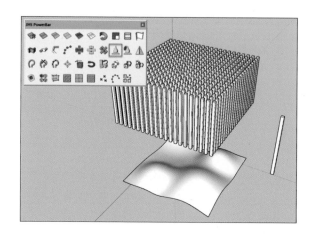

Drop at intersection 명령을 실행해보기 위해서 예제 파일 중에 '스케치업 예제_루비_JHSPowerBar_4.skp'를 열어줍니다. 위 그림처럼 아래에는 유기적인 형태가 있습니다. 그리고 위에는 Component로 만든 막대가 배열되어 있습니다.

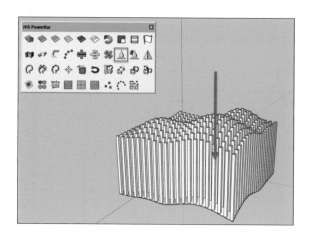

위쪽의 막대를 모두 선택합니다. 그리고 Drop at intersection을 눌러줍니다. 그러면 위에 있던 막대들이 아래로 내려오면서 아래쪽의 곡면에 올라가게 됩니다. 이 명령은 컴포넌트나 그룹이 수직으로 내려가면서 아래쪽에 있는 오브젝트와 교차되는 지점까지 내려주는 툴입니다. 만약 아래쪽에 아무것도 없다면 내려오지 않고 위쪽에 그대로 남아 있습니다.

컴포넌트나 그룹의 Origin 점과의 수직 교차점에 위치합니다. Origin 점이 아래 곡면과 교차하는지를 잘 살펴서 사용해야 합니다. 이 툴은 곡면에 배치할 때 매우 유용합니다.

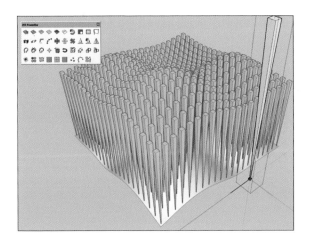

막대가 Component로 만들어져 있었기 때문에 위 그림처럼 막대 하나를 수정하면 모두 같이 수정이 됩니다. 더블클릭해서 아래쪽 면만 선택하고 스케일을 줄여서 아래쪽을 뾰족하게 만들었습니다.(면을 선택하고 스케일 툴로 Ctrl 키를 누른 상태에서 줄이면 가운데로 줄어듭니다.)

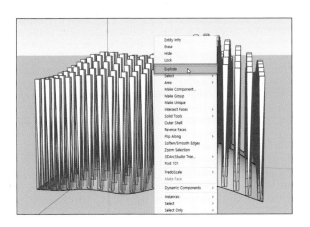

윗면을 정렬하려고 합니다. 곡면 위쪽의 오브젝트들을 모두 선택합니다. 그리고 마우스 우클릭 메뉴에서 Explode해줍니다.

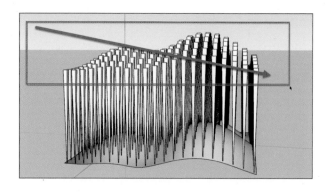

선택 툴로 위와 같이 외쪽에서 오른쪽으로 드래그하면서 위쪽 면만 선택합니다.

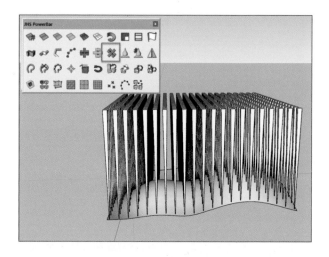

Center on bule 버튼을 눌러주면 위와 같이 면들이 평면으로 정렬이 됩니다.

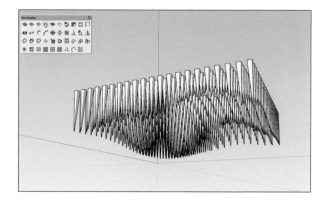

면을 파란 축으로 좀 더 내려주고 아래 곡면을 지워봤습니다. Drop at intersection과 정렬기능 그리고 Component를 잘 활용하면 재미있는 형태를 만들 수 있습니다.

SuperWeld 툴을 사용해보려고 합니다. 그 전에 Default Tray에서 Style 메뉴를 찾아서 Edit에서 Endpoints가 설정되어 있는지 확인해야 합니다. Endpoint는 Curve나 Line의 양쪽 끝을 강조해서 표현해주는 기능입니다.

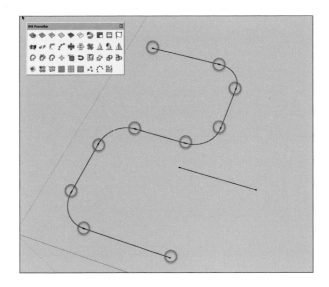

SuperWeld에 대해서 알아보겠습니다. 예제 '스케치업 예제_루비_JHPowerBar_5.skp' 파일을 열어줍니다. 위 그림의 빨간색 동그라미는 직선과 커브가 연결되는 지점들입니다.

선택 툴로 선이나 곡선을 선택해보면 나누어져 있는 것이 확인됩니다.

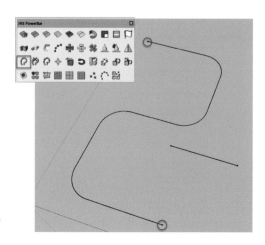

SuperWeld를 실행하면 그림처럼 선의 양쪽 끝부분만 빼고 중간의 점들은 모두 사라졌습니다. 선택 툴로 선택해보면 하나의 선으로 선택되는 것을 확인할 수 있습니다.

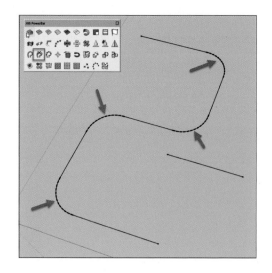

곡선을 선택하고 Explode Curves 툴을 클릭하면 곡선이 모두 분리됩니다. 이때 앞서 SuperWeld를 진행하기 전보다 더 많은 점이 보입니다. 처음의 선들의 상태는 직선과 곡선으로 이루어져 있었습니다. 그렇지만 Explode 명령으로 인해서 모두 직선이 되었기 때문입니다.

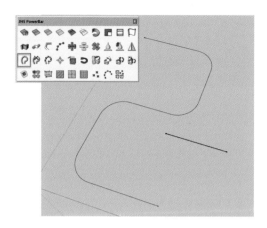

다시 SuperWeld를 실행해줍니다.

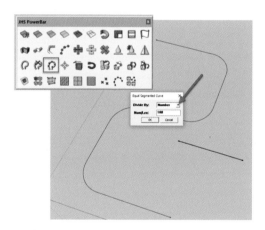

곡선을 선택하고 Equalises Segment on Curves를 눌러줍니다. 그러면 Equal Segmented Curve 옵션 창이 열립니다. 여기서 화살표가 지시하는 옵션을 누르면 커브를 길이로 나눌 것인지 아니면 몇 개로 나눌 것인지를 선택할 수 있습니다. Number를 선택하면 아래 입력한 숫자로 커브를 나눕니다. Length를 누르면 아래 입력된 길이로 선을 나눕니다.

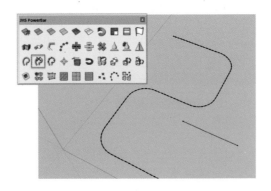

Number로 세팅하고 100을 입력한 뒤 OK를 눌러 진행했습니다. 그리고 선을 선택하고
Explode Curves를 클릭해서 확인해보면 일정한 간격으로 100개의 선으로 나누어진 것을
확인할 수 있습니다.

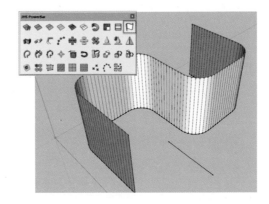

Extrude Lines를 이용해서 선을 면으로 만들어봤습니다. 일정한 간격으로 선을 나누어주
는 이 기능은 패널 등의 모델링에 유용합니다.

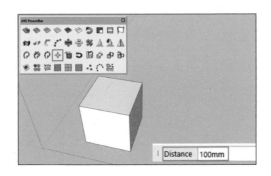

JS Mover는 오브젝트를 키보드의 화살표로 이동할 수 있는 기능입니다. 오브젝트를 선택하고 JS Mover를 누르면 화살표를 이용해서 이동할 수 있습니다. 화면 우측 하단의 수치입력란의 100mm라는 수치는 이동하는 길이입니다. 다른 수를 입력하여 바꿀 수 있습니다. 전후좌우 화살표 키를 누르면 녹색과 빨간색 축을 기준으로 이동합니다. Alt 키와 위아래 화살표 키를 누르면 파란색 축을 기준으로 위아래로 이동합니다.

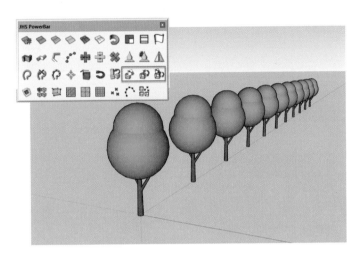

스케치업 예제 '스케치업 예제_루비_JHPowerBar_6.skp' 파일을 열어줍니다. 위 그림에서 체크해놓은 툴들은 렌덤으로(자유롭게) 크기와 방향을 바꿔주는 툴들입니다.

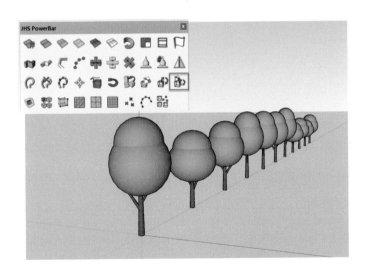

나무를 모두 선택하고 Random Scale, Rotate 버튼을 눌러보면 그림과 같이 크기와 방향이 자유롭게 바뀐 것을 확인할 수 있습니다.

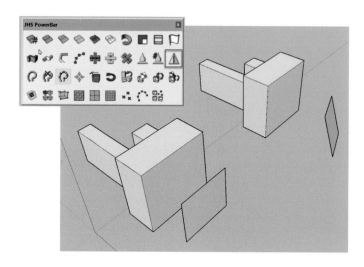

Mirror를 사용해보려고 합니다. 예제 파일에서 '스케치업 예제_루비_JHPowerBar_7.skp' 파일을 열어줍니다.

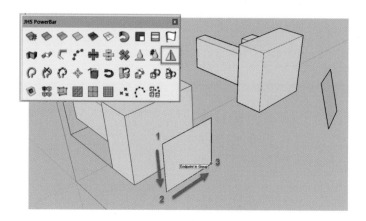

그림과 같이 Mirror를 실행할 오브젝트를 선택한 다음 Mirror 버튼을 클릭합니다. 그리고 그림에서 보이는 것처럼 기준면의 꼭짓점을 번호 순서대로 클릭해줍니다. 그러면 기준면 반대편에 복사가 됩니다. 기준면은 이해를 돕기 위해 만들어놓은 것입니다. 꼭 면이 있어야 되는 것은 아닙니다.

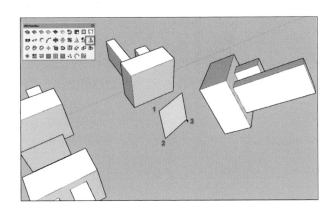

이번에는 다른 방향으로 되어 있는 오브젝트를 진행해봤습니다. 축과 일치하는 경우는 기준면을 만들어줄 필요 없이 가능하지만 두 번째 같은 경우는 기준면을 만들어주어야 진행할 수 있습니다.

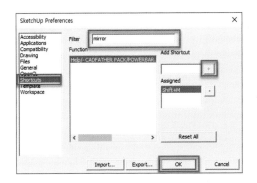

Mirror 툴은 자주 사용하는 루비입니다. 단축키를 만들어두면 좋습니다. 상단의 메뉴 Window > Preferences에서 Shortcuts을 클릭하고 Filter에 Mirror를 입력합니다. 그리고 Shift + M을 클릭하고 + 버튼을 눌러 적용을 해줍니다. 그리고 OK를 눌러서 단축키를 만들어줍니다. JHSPowerBar에 대해서 좀 더 알고 싶다면 네이버 엉클벅스 카페에서 검색하시면 도움을 받을 수 있습니다.(http://cafe.naver.com/unclebucks/5748)

> 💬 **YouTube 영상을 확인해보세요!**
> - JHS PowerBar 관련 영상 주소입니다.
>   https://youtu.be/TbzpcraTlqA
>   https://youtu.be/ekpp5WPhVRA

SECTION 04 Extrusion Tools

Extusion Tools에 대해서 알아보겠습니다. 2017년 12월 3일에 업데이트된 버전으로 설명드리겠습니다. 현재 버전이 약간의 버그가 있습니다만 유용한 툴이라서 설명 드리려고 합니다. 이처럼 루비 사용 시 주의할 점이 있습니다. 스케치업은 해마다 새로운 버전이 출시되고 있습니다. 성능이 조금씩 개선되고 있어서 좋지만 루비 사용에 있어서는 단점도 있습니다. 새로운 스케치업 버전에 맞춰서 루비들이 곧바로 업데이트가 되지 않기 때문입니다. 쓸 만한 루비인데도 2017 새로운 버전에서 작동하지 않는 경우도 많습니다. SketchUation에서 Extrude Tools 4.0 버전을 검색하면 찾을 수 있습니다.

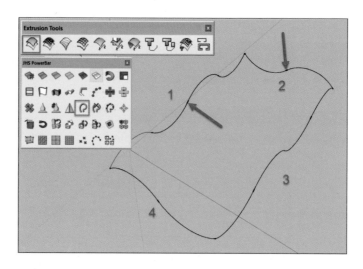

Extrusion Tools에서 첫 번째 Extrude Edge By Rail 툴을 사용해보겠습니다. '스케치업 예제_루비_Extrusion Tool_1.skp' 파일을 찾아서 열어줍니다. Scene 1을 보면 그림과 같은 장면이 보입니다. 툴을 사용하기 전에 중요한 것은 Curve 상태를 확인하는 것입니다.

1번 선을 클릭해보면 4개로 분리가 되어 있습니다. 화살표를 보면 나누어진 모습을 확인할 수 있습니다. 1번 방향의 선들을 모두 선택해서 JHSPowerBar에서 SuperWeld를 클릭해서 하나의 Curve로 만들어줍니다. 다른 방향의 선들도 각각 하나의 Curve로 만들어줍니다.

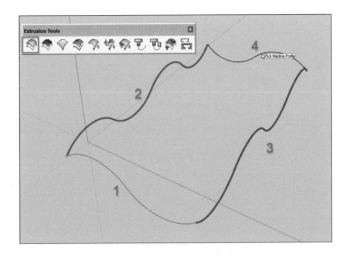

Extrude Edge By Rail 버튼을 클릭하고 위 그림처럼 1~4번까지 순서대로 클릭해줍니다. 클릭하면 선의 색이 바뀝니다. 1번과 4번은 Profile이 되고 2번과 3번은 Rail입니다. 1번 Curve가 2번과 3번을 따라가면서 4번 Curve로 변해간다고 생각하시면 됩니다.

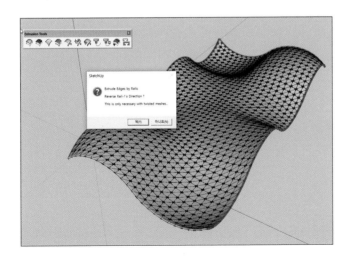

잠시 컴퓨터가 연산작업을 합니다. 위 그림과 같이 면이 만들어졌습니다. 그리고 몇 가지 옵션에 관한 질문을 합니다. 첫 번째 물음은 Rail의 방향을 바꾼다는 것인데 위 그림처럼 원하는 모양이 만들어졌다면 '아니오'를 선택하시면 됩니다.

그리고 위 그림처럼 몇 가지 질문을 더 합니다. 왼쪽부터 보면 면을 뒤집어준다는 것입니다. '예'를 누르면 현재 파란색인데 흰색면으로 뒤바꿔줍니다. 만들어진 면을 보면 삼각형으로 이루어져 있습니다. 이것을 보기 좋게 사각형으로 만들어줍니다.(단 평면은 아닙니다. 사각형 가운데 대각선을 Hide해주는 것입니다.) 마지막 질문은 처음에 있던 1~4번 Curve를 지워준다는 것입니다.

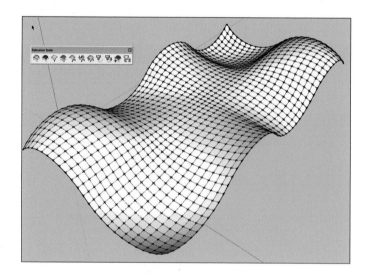

위 그림과 같은 면이 만들어졌습니다.

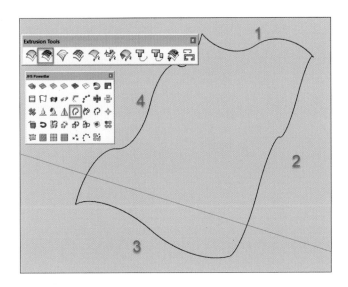

Extrude Edges by Rails to Lattice를 해보려고 합니다. Scene 2를 클릭합니다. 위 그림과 같은 장면이 보입니다. 준비 방법은 좀 전과 동일합니다. 먼저 1~4번 방향의 커브를 각각 하나의 Curve로 만들어줍니다.

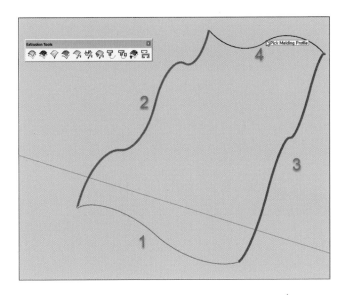

Extrude Edges by Rails to Lattice 버튼을 클릭하고 위 그림의 순서대로 Curve들을 선택합니다.

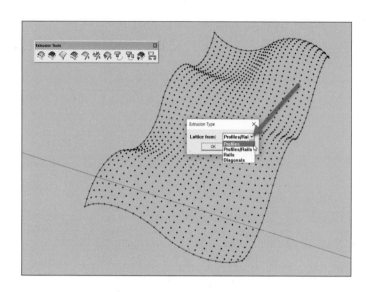

위 그림과 같이 옵션 창이 열립니다. Lattice는 뼈대라고 보시면 됩니다. 화살표 방향의 옵션을 클릭해보면 몇 가지 옵션이 있습니다. 쉽게 말해서 가로세로 중에 어떤 것을 뼈대로 만들어줄지를 선택할 수 있습니다. Profiles/Rails를 선택하겠습니다.

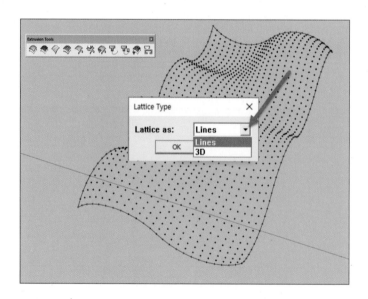

그다음 옵션은 뼈대를 선으로 만들지 아니면 입체로 만들지를 결정하는 것입니다.

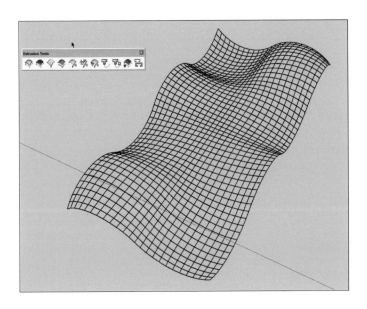

Line을 선택하면 그림과 같은 결과를 만들어줍니다.

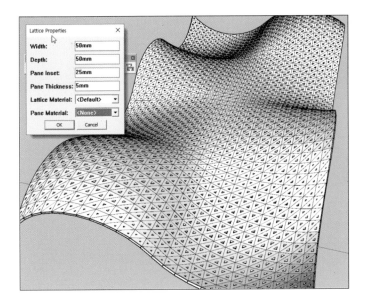

앞서 line이 아니라 3D를 선택하면 위와 같은 옵션 창이 열리고 옵션의 설정에 따라서 위
그림과 같은 입체가 만들어집니다. 입체가 만들어지는데 시간이 많이 걸리므로 주의해서
사용하기 바랍니다.

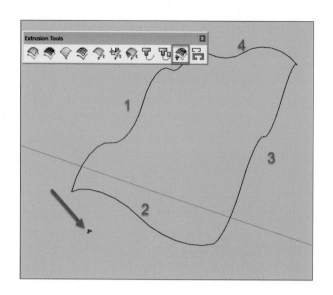

Scene 3을 클릭해서 장면을 바꿔줍니다. Extrude Edges by Rails by face도 준비 과정은
같습니다. 먼저 위 그림처럼 네 방향의 라인을 Weld합니다. 그리고 화살표가 가리키는 면
을 선택해줍니다.

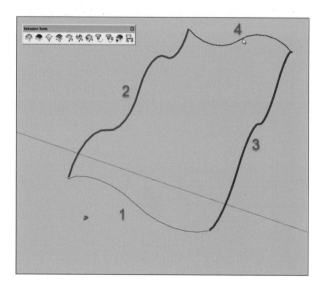

면이 선택된 상태에서 Extrude Edges by Rails by face 버튼을 누릅니다. 그리고 위 순서
대로 클릭해줍니다.

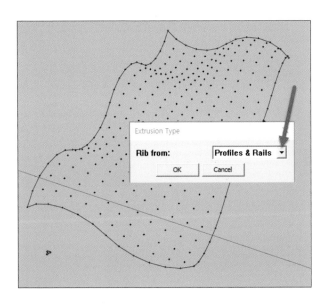

가로세로 중에 선택하라는 옵션입니다. Profile & Rails는 둘 다입니다.

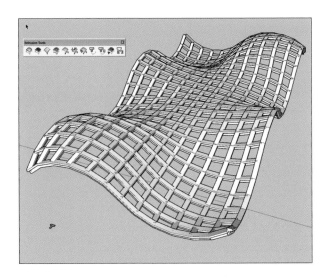

처음에 선택했던 면과 같은 모양의 프레임이 만들어진 것을 확인할 수 있습니다.

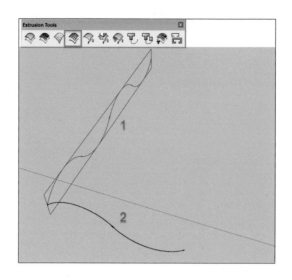

Scene 4번을 클릭해서 장면을 바꿔줍니다. Extrude Edges by Edges를 실행하기 위해서
는 Weld가 아니라 Group을 해줘야 합니다. 1번 위치의 선들을 모두 선택하고 마우스 우
클릭 메뉴에서 Make Group을 해줍니다. 만약에 선이 하나인 경우에는 마우스 우클릭 메
뉴에서 그룹이 나타나지 않습니다. 그런 경우에는 상단의 메뉴에서 Edit > Make Group
을 해주면 됩니다.

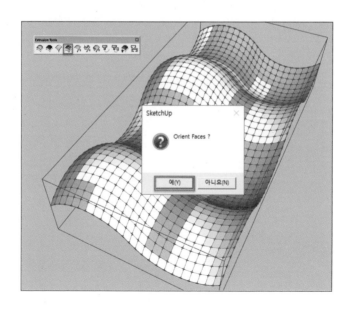

먼저 두 그룹을 선택하고 Extrude Edges by Edges를 클릭해줍니다. 연산이 이루어진 다음에 위 그림과 같은 질문을 합니다. 현재 면이 앞면도 있고 뒷면도 있습니다. 이 면들을 하나로 정리해준다는 것입니다. '예'를 눌러줍니다.

위 그림처럼 몇 가지 질문이 더 이어집니다. 1번은 면을 뒤집어줄 건지 물어봅니다. 2번은 면이 꼬여서 교차되는 지점이 있다면 선을 만들어 나누어준다는 것입니다. 3번은 만들어진 면 중에 일부가 평면인 경우에 내부의 선들을 지워준다는 것입니다. 4번은 면을 삼각형 꼴로 만들어줍니다. 5번은 앞서 만들어놓은 그룹을 지워준다는 의미입니다.

모두 '아니오'를 선택했습니다.

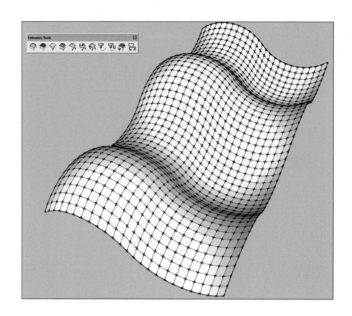

위 그림과 같은 면이 만들어졌습니다.

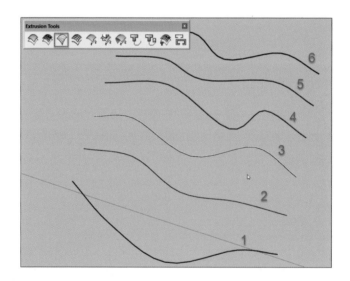

Scene 5번을 클릭해서 장면을 바꿔줍니다. Extrude Edges by Loft를 실행하려고 합니다.
Extrude Edges by Loft 버튼을 눌러줍니다. 그리고 위 그림처럼 아래서부터 순서대로 클
릭을 해줍니다. 6번까지 선택하고 바탕면을 더블클릭해줍니다.

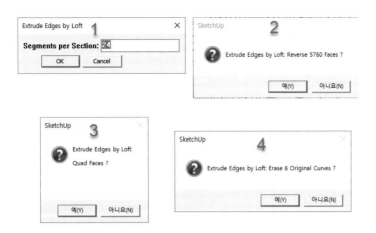

1번 질문은 Extrude Edges by Loft가 선과 선 사이에 부드러운 면을 만들어주게 되는데
그 면을 얼마나 나누어줄지를 묻는 것입니다. 수치를 높일수록 연산이 오래 걸립니다. 이
번 예제에서는 24로 진행했습니다. OK를 누르면 한동안 연산을 합니다. 2번 질문은 면을
뒤집어준다는 것입니다. '아니오'를 클릭했습니다. 3번은 면을 사각형 형태로 표현해준다
는 의미입니다. '예'를 눌렀습니다. 4번은 원본 커브를 지워준다는 의미입니다. '아니오'를
클릭했습니다.

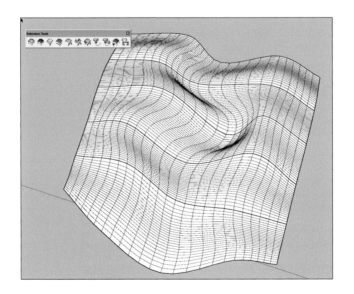

위 그림과 같은 면이 생성이 되었습니다.

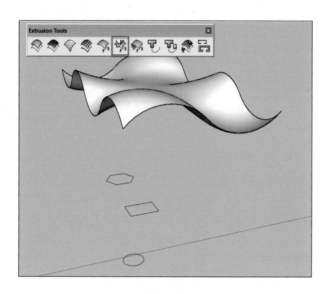

Extrude Edges by Vector to Object를 실행해보겠습니다. Scene 6을 클릭합니다. 그러면
위와 같이 곡면이 보이고 아래쪽에는 모양이 세 가지가 있습니다.

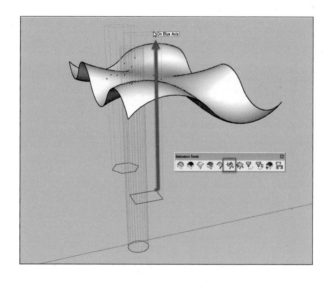

아래에 있는 선들을 모두 선택합니다. 그리고 Extrude Edges by Vector to Object 버튼
을 클릭해줍니다. 그리고 사각형 모양의 꼭짓점을 클릭합니다. 그런 다음 점선이 마우스
를 따라 움직이게 됩니다. 이때 파란색 축과 일치하게 움직이면 파란 점선이 보이게 됩니
다. 위 그림처럼 수직으로 움직여서 면을 뚫고 지나가도록 만들어줍니다. 그런 다음 클릭

해줍니다.(꼭 사각형의 꼭짓점을 클릭해주어야만 하는 것은 아닙니다. 첫 번째 클릭 후에 수직으로 위로 이동하기만 하면 됩니다. Vector라는 것은 첫 번째 클릭 지점과 두 번째 클릭 지점 사이 직선의 방향과 거리로 이해하시면 됩니다.)

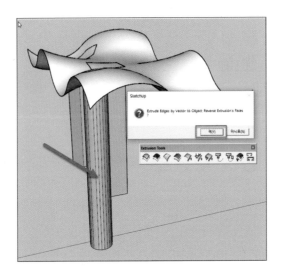

선들이 Vector로 지정한 방향으로 진행하면서 위 그림과 같이 교차하는 곡면까지만 면이 만들어지고 뚫고 나오는 부분은 지워진 상태를 확인할 수 있습니다. 이어지는 질문은 면을 뒤집어준다는 의미입니다. 그림처럼 파란색 면이라면 '예'를 누르면 됩니다. 그다음 나오는 질문도 '예'를 누르면 됩니다.

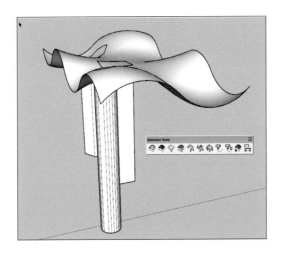

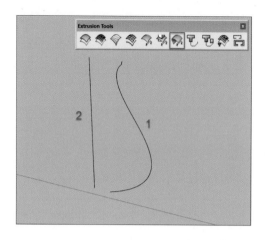

Extrude Edges by Lathe 기능을 사용해보기 위해서 Scene 7을 클릭해서 장면을 바꿔줍니다. Extrude Edges by Lathe는 1번 선이 2번 선을 축으로 돌면서 입체를 만들어줍니다.

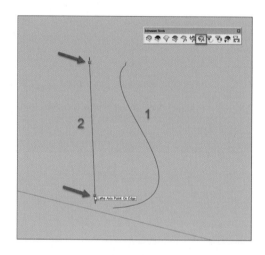

1번 Curve를 선택합니다. 그리고 Extrude Edges by Lathe를 클릭합니다. 그리고 바로 기준이 될 축을 지정해주어야 합니다. 2번 선을 기준 축으로 만들기 위해서 2번 선의 위쪽과 아래쪽을 연속으로 클릭해줍니다. 이때 2번 선은 기준을 쉽게 만들기 위해서 미리 만들어놓은 것입니다.

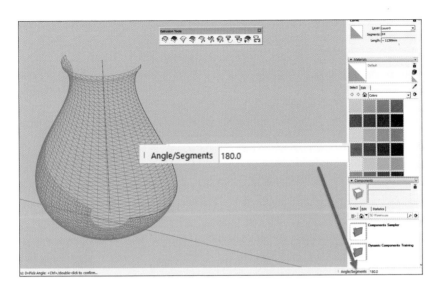

기준 축을 정해주면 위 그림과 같아집니다. 앞서 선택했던 Curve가 180도 돌아가서 입체가 만들어질 모습을 보여주고 있습니다. 화면의 우측 하단의 입력 창을 보면 Angle/Segments에 180이 입력되어 있습니다. 키보드로 360을 입력해줍니다.

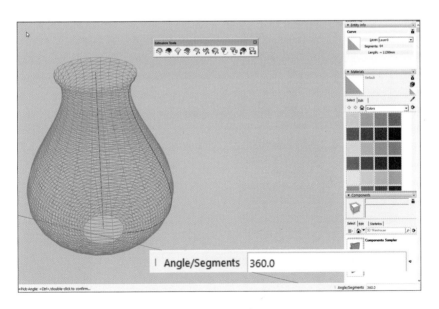

360을 입력하면 위 그림과 같이 Curve가 360도를 돌면서 입체를 만들어줍니다.

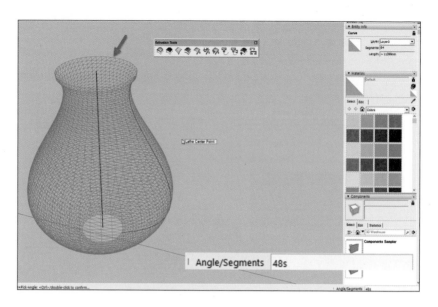

48s를 입력하면 위 그림처럼 입체의 Segments가 48개가 되면서 더 부드러운 입체가 됩니다. 뒤의 S는 각도와 Segments를 구분하기 위해서 입력해줘야 합니다. 12s, 4s 등 다른 수치를 입력해봅니다.

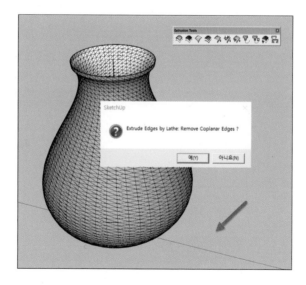

화살표 방향의 바탕을 더블클릭하면 위 그림처럼 입체가 만들어집니다. 이때 주의할 점은 입체를 만드는 과정은 시간이 걸린다는 사실입니다. 위에서 Segments 값을 너무 높게 설

정하면 이 과정에서 시간이 많이 걸리게 됩니다. 입체가 만들어지면 평면의 선을 모두 지
워주는지 물어봅니다. 이번 예제에서는 '아니오'를 선택했습니다.

두 번째는 면을 뒤집어주는지를 물어봅니다. 현재 면이 뒤집혀 있음으로 흰색 면으로 뒤
집어줄 필요가 있어서 '예'를 눌렀습니다.

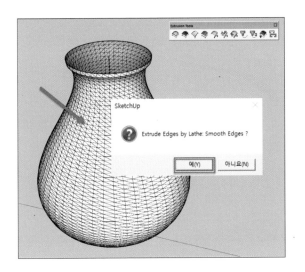

면이 뒤집혔습니다. 그리고 표면의 선이 복잡하게 보여서 Smoth Edges에 '예'를 눌러서
선을 감추도록 합니다.

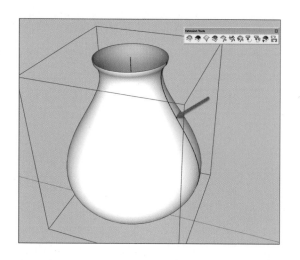

마지막 질문은 그룹을 해제할 것인지 물어봅니다. 이 물음에는 '아니오'를 선택해줍니다. 위 그림처럼 그룹이 되는 것이 좋습니다. 그룹을 해제해버리면 화살표 방향의 Curve가 해제된 오브젝트와 합쳐지게 되면서 그 자리에 선이 보이기 때문입니다. 앞서 진행한 Smooth Edges가 의미 없어지게 됩니다.

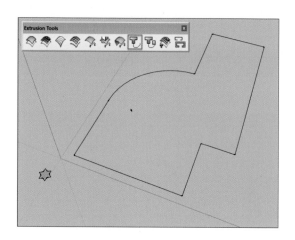

예제 파일 '스케치업 예제_루비_Extrusion Tools_2.skp'를 열어줍니다. Extrude Edges by Face를 알아보겠습니다. Scene 1을 보면 위 그림과 같습니다. Extrude Edges by Face는 모양이 두 가지입니다. 왼쪽만 확인해보겠습니다. 오른쪽은 활용도가 그리 높지 않은 것 같습니다.

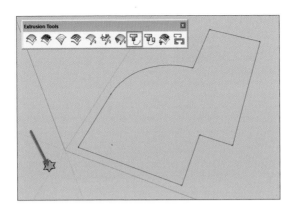

Extrude Edges by Face는 라인과 면을 선택하고 실행하면 면이 라인을 따라가면서 입체를 만들어줍니다. 화면에 보이는 라인을 3번 연속 클릭해서 모두 선택합니다. 그리고 화살표 방향의 별 모양의 안쪽 면을 클릭합니다. 이때 면은 바닥에 누워 있어야 합니다. 현재 버전에서는 면이 수직으로 세워져 있으면 실행되지 않습니다.

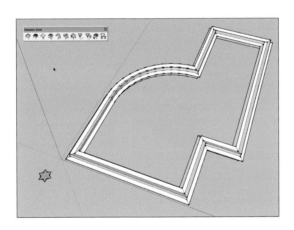

면과 선이 선택된 상태에서 Extrude Edges by Face 버튼을 클릭하면 라인 자리에 단면이 함께 선택한 별 모양과 같은 입체가 만들어졌습니다.

> **··· YouTube 영상을 확인해보세요!**
> • Extrudion Tools 사용에 대한 설명 영상입니다.
>   https://youtu.be/WsXlvnLRlzk

SECTION 05 Curviloft

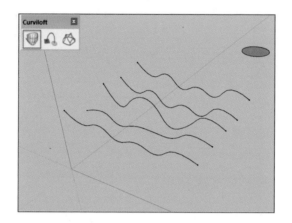

Curviloft 루비에 대해서 알아보겠습니다. '스케치업 예제_루비_Curviloft_1.skp' 파일을 열어줍니다. Curviloft 루비는 버튼의 종류는 적지만 스케치업에서 다루기 힘든 부드러운 곡면 모델링에서는 꼭 필요한 루비입니다. Scene 1을 클릭해줍니다.

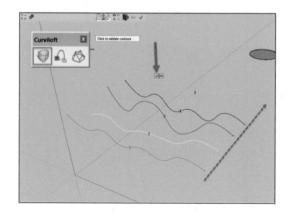

위 그림처럼 루비에서 Loft by Spline을 클릭한 다음 점선 화살표 방향으로 순서대로 선을 클릭해줍니다. 다섯 번째 선까지 모두 클릭했다면 마지막 선 위에 생긴 녹색 체크 버튼을 눌러줍니다.(위 그림에서 빨간색 화살표)

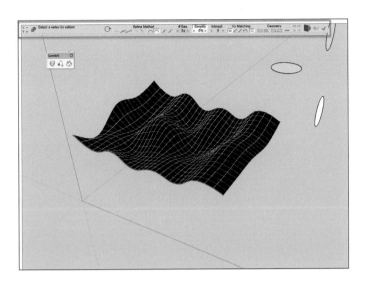

선택한 선 사이에 면이 생성이 되었습니다. 그리고 화면 상단에 보면 Curviloft의 세부 메뉴가 보입니다.

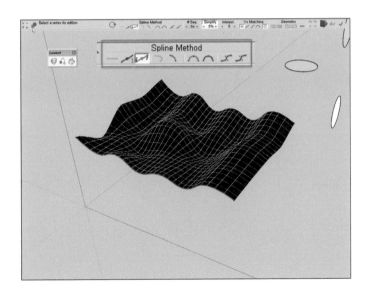

Spline Method 영역에 있는 버튼들을 눌러보면 면의 생성 조건이 바뀌면서 생성되는 면의 모양이 바뀝니다.

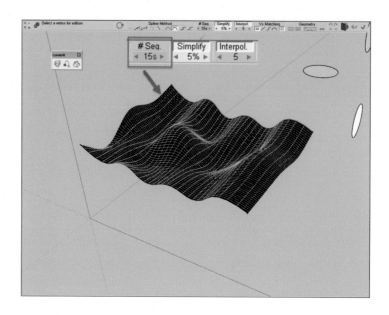

#Seg는 선과 선 사이에 만들어지는 곡면의 Segment 수를 늘려줌으로써 면을 더 부드럽게 하거나 단순하게 만들 수 있습니다.

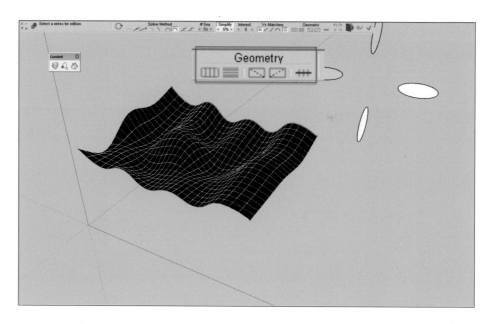

Geometry 영역을 클릭해보면 면으로 만들지 선을 만들어줄지를 결정할 수 있습니다.

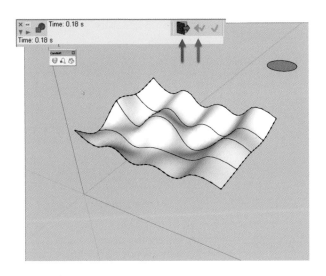

작업 화면에서 바탕 부분을 클릭합니다. 그러면 위 그림처럼 면을 만들어줍니다. 그리고
위에 세부 메뉴 창의 모양이 바뀝니다. 이때 되돌아가고 싶다면 빨간 화살표 방향의 버튼
을 클릭하면 다시 좀 전의 상태로 돌아갑니다. 파란 화살표는 끝내기입니다.

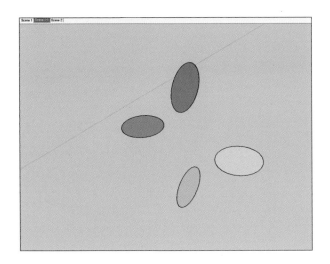

Scene 1-1을 클릭해서 장면을 바꿔줍니다.

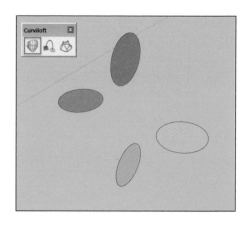

앞에 보이는 네 개의 원을 모두 선택합니다. 그리고 Curviloft를 실행합니다.

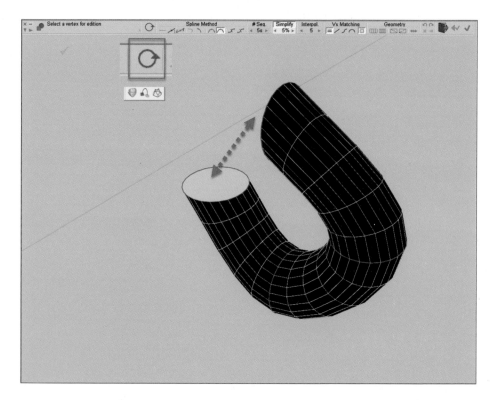

위 그림처럼 마지막 부분이 연결되지 않았습니다. 위 그림에서 체크한 버튼을 클릭해줍
니다.

스케치업 베이직: 원리는 책으로, 예제는 YouTube로

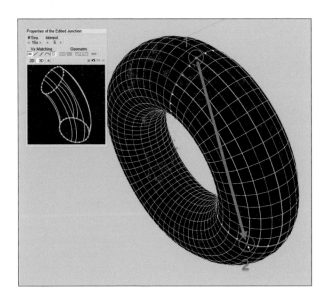

위 그림처럼 닫힌 형태의 입체가 만들어집니다. 그다음 위 그림에서처럼 1번 점을 클릭하고 드래그해서 2번 점으로 연결해줍니다.

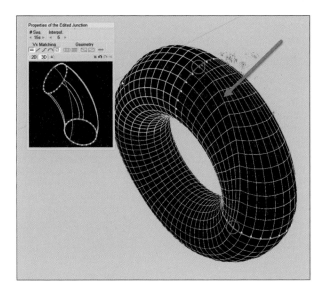

입체가 꼬이기 시작합니다.

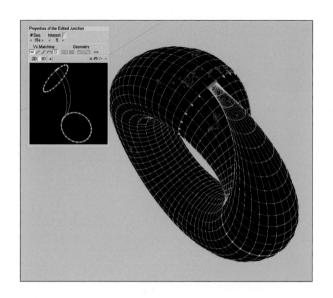

가끔 Curviloft로 입체를 만들 때 위 그림처럼 꼬인 입체가 만들어지기도 합니다. 이럴 때
는 지금 한 것처럼 연결된 지점을 찾아주면서 면을 수정할 수 있습니다.

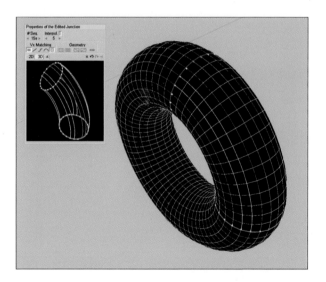

다시 원상태로 연결해주었습니다.

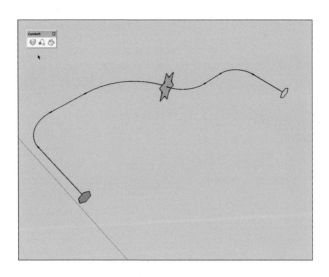

Scene 2를 클릭해서 장면을 바꿔줍니다.

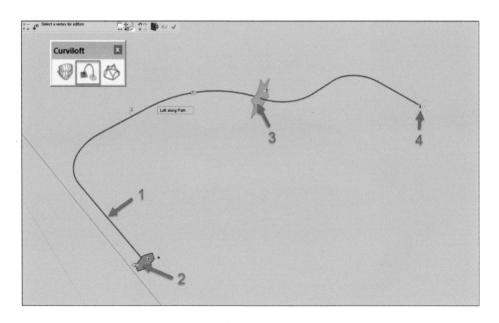

두 번째 Curviloft인 Loft along path를 클릭합니다. 위 순서대로 클릭을 해주어야 합니다. 첫 번째 선택은 Path가 될 라인을 선택합니다. 그리고 두 번째부터는 안쪽의 면을 클릭해 줍니다. 마우스 가운데 버튼을 돌려서 확대하여 면을 선택해줍니다. 잘못 선택했다면 키 보드의 ESC를 누르면 되돌리기가 가능합니다.

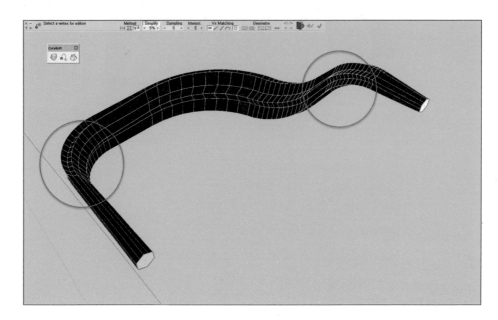

위 그림처럼 모양이 만들어졌습니다. 동그라미 체크한 부분의 모양이 어색합니다.

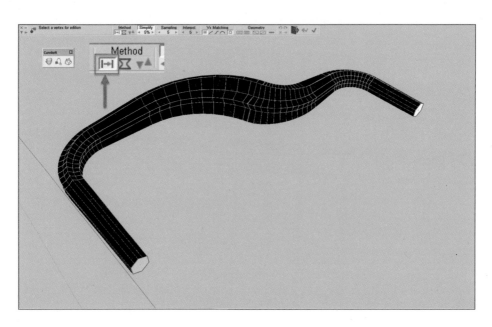

위쪽의 세부 설정에서 Method를 찾아서 화살표가 지시하는 버튼을 클릭해줍니다. 그러면 위 그림과 같이 모양이 바뀌게 됩니다.

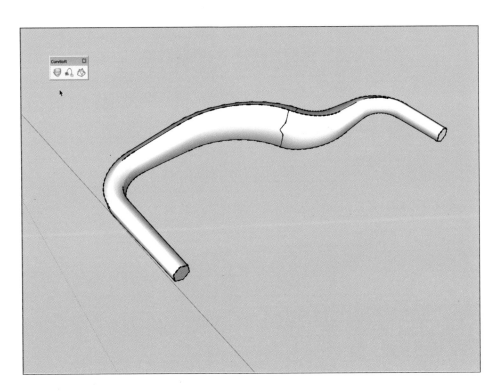

바탕을 클릭하면 위와 같이 면을 만들어줍니다.

Curviloft에 대한 좀 더 자세한 내용은 네이버 카페를 참고하기 바랍니다.

http://cafe.naver.com/unclebucks/5857

●●● YouTube 영상을 확인해보세요!

• Curviloft 관련 영상 주소입니다.
  https://youtu.be/nc9iG-7UqNs

SECTION 06 Bezier Spline

스케치업에서 Curve는 Arc밖에 없어서 유기적인 형태를 만들기가 어렵습니다. Bezier Spline 툴을 이용하면 좀 더 자연스러운 곡선을 만들 수 있습니다. Bezier Spline 툴을 설치하면 위 그림처럼 다양한 종류의 툴이 나옵니다.

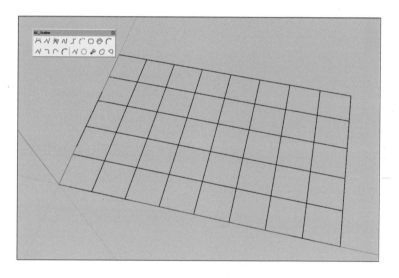

'스케치업 예제_루비_BezierSplline.skp' 예제를 열어줍니다. BZ_Toolbar를 사용하기 쉽도록 미리 그리드를 만들어두었습니다.

> ● **YouTube 영상을 확인해보세요!**
> • Bezier Spline 사용에 관한 영상 주소입니다.
>   https://youtu.be/vK6bSSqk6BA

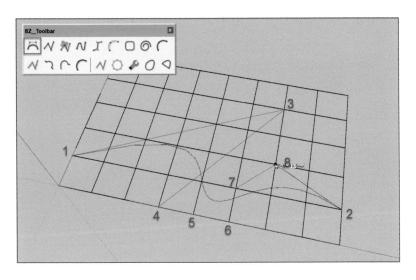

첫 번째에 있는 Classic Bezier Curve를 클릭하고 위 그림처럼 순서대로 그리드 위를 클릭해줍니다. 그리고 마지막 8번 지점에서는 더블클릭을 해줍니다.

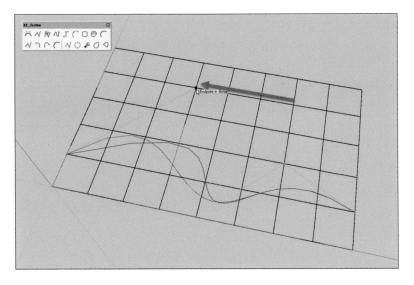

마지막 지점에서 더블클릭을 하면 위 그림처럼 선이 파란색으로 보이고 주변에 주황색 직선이 보입니다. 직선의 꼭짓점에는 빨간 점이 보입니다. 이 점을 클릭하고 드래그하면 위치를 이동할 수 있습니다. 위 그림의 화살표 방향으로 이동해봅니다. 꼭짓점이 이동하면 파란색 선도 따라서 모양이 바뀌게 됩니다.

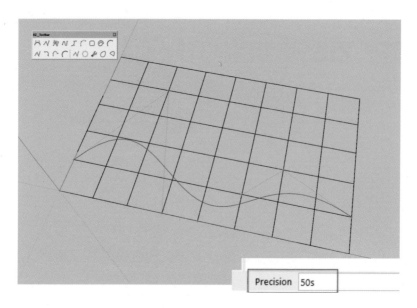

Precision 50s

우측 하단에 보면 Precision이 보입니다. 초기 값이 20s입니다. 이 값을 높이면 곡선에 사용되는 직선의 수가 많아지면서 부드러운 곡선이 됩니다. 50s를 입력해줍니다.

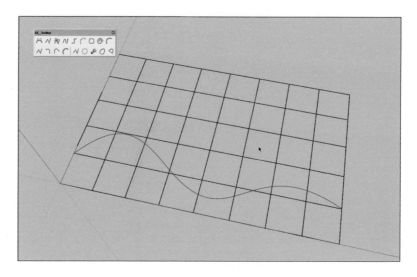

선을 완성하려면 바탕을 클릭합니다. 그러면 위 그림처럼 곡선이 완성됩니다.

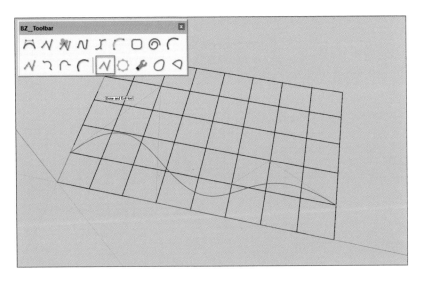

다시 수정하고 싶은 경우에는 선을 클릭하고 위 그림에서 체크해놓은 Edit 버튼을 클릭하
면 됩니다. 그러나 선이 Explode가 되면 수정할 수 없습니다.

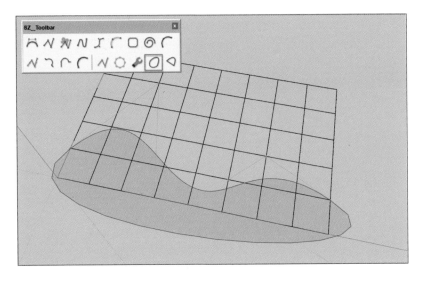

선을 닫힌 상태로 만들고 싶은 경우에는 Close loop nicely를 클릭해주면 위 그림처럼 라
인의 양쪽 끝이 서로 자연스럽게 연결됩니다. Bezier Spline은 다양한 종류가 있습니다.
각각 곡선을 표현하는 방식이 다르게 설정되어 있습니다. 상황에 맞춰 사용하시기 바랍
니다. 사용 방법은 모두 비슷하며 어렵지 않습니다.

SECTION 07 Fredo6_JointPushPull

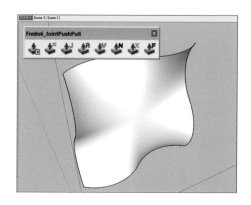

JointPushPull 루비를 설치하고 사용하려면 먼저 LibFredo6라는 기본 루비를 설치해놓아야 합니다. 설치가 되었다면 스케치업을 닫고 다시 실행해줍니다. JointPushPull 루비를 알아보기 위해서 '스케치업 예제_루비_JointPushPull.skp' 파일을 찾아서 열어줍니다. Scene 1을 클릭합니다.

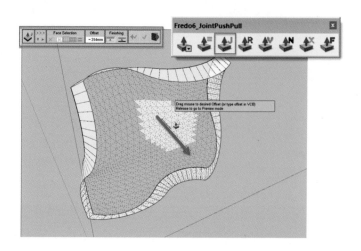

위 그림처럼 JointPusPull 툴 창에서 파란색 J로 표시된 툴을 클릭해줍니다. 그리고 보이는 면을 클릭하고 화살표 방향으로 드래그해줍니다. 그러면 그림처럼 두께가 만들어집니

다. 마우스를 그림처럼 이동 후에 한 번 더 클릭해줍니다. 그리고 키보드로 100을 입력합니다. 곡면의 두께를 100으로 만들어줍니다. 그리고 마우스로 바탕을 클릭해줍니다. 또는 키보드에서 Enter 키를 눌러줍니다.

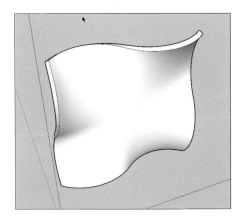

잠깐 동안 연산을 거친 다음 위 그림과 같이 두께가 있는 곡면이 만들어졌습니다.

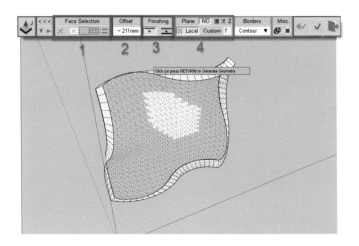

앞서 진행한 과정에서 옵션 창이 위 그림과 같이 열렸습니다. 1번 위치의 Face Selection 옵션은 선택한 면이 나누어져 있는지에 따라서 면 전체 또는 일부가 두께가 만들어집니다. 2번 위치의 Offset은 얼마나 두께를 줄 것인가를 입력할 수 있는 곳입니다. 3번의 Finishing은 면을 Offset하고 난 뒤 원본을 남길지 또는 그룹으로 만들어줄지를 체크하는 옵션입니다. 4번의 Plane은 기본이 Local로 설정되어 있습니다. 이 설정은 면을 기준(XY)

으로 높이(Z) 방향으로 Offset을 한다는 의미입니다. 그런데 Plane에서 이 설정을 원하는 방향으로 바꿀 수 있습니다.

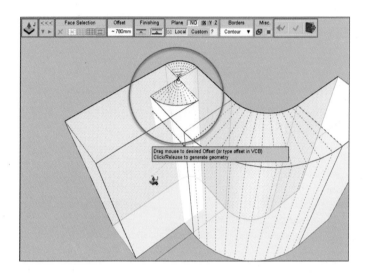

Scene 2를 클릭해줍니다. JointPushPull 툴 사용에서 주의할 점은 면이 Offset되면서 그림처럼 면이 꼬여버리는 경우가 있다는 것입니다. 이런 경우엔 올바른 면이 만들어지지 않습니다. 면에 대한 Offset을 진행하기 전에 해당 면에 오류가 생기지 않을 두께로 진행하는 것이 좋습니다.

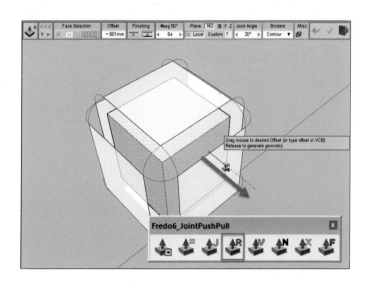

Scene 3을 열면 육면체가 보입니다. 전체를 모두 선택한 다음 JointPushPull 툴바에서 Round Push Pull 버튼을 클릭해서 화살표 방향으로 클릭하고 이동해줍니다. 그러면 그림처럼 모서리가 둥근 상태로 Offset이 이루어집니다.

키보드에 500을 입력하면 원래 육면체에서 밖으로 500만큼 두꺼워지면서 모서리가 둥근 육면체가 만들어집니다.

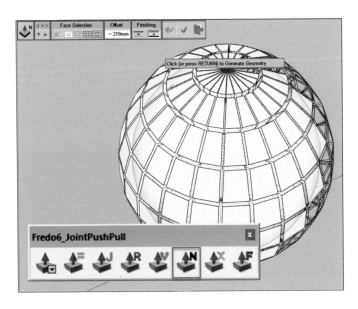

Scene 4를 클릭하고 그림처럼 구가 보이면 JointPushPull 툴바에서 Normal Push Pull 버튼을 클릭하고 구의 면을 클릭해서 마우스를 이동하면 그림처럼 서로 연결되지 않고 각각의 면이 따로 Offset이 됩니다.

💬 **YouTube 영상을 확인해보세요!**

• Joint Push Pull 루비를 설명하고 있는 영상 주소입니다.
https://youtu.be/LbECoaIxdM0

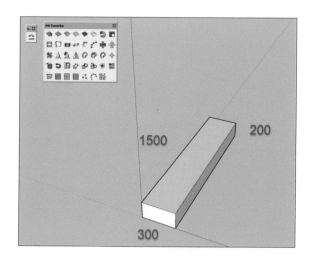

바닥에 300,1500 크기의 사각형을 그리고 높이를 200으로 만들어줍니다. 사각형 시작 지
점을 Origin 점에서 시작합니다.

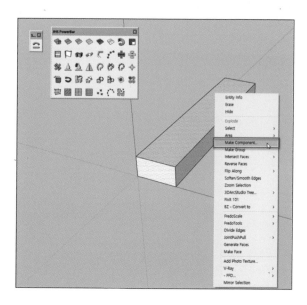

모두 선택해서 마우스 우클릭 메뉴에서 Make Component...를 눌러 컴포넌트로 만들어 줍니다.

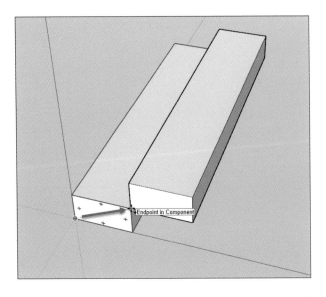

오브젝트를 선택하고 Move 툴로 이동하면서 Ctrl 키를 눌러서 위 그림처럼 복사해줍니다.

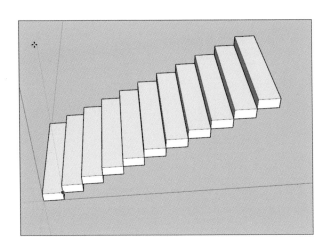

복사가 되면 *10을 입력해서 그림처럼 복사가 더 진행되도록 합니다.

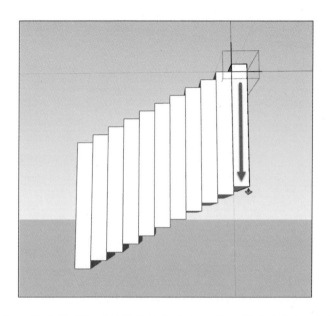

복사된 오브젝트 중에 하나를 더블클릭해서 편집 상태로 들어갑니다. 아랫면을 Push/Pull로 클릭해서 아래쪽 방향으로 늘여줍니다.

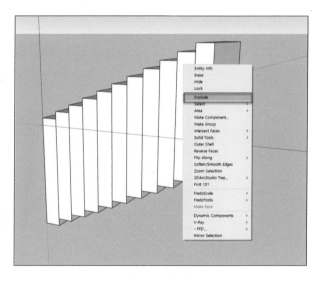

편집 상태 밖으로 빠져나와서 전체를 선택한 다음 마우스 우클릭 메뉴에서 Explode해줍니다.

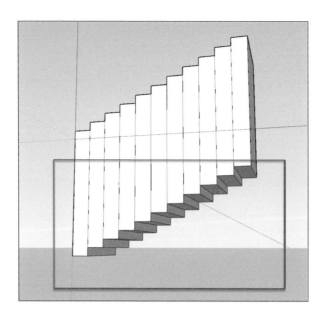

Explode가 되면 아래쪽 부분만 선택을 해줍니다.

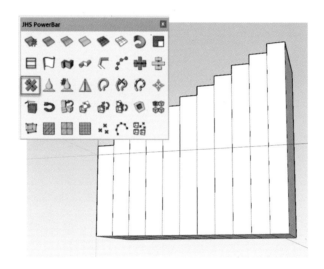

JHS PowerBar에서 파란색 축 방향으로 정렬해주는 버튼(Center On Blue)을 클릭해줍니다.

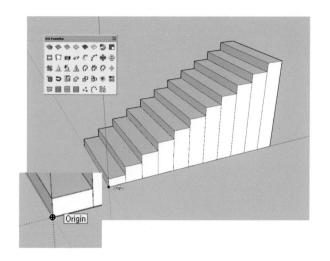

Move 툴을 이용해서 평평해진 아랫면을 Origin 점으로 높이를 맞춰줍니다.

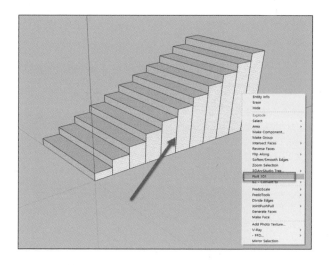

내부의 선들을 없애기 위해서 루비 중에 Fix 101 툴을 사용합니다. 마우스 우클릭해서
Fix 101을 클릭해줍니다.

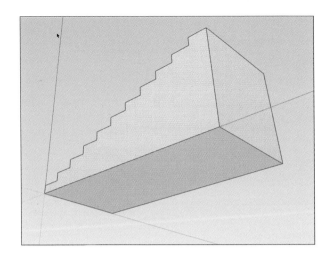

위 그림처럼 불필요한 선이 사라졌습니다. 내부의 면도 함께 지워집니다. Fix 101 루비는
실행한 것처럼 불필요한 면과 선을 지워줍니다. 그러나 불필요함의 기준이 불분명한 경
우가 많기 때문에 원하는 결과가 나오지 않는 경우도 많습니다. 그럼에도 위와 같은 상황
에서 정리가 매우 쉬워서 설치해두면 자주 사용하는 루비 중의 하나입니다.

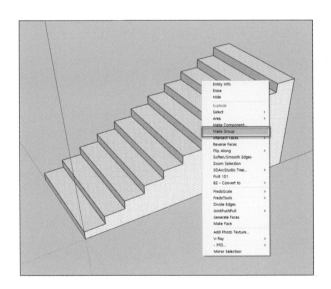

Make Group을 실행해서 그룹으로 만들어줍니다.

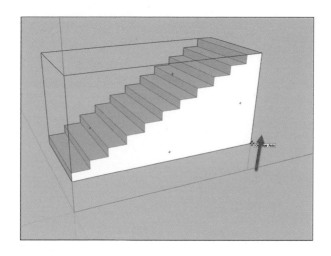

다음 루비 사용에 대해서 이해하기 편하도록 위로 올려놓겠습니다. Move 툴을 이용해서 파란색 축 방향으로 500만큼 위로 올려줍니다.

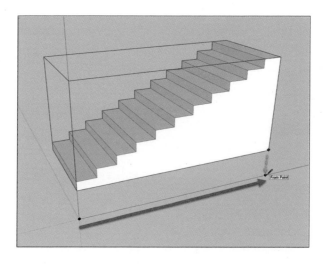

Origin 점에서 시작하는 직선을 그려줍니다. 직선을 그릴 때 중요한 것은 계단의 전체 길이와 같게 만드는 것입니다. 그리고 빨간색 축에 그려져야 합니다. 지금까지의 과정을 진행하는 동안 위 그림과 방향이 다르다면 빨간색 축에 맞춰서 돌려주거나 다시 그려야 합니다.

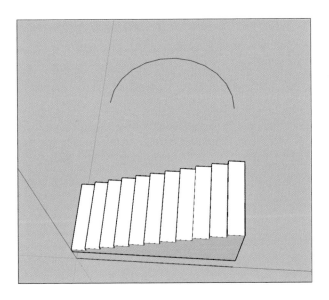

위 그림과 같이 Arc 툴을 이용해서 바닥에 반원을 그려줍니다.

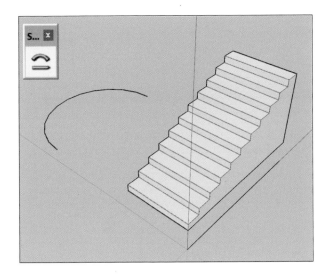

Shape Bender라는 루비를 사용하려고 합니다. Shape Bender는 휘어질 대상인 오브젝트 그룹(지금 예제에서 직선인 계단)과 오브젝트와 크기 및 기준을 제공할 직선, 그리고 어떻게 휘어질지를 결정할 곡선(Curve)이 필요합니다.

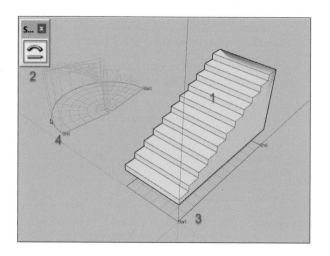

실행 순서는 먼저 계단 그룹을 선택합니다. 그리고 Shape Bender 툴을 클릭합니다. 그리고 직선을 먼저 클릭하고 곡선을 클릭합니다. 그러면 위 그림과 같이 녹색으로 휘어질 모양이 미리보기됩니다.

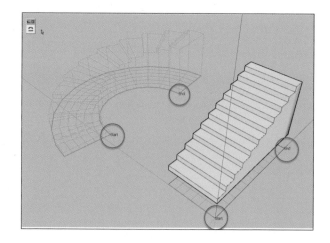

직선과 곡선의 끝을 확인해보면 Star, End 표시가 보입니다. 이 방향에 따라서 만들어질 모양이 달라집니다. 이걸 바꾸려면 키보드의 화살표 키 중에 위쪽과 아래쪽을 클릭해주면 됩니다. 위쪽 화살표를 클릭하면 곡선의 Star, End가 뒤바뀝니다. 아래쪽은 직선의 Star, End가 뒤바뀝니다.

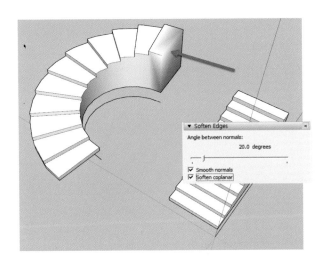

키보드의 Enter를 누르면 위와 같이 만들어줍니다. 루비가 자동으로 Smooth 기능을 진행해주다 보면 위 그림의 화살표가 가리키는 것처럼 면이 이상하게 바뀔 수도 있습니다. Default Tray에 있는 Soften Edges를 이용해서 조절해주면 됩니다.

만들어진 계단을 더블클릭해서 들어가서 보면 위 그림처럼 곡선이 꺾이는 지점을 활용해서 계단도 꺾이고 있는 것을 확인할 수가 있습니다.

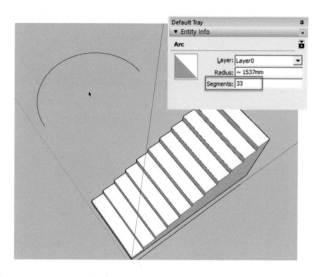

계단의 개수가 11개이고 일정한 간격으로 나누어져 있습니다. 또한 곡선도 Arc로 만들어져 있기 때문에 일정한 길이의 선으로 나누어져 있습니다. 이 점을 이용해서 세그먼트 값에 11의 세 배인 33을 입력했습니다.

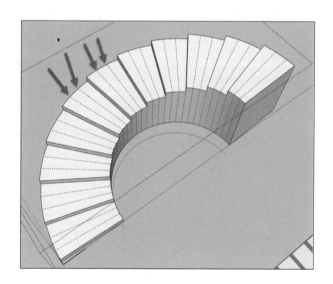

확인해보면 좀 전에 만들어진 계단보다 규칙적이고 모양도 정리된 것을 확인할 수 있습니다.

예제 '스케치업 예제_루비_ShapeBender.skp'를 열어보면 확인할 수 있습니다.

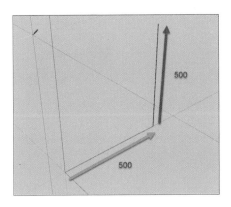

Line 툴을 이용해서 원점을 먼저 클릭해줍니다. 녹색 축을 따라서 500 그리고 다시 파란
색 축으로 500으로 이동하며 라인을 위 그림과 같이 그려줍니다.(녹색 축으로 마우스 방
향을 잡고 500을 입력합니다. 그리고 클릭하고 다시 파란색 축으로 방향을 잡고 500을
입력합니다. 그리고 클릭해줍니다. 그리고 Spacebar를 클릭해서 마무리합니다.)

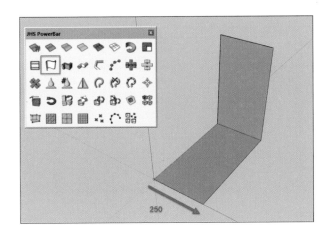

라인을 선택하고서 JHS PowerBar 루비에서 Extrude Lines 기능을 이용해서 빨간색 축
방향으로 250 이동하면서 면을 만들어줍니다.(빨간색 축 방향으로 마우스 이동한 다음
250을 입력합니다.)

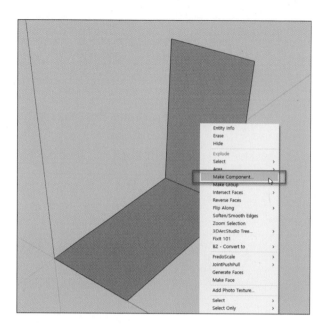

마우스 우클릭 메뉴에서 컴포넌트로 만들어줍니다.

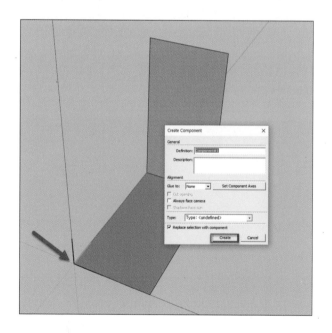

Create Component 창이 열리면 축이 그림과 같이 모서리에 위치하는 것을 확인해줍니다.

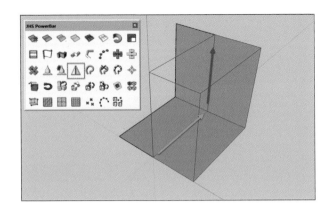

만들어놓은 컴포넌트를 Mirror로 복사해줍니다.(컴포넌트를 클릭하고 JHS PowerBar에
서 Mirror를 클릭하고 위 그림에서 화살표 방향으로 클릭해줍니다. 그러면 반대쪽에 복사
가 됩니다.)

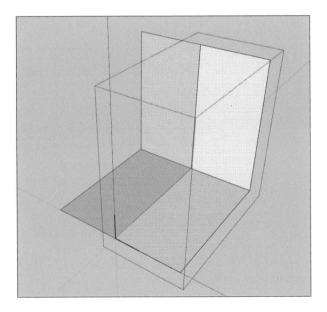

위 그림처럼 반대쪽으로 Mirror가 되었습니다. 이제 한쪽의 모양을 수정하면 반대쪽에서
도 같이 수정됩니다. 먼저 우클릭 메뉴에서 Reverse Faces를 해줍니다.

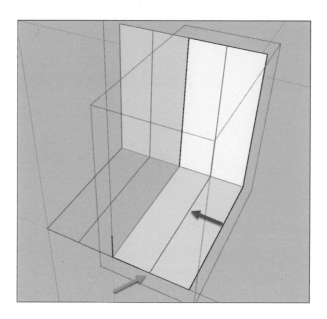

그림과 같이 우측의 라인을 선택해서 면 안쪽 방향으로 복사해줍니다. 노란색 화살표가 가리키는 위치는 라인의 중간점입니다.

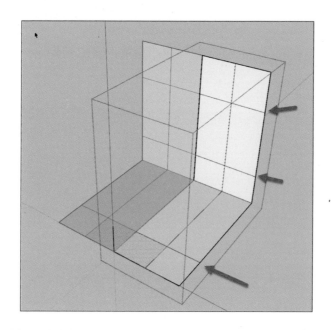

Line 툴이나 선을 클릭해서 복사하는 방식으로 위 그림처럼 라인을 추가해줍니다.

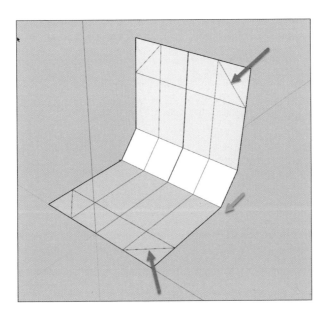

위 그림에서 빨간색 화살표가 가리키는 것처럼 모서리에 대각선 라인을 그려줍니다. 그리고 녹색 화살표처럼 라인을 선택해서 이동해줍니다.

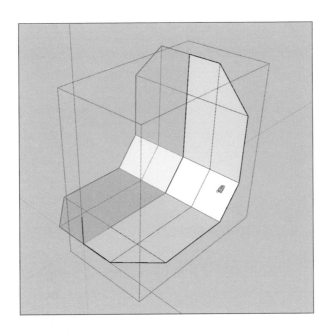

지우개로 모서리를 지워줍니다.

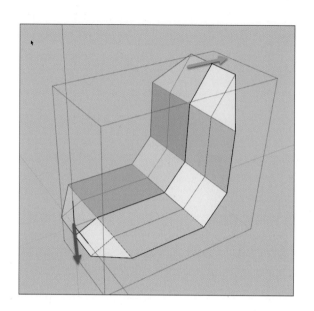

끝의 선을 클릭해서 그림처럼 이동해줍니다.

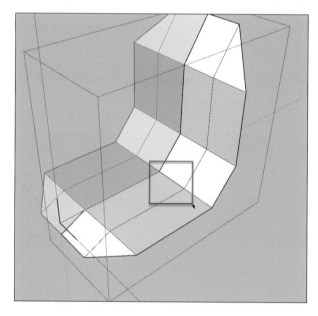

위 그림처럼 안쪽의 라인하나를 선택해줍니다.

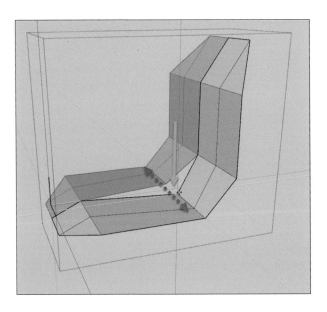

Move 툴로 이동하려고 하면 위 그림처럼 가운데가 벌어지면서 빨간색 축으로만 이동하게 됩니다. 스케치업에서 이런 경우 오브젝트의 이동하는 면이 평면을 유지시키려고 빨간색 축으로 이동을 제한해서 그렇습니다. 이런 경우 화살표 키나 Alt 키 등을 눌러서 원하는 축으로 이동할 수 있습니다.

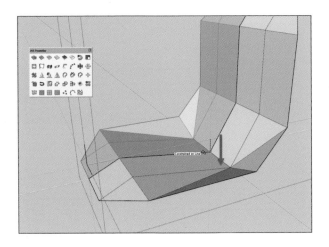

키보드에서 화살표 키 중에 위쪽 방향키를 누르면 파란색 축으로 이동할 수 있습니다. 위 그림처럼 파란색으로 축이 바뀌면 아래쪽으로 이동해줍니다.

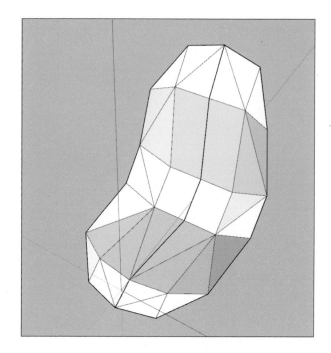

위 그림과 같이 선을 이동해서 그림과 같이 만들어줍니다.

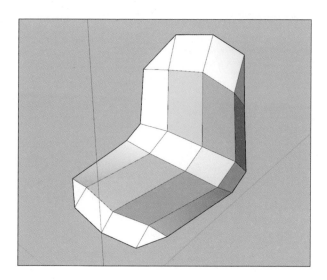

앞으로 진행할 작업을 위해서 '스케치업 예제_루비_의자만들기.skp' 파일을 열어줍니다.

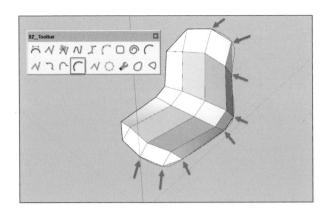

Bezier Spline 루비인 BZ__Toolbar에서 F-Spline을 클릭하고 위 그림에서 화살표가 가리키는 꼭짓점들을 아래에서 위로 순서대로 클릭해줍니다. 그리고 마지막 지점에서 더블클릭합니다. 그리고 키보드로 50s를 입력해서 Segment 값을 높여줍니다. 그리고 마지막으로 바탕을 클릭해서 선을 마무리합니다.

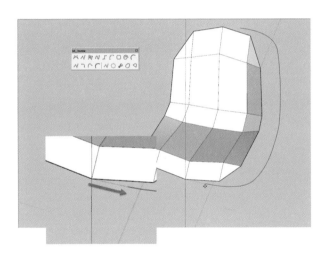

만들어진 라인을 그림과 같이 빨간색 방향으로 20만큼 이동해줍니다.(선을 선택 후에 Move 툴로 빨간색 축으로 방향을 지정한 다음 20을 입력합니다.)

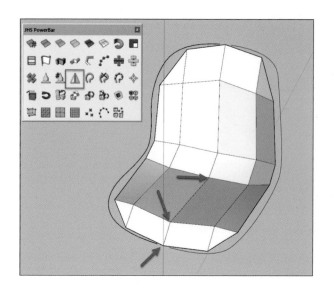

선을 반대쪽에도 복사해줍니다. 선을 선택하고 JHS PowerBar 루비에서 Mirror를 클릭합니다. 그리고 화살표가 가리키는 꼭짓점들을 아래쪽에서부터 순서대로 클릭해줍니다.

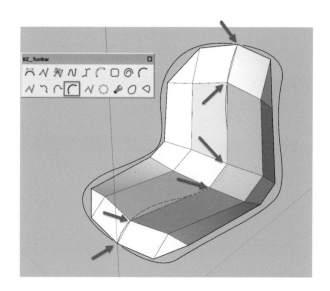

중앙에 라인을 하나 더 그려줍니다. F-Spline을 클릭하고 위 화살표 방향의 꼭짓점들을 아래에서 위쪽 순서대로 클릭해줍니다. 그리고 마지막에 더블클릭해서 선을 마무리하고 50s를 입력합니다. 그리고 바탕을 클릭합니다.

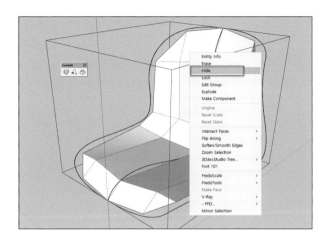

기준이 되었던 컴포넌트를 클릭하고 마우스 우클릭해서 Hide를 눌러 감춰줍니다.

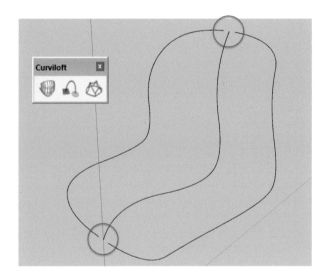

세 개의 커브가 보입니다. 그리고 끝이 연결되어 있지 않아야 다음을 진행할 수 있습니다.

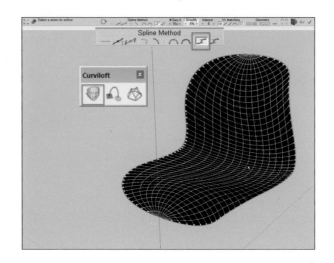

선을 모두 선택합니다. 그리고 Curviloft에서 Loft by Spline을 클릭합니다. 그리고 세부
옵션에서 Spline Method 옵션 중에 빨간색 체크한 버튼을 눌러줍니다. 그림과 같이 연결
된 면이 만들어집니다.

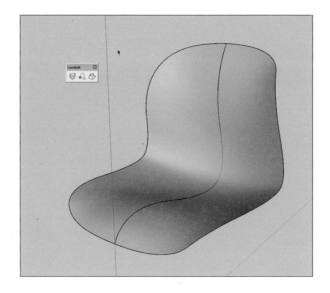

바탕을 클릭하면 그림과 같이 면이 만들어집니다.

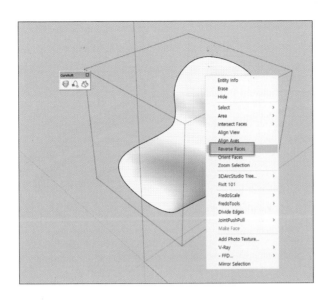

선을 지웁니다.(감춰줘도 되지만 나중에 편집 상태의 선이 감춰진 상태로 있으면 새로 만드는 오브젝트와 반응할 수 있으니 그룹을 지정하고 Hide하시기 바랍니다.) 그리고 선택해서 면의 방향을 Reverse Faces로 뒤집어줍니다.

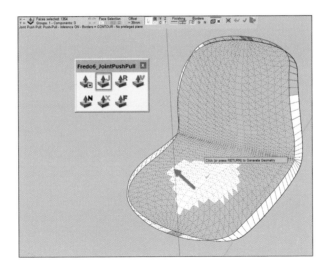

의자 등받이에 두께를 주기 위해서 Fredo6_JointPushPull 루비를 사용하려고 합니다. 더블클릭해서 편집 상태에 들어갑니다. JointPushPull 버튼을 클릭하고 위 그림의 화살표 방향으로 면을 클릭하고 드래그합니다.

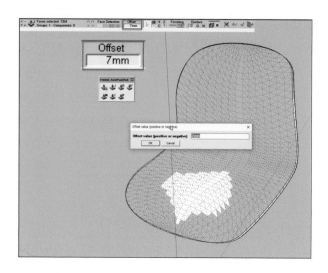

위의 세부 옵션에서 Offset을 클릭합니다. 그리고 입력 창에 7을 입력해줍니다. 그러면 7mm 두께의 입체가 됩니다.

바탕을 클릭하면 면이 만들어집니다.

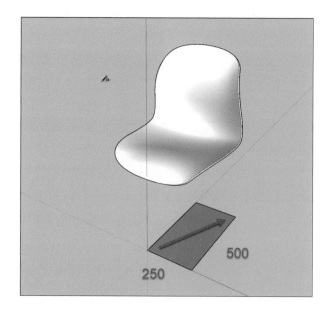

Origin 점에서 시작하는 사각형을 하나 만들어줍니다. 크기는 250,500입니다.

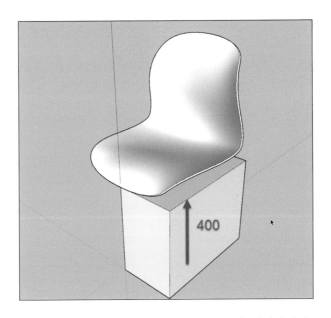

Push/Pull 툴로 면을 입체로 만들어줍니다. 높이 값은 400을 입력합니다.

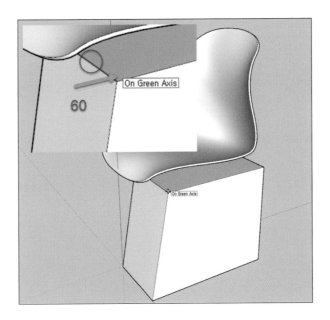

위쪽 앞의 선을 클릭해서 위 그림처럼 녹색 축의 방향으로 60만큼 이동해줍니다.

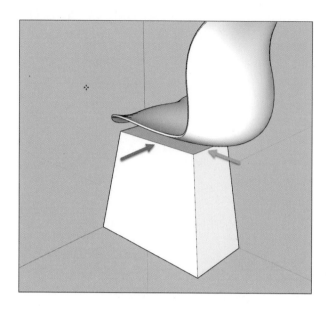

같은 방법으로 위쪽 선을 클릭해서 빨간색 방향으로 60만큼 이동하고 위쪽의 라인은 녹색 방향으로 80만큼 이동해줍니다. 위 그림의 화살표 방향을 잘 참고합니다.

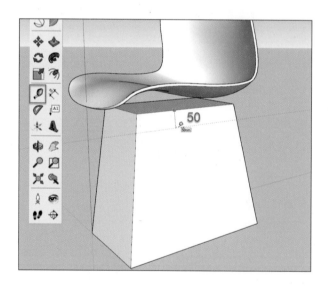

Tape 툴을 이용해서 그림과 같이 위쪽의 선을 클릭하고 50만큼 떨어진 보조선을 그려줍니다.(보조선 그릴 때는 위 그림처럼 핑크색 선이 되는지 확인합니다. 면과 일치해서 보조선이 만들어져야 합니다. 화면을 돌려보면 확인하기 쉽습니다.)

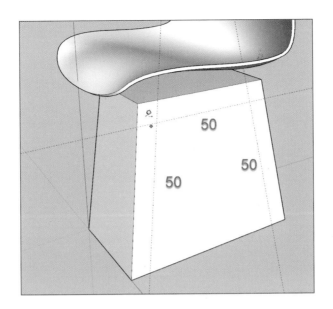

그림처럼 보조선을 더 그려줍니다.

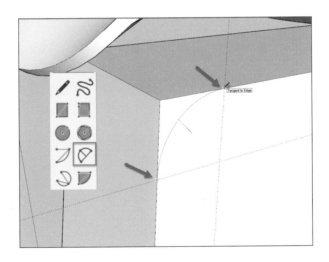

2 Point Arc 툴을 사용해서 그림과 같이 모서리 부분에 Arc를 그려줍니다.(Arc를 그릴 때
그림처럼 Tangent to Edge가 되도록 그려줍니다.)

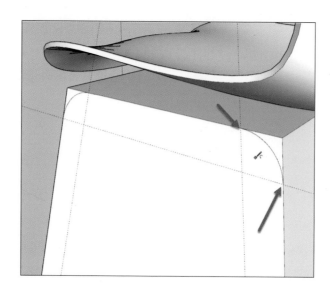

반대편의 등받이 쪽으로도 그려줍니다.

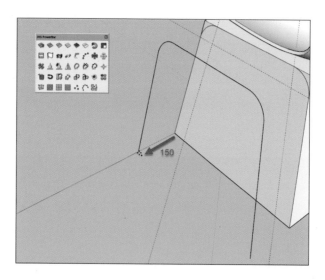

그림처럼 선을 선택해서 빨간색 축으로 150만큼 이동하며 복사해줍니다.(선을 선택하고
Move 툴로 이동하면서 Ctrl 키를 눌러 복사)

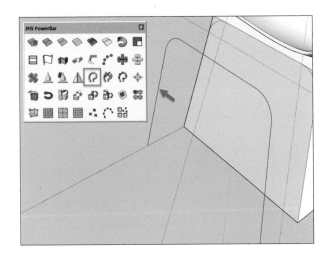

복사된 선을 선택해서 SuperWeld로 하나의 Curve로 만들어줍니다. 앞서 복사한 이유는
Weld를 실행하려면 독립되어 있어야 되는데 있던 자리에서 Weld를 진행하면 원래 있던
면과 다시 합쳐지면서 선이 합쳐지지 않아서입니다.

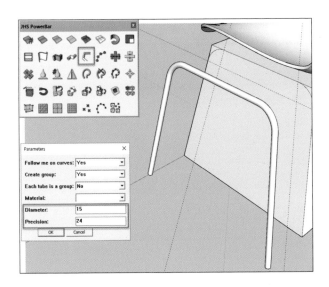

만들어진 Curve를 선택하고 JHS PowerBar 루비에서 Lines to Tubes를 실행해줍니다. 그
리고 바로 나오는 Parameters 창에서 Diameter 값을 15로 하고 Precision은 24를 입력합
니다. Precision은 단면의 Segment 값을 의미합니다. OK를 눌러서 확인해보면 위 그림
처럼 좀 전의 선이 두께가 만들어집니다.

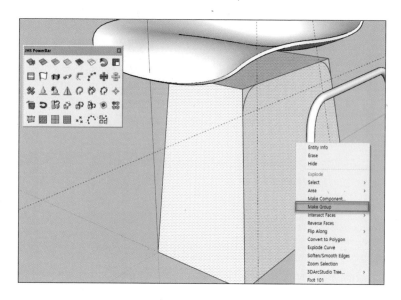

앞서 만들어놓은 Box는 모두 선택해서 그룹을 만들어줍니다.

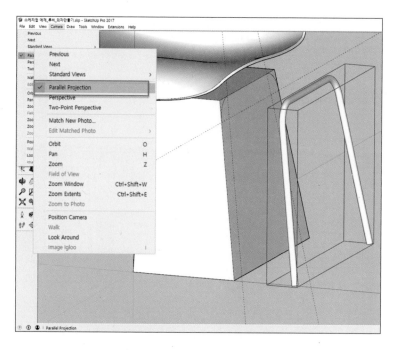

Camera > Parallel Projection을 클릭해서 투시가 없는 뷰로 바꿔줍니다.

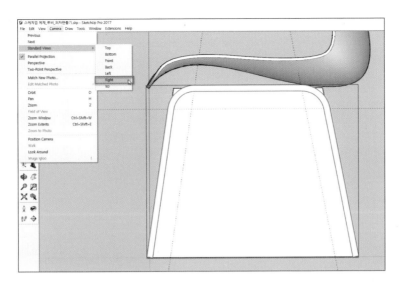

그리고 다시 Camera > Standard Views > Right를 클릭해주면 위 그림과 같은 화면이
됩니다.

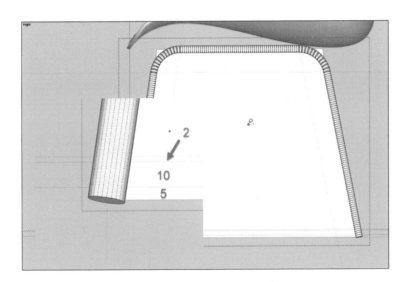

좀 전에 만든 다리 부분을 더블클릭해서 편집 상태로 들어갑니다. 그리고 Tape 툴로 보
조선을 그려줍니다. 아래부터 5만큼 띄워서 보조선을 만들고 그 보조선에서 다시 10을 띄
우고 다시 2를 띄워줍니다.

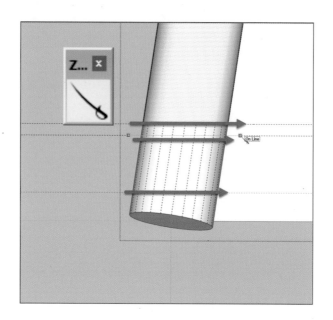

루비 중에 Zorro 2라는 루비를 사용해서 보조선을 따라서 드래그해줍니다. Zorro 2 루비
는 오브젝트를 잘라주는 루비입니다.

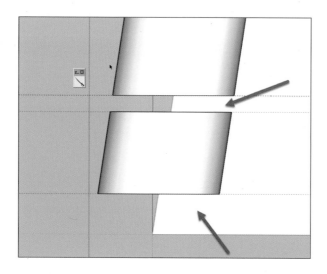

그림과 같이 화살표가 가리키는 방향의 면을 선택해서 지워줍니다.

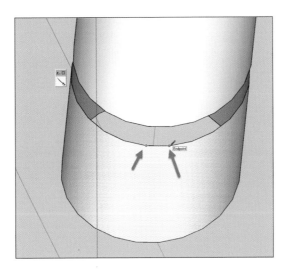

잘려진 단면이 생성되어 있지 않기 때문에 직접 만들어줍니다. Line 툴로 잘린 면의
Segment 하나와 겹치게 그려줍니다. 화살표 방향의 점을 연속해서 클릭해주면 단면이
만들어집니다.

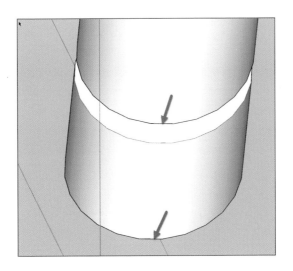

화살표가 가리키는 단면도 같은 방법으로 만들어줍니다.

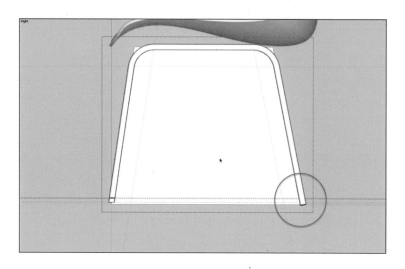

반대편 다리도 같은 방법으로 진행해줍니다.

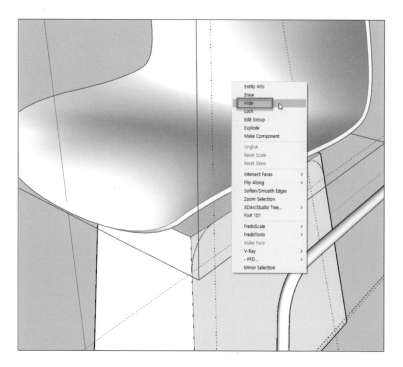

등받이 부분을 잠시 감춰두겠습니다. 클릭해서 마우스 우클릭 메뉴에서 Hide를 진행합
니다.

스케치업 베이직: 원리는 책으로, 예제는 YouTube로

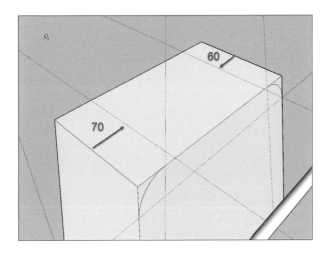

그림처럼 위쪽에 보조선을 그려줍니다.

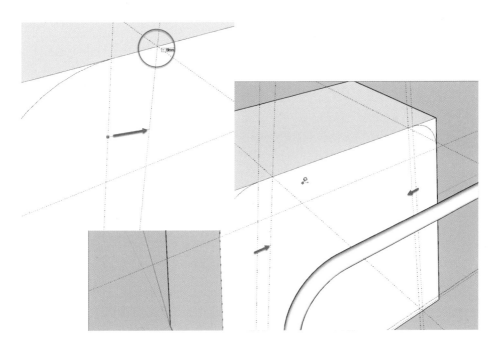

이번에는 옆면에 있는 보조선을 그림처럼 간격을 띄워서 만들어줍니다. 이번에는 수치를
입력할 필요 없이 보조선을 클릭하고 위쪽에 만든 보조선과의 교차점(빨간색 동그라미
안쪽의 교차점)을 클릭해줍니다.

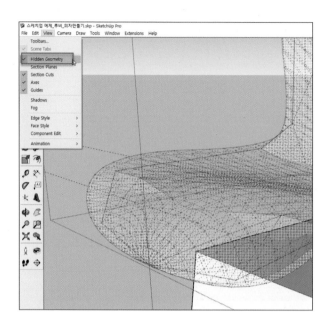

View > Hidden Geometry를 클릭해서 감춰진 오브젝트가 보이도록 합니다.

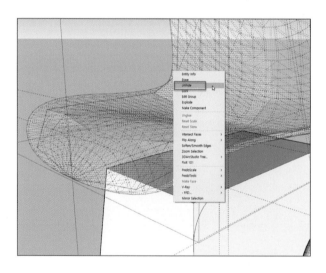

의자 등받이 부분을 클릭하고 마우스 우클릭 메뉴에서 Unhide를 클릭해서 다시 보이게
합니다.

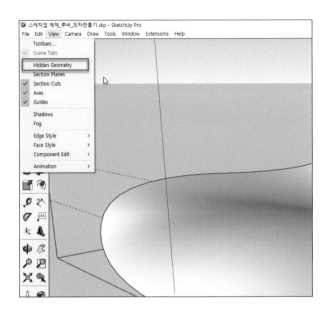

그리고 다시 View > Hiddent Geometry를 클릭해서 보이지 않는 오브젝트들이 화면에
표시되는 것을 해제해줍니다.

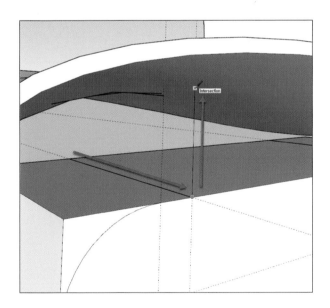

그림처럼 보조선을 따라서 선을 그려줍니다. 마지막에는 등받이 아래쪽 부분의 면과 교
차되는 Intersection 지점을 클릭해줍니다.

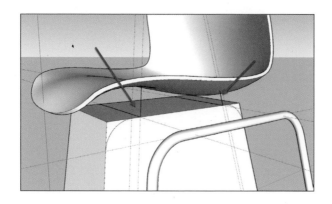

뒤쪽도 같은 방법으로 라인을 만들어줍니다.

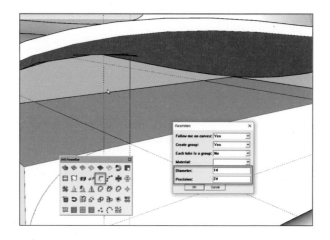

JHS PowerBar에서 Lines to Tubes를 실행해줍니다. 이번엔 Diameter 값에 14를 입력했습니다.

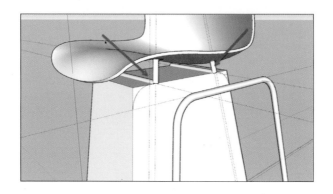

라인이 입체가 되었습니다.

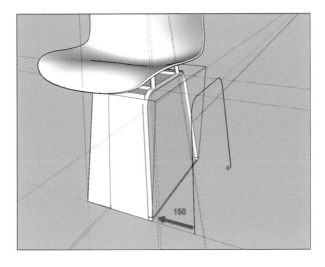

앞서 만들어두었던 다리를 다시 원래 자리로 이동해줍니다. 클릭해서 빨간색 방향으로 150을 입력해서 이동합니다.

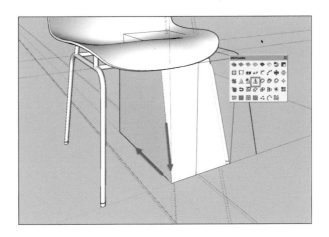

JHS PowerBar의 Mirror를 이용해서 반대편에 복사해줍니다. 다리 부분을 클릭하고 Mirror 버튼을 클릭합니다. 그리고 화살표 방향의 라인들을 클릭해주면 라인을 기준으로 반대편에 복사됩니다.

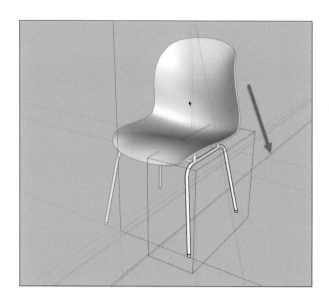

이제 불필요한 부분들과 보조선을 지워서 마무리하려고 합니다. 보조선을 지울 때 중요한 것은 보인다고 막 지우면 오브젝트가 따라서 같이 지워지는 경우가 있다는 것입니다. 이유는 그룹 안쪽에 만들어놓은 보조선은 지울 때 그룹 안에 들어가서 지워줘야 하기 때문입니다. 위 그림처럼 의자 다리의 발 부분을 만들 때 만들어둔 보조선은 다리 그룹 안에 들어가서 지워주어야 합니다.

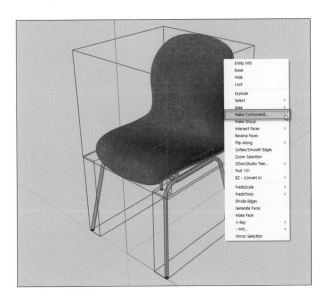

재질을 입혀서 마무리합니다.

마지막으로 컴포넌트로 만들어서 사용하면 됩니다.

●●● YouTube 영상을 확인해보세요!

루비를 사용한 모델링 예제들입니다.

- 솝스킨버블로 천막 구조 모델링
  https://youtu.be/ekpp5WPhVRA

- 조명 모델링 1
  https://youtu.be/crGj0pSoO2k

- 조명 모델링 2
  https://youtu.be/u-XVdClR3a8

- 조명 모델링 3
  https://youtu.be/q3ympaxqD9Q

- 조명 모델링 4
  https://youtu.be/ZlSU5DpK4Uw

- 건물 입면 파사드 모델링하기
  https://youtu.be/4Ac1bhg3Q94

- 의자 모델링 panton chair
  https://youtu.be/qhR0ilXu9tU

- 유기적인 인테리어 모델링
  https://youtu.be/pzTSPUjJiH4

- Floor Generator 루비를 사용한 타일형 바닥
  모델링
  https://youtu.be/Hi3M0hYwEqc

- 빠른 모델링을 위한 루비 1001bit tools
  https://youtu.be/oRpW_85szR4

유용한 유튜브 채널 소개

루비를 활용한 스케치업 모델링 예제들입니다. 아래 이미지와 같은 예제 또는 유사한 예제를 제가 만든 유튜브 채널에서 확인할 수 있습니다. 아래 주소로 가서 재생목록에서 루비를 검색해보시기 바랍니다. (https://www.YouTube.com/user/reazzang00)

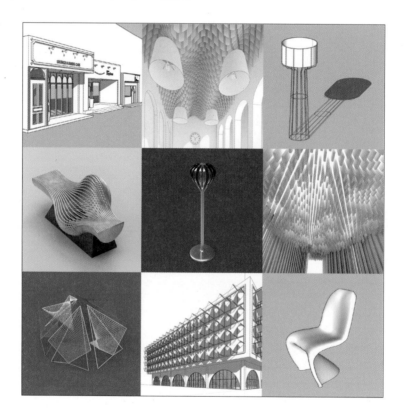

CHAPTER 7
V-Ray 렌더링

📷 렌더 기본 세팅

개정판에서는 Vray 4 버전을 기준으로 설명하고 있습니다. 이하 버전은 Unclebucks 유튜브를 참고하시기 바랍니다. 기본 렌더 세팅을 해보기 위해서 '스케치업 예제_기본렌더세팅-next.skp' 파일을 열어줍니다.

V-Ray Asset Editor 창을 열어줍니다. 그리고 톱니바퀴 모양의 Setting을 눌러줍니다. 그런 다음 창의 좌측 하단에 보이는 Revert to Default Render Settings으로 세팅 값을 초기화시켜줍니다. 이렇게 하는 이유는 어떤 파일을 열었을 때 어떻게 세팅되었는지 알지 못하는 경우 초기화해서 시작하는 것이 좋기 때문입니다. 간혹 늘 하던 세팅이 잘 안 된다면 세팅 초기화를 눌러서 시작하는 것이 좋습니다.

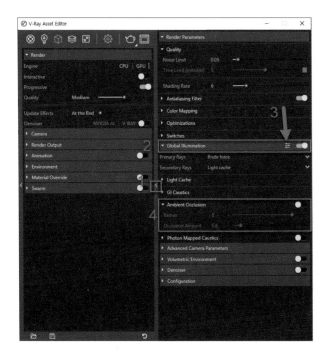

그림처럼 세팅 창의 우측에 보이는 작은 화살표를 클릭한 다음 Global Illumination 메뉴를 열어줍니다. 그리고 그 메뉴 하단에 보이는 Ambient Occlusion 메뉴도 삼각형 모양을 클릭해서 열어줍니다.

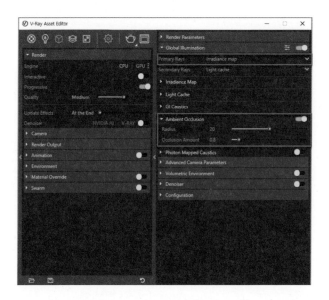

그림처럼 Primary Rays를 Irradiance map으로 바꿔주고 Ambient Occlusion을 켜준 다음 Radius 값을 20으로 바꿔줍니다. 이 값은 렌더링 크기에 따라 적절하게 조정하는 것이 좋습니다.

렌더링 크기(해상도)를 결정하기 위해 Render Output 메뉴를 열어줍니다. 먼저 Aspect Ratio를 클릭해서 Match Viewport를 클릭해줍니다. 그리고 Image Width/Height 값에서 가로 값을 1200으로 바꿔줍니다. 이 과정에서 Match Viewport를 클릭하는 것은 작업창과 렌더링 이미지의 비례를 맞춘다는 의미입니다. 초기 값은 작업창에서 보이는 비율과 다르게 16:9가 기본 값이라서 창과 비율이 다른 이미지가 렌더됩니다. 그리고 가로 값을 1200으로 바꾸면 자동으로 세로 값도 비율에 맞춰 바뀌게 됩니다. 렌더 세팅 후에 테스트 렌더링을 해보는 적당한 크기는 가로 1200 정도가 좋습니다.

주전자 모양의 렌더 버튼을 눌러주면 V-Ray frame buffer 창이 열리고 렌더링 과정이 진행됩니다. 이 세팅을 기본으로 몇 가지 변형되는 사례들만 잘 암기한다면 렌더 세팅은 큰 어려움은 없을 것으로 생각됩니다. 렌더를 중지하려면 좀 전에 눌렀던 렌더 버튼 또는 V-Ray frame buffer 창 우측 상단의 빨간색 Stop 버튼을 눌러줍니다. 창을 그냥 닫아버리면 렌더가 멈추지 않습니다. 꼭 Stop을 해줘야 합니다.

VFB 창에서 렌더 후 보정하기

렌더가 모두 끝났습니다. 렌더링이 좀 어두워 보입니다. 간단하게 보정을 하려면 좌측 하단에 보이는 Show Corrections Control 버튼을 눌러줍니다. 그러면 우측에 메뉴가 열립니다.

우측 메뉴에서 Exposure를 체크하고 우측 끝의 아래 화살표를 눌러 메뉴를 열어줍니다. 그리고 Exposure 값은 3.0으로 바꾸고 Highlight Burn 값은 0.5로 바꿔줍니다. 이미지의 밝기가 많이 개선되는 것을 볼 수 있습니다.

여기서 Exposure 값은 노출 값으로서 밝기를 보정할 수 있습니다. 그리고 Highlight Burn은 밝기가 밝아지면서 밝은 부분의 영역이 너무 타서 하얗게 변해버리는 현상을 줄여줍니다. 위 값들은 렌더 신에 따라서 적절하게 조절해서 사용하면 좋습니다. 그러나 Exposure 값의 경우 1~4를 넘지 않는 것이 좋습니다.(절대적으로 빛이 너무 부족한 상태라면 조명 값을 높여서 다시 렌더링하는 것이 좋습니다.)

🕊 Irradiance map

기본 세팅에서 Brute Force를 Irradiance map으로 바꾼 이유는 특별한 세팅 없이 노이즈를 많이 줄여주기 때문입니다. 그리고 비슷한 퀄리티의 렌더에서 시간이 훨씬 빠릅니다. 두 방식은 각자 장점과 단점이 있지만 그동안 사용해본 결과 Irradiance map이 좀 더 효율적인 것 같습니다. 다만 시간 여유가 있다면 Brute Force가 좀 더 깔끔한 이미지를 얻을 수 있습니다. Irradiance map은 어두운 영역(그림자 안쪽 영역)이 얼룩이 좀 있습니다.

🐦 Ambient Occlusion

렌더 설정에서 Ambient Occlusion을 켜주면 좀 더 선명한 이미지를 얻을 수 있습니다.
Ambient Occlusion은 모서리와 면과 면의 경계에서 좀 더 깊은 양감을 만들어줍니다.
Radius 값은 모서리 영역을 넓혀주는 값으로서 렌더가 커지면 좀 더 크게 설정해주는 게
좋습니다. 그리고 Occlusion Amount 값은 모서리 영역의 어두운 정도입니다. 높은 값을
입력하면 더 진해집니다.

> 💬 **YouTube 영상을 확인해보세요!**
> • V-Ray 렌더 세팅을 설명하고 있는 영상 주소입니다.
> https://youtu.be/Qu0Fp9qKbV8
> https://youtu.be/8UuLfd5NZZ0

SECTION 02 Environment와 태양광 설정

Environment

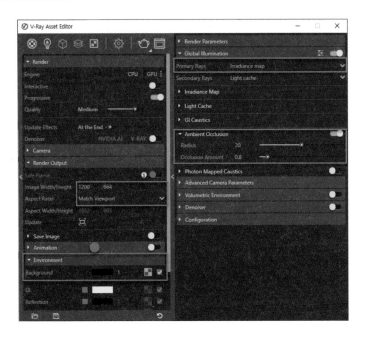

Environment 조명을 알아보기 위해서 예제 '스케치업 예제_조명_Environment-next. skp' 파일을 열어줍니다. V-Ray Asset Editor 창을 열어줍니다. Environment는 조명이라기보다는 환경입니다. 환경이 사진이나 그림이 아니기 때문에 빛이 만들어지는 것입니다. 그 값을 강하게도 할 수 있고 약하게도 할 수 있으며 끌 수도 있습니다. 빨간 점으로 표시한 Environment 메뉴가 배경의 빛의 값을 결정합니다. Background에서 값 1과 체크를 유지합니다.(Render Output에서 Aspect Ratio를 Match Viewport로 바꾸고 바로 위에 해상도 가로 크기를 1200으로 바꿔줍니다. 그리고 우측의 메뉴를 열어서 Global Illumination에서 Primary Rays를 Irradiance map으로 바꿉니다. 그리고 Ambient Occlusion을 실행해주고 Radius 20을 입력합니다.)

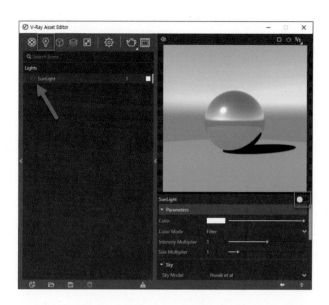

Environment의 빛 역할을 확인하기 위해서는 V-Ray Asset Editor 창에서 조명 메뉴의 SunLight를 꺼줘야 합니다. 그림처럼 꺼줍니다. 여기서 태양도 하나의 조명임을 알 수 있습니다.(화살표 방향의 아이콘을 클릭해도 조명을 끌 수 있습니다.)

빛이 거의 없어서 매우 어두운 결과를 내고 있습니다. 그리고 외부에서 약한 빛이 들어옵니다. 이 빛이 Environment입니다. 이 빛은 파란색을 띠고 있습니다. 이유는 외부 배경을

보면 하늘은 파란색이고 바닥은 회색이기 때문입니다. 이 빛이 새어 들어온 것입니다.

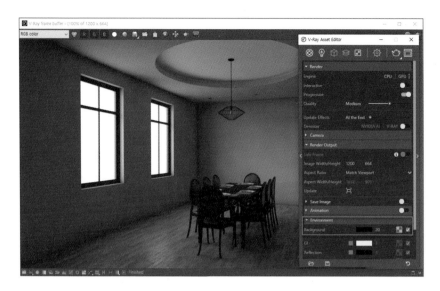

Environment 수치를 20으로 바꾸어서 렌더한 결과입니다. 외부의 파란빛이 더 강해졌고
외부가 밝아지면서 배경은 보이지 않을 정도로 하얗게 바뀐 것을 볼 수 있습니다. 사진을
찍을 때 노출을 더 주려고 셔터 스피드를 낮추는 것과 같습니다.

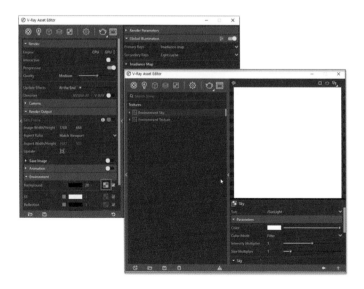

Environment는 스케치업의 Shadows 시스템과 연결되어 있습니다. Environment에서 Background 옆에 파란색 바둑판은 맵('설정'으로 이해하시면 됩니다)이 들어가 있습니다. 클릭을 해서 보면 Sky라는 설정이 되어 있습니다. 이 Sky는 앞서 조명 메뉴에서 꺼준 태양과 같은 것입니다. 그러나 여기서 다른 점은 앞서 조명의 태양은 일정한 방향성을 가지는 빛이라면 이 빛은 태양의 시간과 위치에 따르는 주변 환경의 빛이라는 것입니다. 그래서 스케치업의 Shadows 메뉴에서 시간을 오후 늦은 시간으로 바꾼다면 환경의 색은 노을 지는 분위기가 만들어집니다.

그림처럼 스케치업의 Shadows 메뉴에서 시간을 오후 4:30으로 바꾸고 같은 설정 상태에서 렌더를 진행했습니다. 렌더를 앞서 진행했던 렌더와 비교해보면 파란색이 아닌 노란색이 보이는 것을 알 수 있습니다.

🔆 태양광 설정

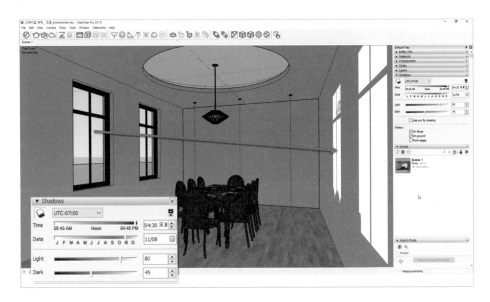

태양에 대해서 좀 더 알아보겠습니다. 스케치업은 태양은 Shadows로 표현됩니다. 상단의 메뉴 View > Shadows를 체크해서 그림자를 확인합니다. 그림처럼 앞서 세팅했던 상태에서는 외부의 태양 빛이 창문을 통해 내부로 들어오고 있습니다. 오후 시간이기 때문에 빛이 거의 눕혀서 들어오고 있습니다.

V-Ray Asset Editor에서 위 그림처럼 세팅 후에 조명을 선택하고 태양광을 켜줍니다.(기본은 켜져 있습니다.)

Intensity Multiplier 수치 1을 확인하고 렌더링을 합니다.(Environment > Background : 20 / Irradiance map / Ambient Occlusion > Radius : 20)

렌더가 끝나면 V-Ray frame buffer 창에서 Region Render 버튼으로 아래쪽만 선택합니다. 그리고 Intensity Multiplier 값을 5로 바꾸고 렌더합니다. 그러면 위 그림처럼 아래쪽만 부분 렌더링이 됩니다. 아래 위를 비교해보면 Intensity Multiplier 값은 태양의 밝기입니다. 높여주면 빛이 더 강해집니다.

시간을 오후 2:30으로 바꾸고 Region Render를 클릭해서 해제합니다. 그리고 렌더를 진행합니다. 빛이 좀 더 강해지고 밝아졌습니다.

V-Ray Asset Editor의 조명에서 Sunlight 메뉴에서 Size Multiplier 값을 1에서 10으로 바꾸고 렌더를 진행하면 위 그림처럼 그림자 부분이 흐려지는 것을 볼 수 있습니다. 태양의 크기가 커졌다면 빛이 커져서 더 밝아질 것이라고 생각하기 쉽습니다.

작지만 강한 빛에 의해서 만들어지는 그림자는 선명합니다. 우리가 스마트폰으로 사진을 찍을 때 플래시를 끄는 이유는 강한 빛이 만들어내는 선명한 그림자로 인해서 사진이 너무 강해지기 때문입니다. 그런데 형광등이나 스튜디오의 큰 조명은 광원이 큽니다. 넓은 면 전체에서 빛이 나오기 때문에 그림자가 선명하지 않은 것입니다. 너무 선명한 그림자보다는 부드러운 그림자로 이미지를 만들고 싶을 때 Size Multiplier 값을 높여주는 것이 좋습니다.

SECTION 03 조명 사용하기

⬚ Plane Light

조명을 알아보겠습니다. '스케치업 예제_조명_PlaneLight-next.skp' 파일을 열어줍니다.

V-Ray Asset Editor 창을 열어서 위 그림처럼 세팅을 해줍니다. Render Output에서 Aspect Ratio를 Match Viewport로 바꾸고 바로 위에 해상도 가로 크기를 1200으로 바꿔 줍니다. 그리고 Environment에서 Background의 맵을 해제해줍니다. 그리고 우측의 메 뉴를 열어서 Global Illumination에서 Primary Rays를 Irradiance map으로 바꿉니다. 그리고 Ambient Occlusion을 실행해주고 Radius 20을 입력합니다.

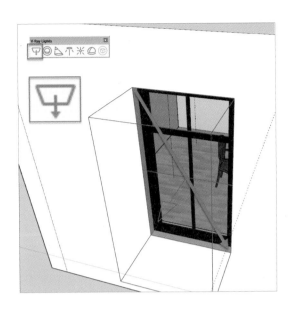

보이는 뷰에서 밖으로 이동해서 V-Ray Light에서 Plane Light를 선택해줍니다. 그리고 창문 밖에 그림처럼 사각형을 만들 듯이 만들어줍니다. 이때 보이는 것처럼 빨간 화살표가 밖으로 만들어지게 됩니다. 이 화살표가 빛이 나가는 방향을 보여주는 것입니다. 현재는 안쪽이 아닌 밖으로 빛이 나가고 있습니다.

그림처럼 조명을 선택하고 창의 세로 중심에서 Rotate로 돌려줍니다. Plane Light를 사용할 때 한 가지 중요한 것은 만들어진 조명이 벽면이나 천장 면과 일치하면 빛이 정상적으로 나오지 않는다는 점입니다. 천장 면과 빛 면이 같은 자리에 겹쳐 있으면 천장을 보여주어야 하는지 아니면 빛을 내어야 하는지 컴퓨터가 판단할 수 없기 때문입니다. 그래서 지금처럼 창문에 설치하는 경우가 아니라 면에 만들어놓는 경우에는 그 면에서 1mm 정도 띄워주면 그런 문제를 피할 수 있습니다.

조명을 돌려놓았다면 옆의 창문에 복사해줍니다. 스케치업 브이레이에서 만들어진 조명은 언제나 컴포넌트 상태입니다. 복사해서 쓰면 조명 수치를 공유합니다. 즉 같은 조명이 여러 개인 경우 지금처럼 외부 환경이며 같은 방향에서 오는 조명의 경우는 같은 값을 사용하게 됩니다. 이럴 때는 새로 만드는 것이 아니라 지금처럼 복사해서 쓰는 것이 효율적입니다. 앞으로 나올 다른 종류의 조명들도 모두 마찬가지입니다.

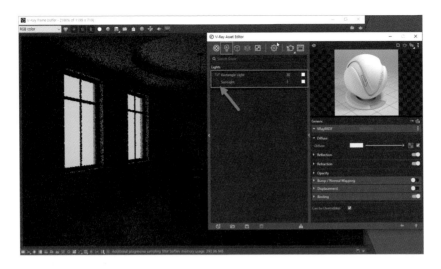

V-Ray Asset Editor에서 조명을 클릭해서 SunLight가 꺼져 있는지 확인합니다. 이름 앞에
아이콘을 클릭하면 켜고 끌 수 있습니다. 어두운 색은 꺼진 것이고 밝은 색은 켜진 상태
입니다. 태양 빛이 없고 좀 전에 설치한 두 개의 사각형 조명만을 가지고 렌더링을 해보면
위 그림처럼 렌더가 됩니다. 아직 많이 어둡습니다.

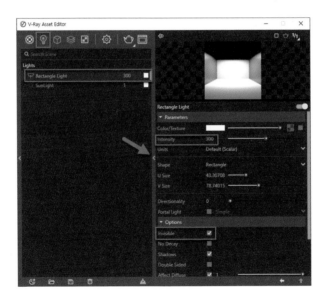

조명을 밝게 하기 위해서 V-Ray Asset Editor 창에서 조명 부분을 클릭하고 V-Ray Rectangle Light를 클릭해줍니다. 그리고 우측의 화살표를 눌러서 우측 메뉴를 열어줍니다. 그리고 Intensity 값을 300으로 높여줍니다. 그리고 Option 메뉴에서 Invisible을 눌러줍니다. Intensity는 빛의 세기입니다. 더 많은 빛을 발산합니다. Invisible은 조명이 눈에 보이지 않게 한다는 것입니다. 빛은 나오지만 그 자리에 사각형 조명이 보이지 않는 것입니다.

렌더 결과 밝아진 것을 확인할 수 있습니다. 그런데 배경이 까맣게 나왔습니다. 이유는 처음에 Environment에서 아무런 설정을 하지 않아서 그렇습니다. 원래 설정 값인 Sky를 사용하면 스케치업 하늘은 파랗고 땅은 회색인 배경이 표현됩니다. png 파일 형식으로 저장하면 배경이 투명하게 표현되기 때문에 어차피 리터치를 진행할 것이라면 배경이 나오지 않는 것은 크게 문제되지 않습니다. 기본 배경이라도 보이는 것이 좋다면 처음 과정에서 Environment에서 Background의 맵을 해제하지 않고 그대로 두면 됩니다.

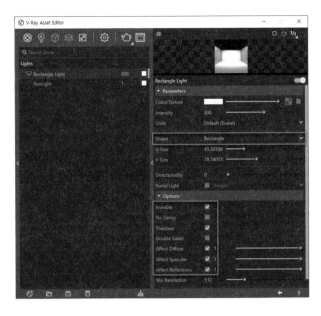

Shape는 Rectangle 사각형과 Circle 원이 있습니다. PlaneLight는 기본이 사각형으로 되어 있지만 원으로 바꿀 수도 있습니다. Options 부분을 살펴보겠습니다. Invisible은 광원이 보이지 않게 합니다. Double Sided는 오브젝트의 앞뒷면에서 모두 빛이 나옵니다. Affect Diffuse를 해제하면 빛이 다른 오브젝트에 영향을 주지 않습니다.(광원은 있으나 빛이 영향을 주지 않습니다.) Affect Specular를 해제하면 빛이 광택에 영향을 주지 않습니다.(빛이 나와서 다른 오브젝트에 영향을 주지만 Highlight 부분을 만들지 않습니다.) Affect Reflections은 해제하면 광원이 반사에 포함되지 않습니다.(거울 재질이 있다면 광원이 그 재질에서 보이지 않습니다.) No Decay를 체크하면 광원으로부터 거리에 따라 빛의 양이 감소하지 않게 됩니다.(조명의 빛이 멀어지면서 약해지는 느낌이 거의 없어서 자연스럽지 않을 수 있습니다.) Shadows를 해제하면 그림자 생성을 하지 않습니다.

🏮 Spot Light

Spot Light에 대해서 알아보겠습니다. '스케치업 예제_조명_Spot Light.skp' 파일을 열어줍니다. 현재 시간은 오후 5:30입니다. 조명을 사용하려고 어두운 시간을 선택했습니다. 위 그림처럼 앞쪽 천장에 조명 세 개가 있습니다. 이들은 같은 컴포넌트입니다.

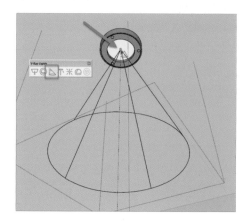

천장 조명 모델링 컴포넌트 중에 하나를 더블클릭해서 편집 상태로 들어갑니다. 그리고 V-Ray 조명 중에 Spot Light를 클릭하고 위 그림처럼 화살표 끝의 중심을 클릭해줍니다. 이러면 다른 컴포넌트들에도 같은 조명이 들어가게 됩니다. 바운딩 박스 밖의 바탕을 클릭해서 그룹 밖으로 나옵니다.

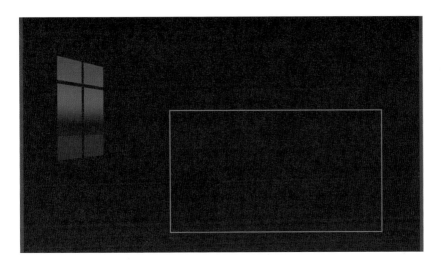

빛이 어떻게 표현되는지를 보기 위해서 Scene 2를 클릭해서 좀 더 가까이 갑니다. 그리고 기본 세팅 상태에서 렌더링을 진행하면 그림처럼 조명이 거의 보이지 않습니다.

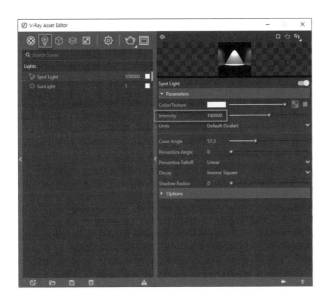

조명의 세기 값인 Intensity 값을 100000으로 100배 높여주었습니다.(조명 값을 조절할 때에는 두 배, 세 배, 열 배, 백 배…… 단위로 해보시는 것이 효과적입니다. 미세한 노출 조절은 처음에 배웠던 것처럼 렌더가 끝난 후에 보정이 가능합니다. 빛이 너무 약한 경우는 값을 배로 조절하시는 것이 효율적입니다.)

렌더 결과 조명이 어색합니다. 너무 선명합니다.

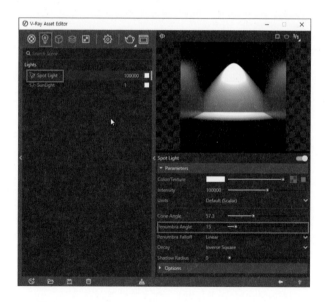

선명한 부분을 부드럽게 하기 위해 그림처럼 Penumbra Angle 값을 0에서 15로 바꿔줍니다. 이 값은 조명 빛을 받은 부분의 외곽을 부드럽게 만들어줍니다. 값은 각도로 생각하시면 됩니다.

앞의 렌더와 비교해보면 그림처럼 경계가 부드럽게 퍼진 것을 확인할 수 있습니다.

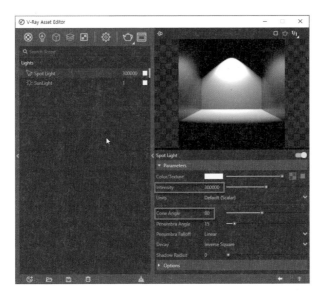

아직 어두운 것 같아서 Intensity 값을 300000으로 높였습니다. 그리고 좀 더 넓은 영역을
비추게 하려고 합니다. Cone Angle 값을 57.3에서 80으로 높여줍니다.

그림처럼 조명이 비추고 있던 영역(노란선)이 Cone Angle 값을 80로 높여주면서 넓어졌
습니다.

Scene 3을 클릭해서 숨겨진 화분 오브젝트를 보이게 합니다. 그리고 렌더를 진행합니다.
결과를 보면 그림자가 선명해서 조금 어색합니다.

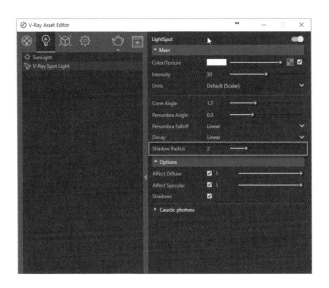

Shadow Radius 값을 0에서 3으로 바꿔줍니다.

그림처럼 그림자가 보다 자연스러워졌습니다. Shadow Radius 값을 높이면 더 흐려지고
0 값에 가까워지면 선명해집니다.

🔦 IES Light

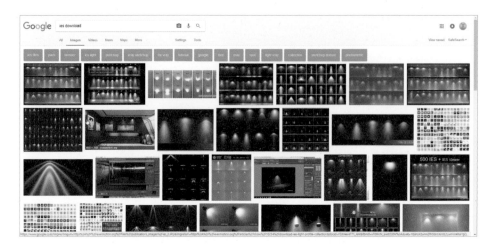

IES 조명을 사용하려면 IES 조명 파일이 필요합니다. 인터넷에서 ies download라고 검색하시면 다양한 종류의 IES 파일을 구할 수 있습니다. IES는 각각의 조명에 따라 저마다 다른 빛의 값을 저장해놓은 파일입니다.

'스케치업 예제_조명_IES Light-next.skp' 파일을 열어줍니다. Scene 2를 클릭해서 그림과 같은 화면을 만들어줍니다.

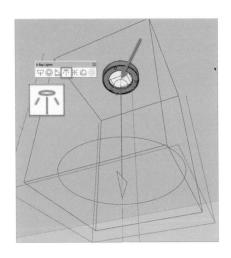

앞쪽 천장에 있는 조명 모델링을 더블클릭해서 편집 상태로 들어갑니다. 그리고 V-Ray 조명 메뉴에서 IES Light를 클릭합니다. 그러면 IES 파일을 선택해달라는 창이 열립니다. 예제 파일에서 'EX4_IES.ies' 파일을 찾아서 선택하고 열기를 눌러줍니다. 그리고 위 그림처럼 화살표 위치에 조명을 클릭해줍니다.

위 조명 모델링은 컴포넌트라서 다른 조명들에도 IES 조명이 만들어졌습니다. Scene 2를 클릭해서 렌더 장면으로 돌아갑니다. 그리고 렌더링을 진행하면 위 그림처럼 IES 파일이 어둡게 보입니다. 간혹 거의 보이지 않기도 합니다. IES 파일은 거의 대부분 조명 값을 직

접 높여주어야 합니다. 사진은 셔터 스피드라는 개념으로 빛이 어두어도 노출 시간을 길게 가짐으로써 노출을 높일 수 있습니다. 그런데 렌더에서는 이런 개념을 포함하면 더 복잡한 세팅이 되므로 간단하게 조명 값을 높이는 방법으로 진행하겠습니다.

V-Ray Asset Editor에서 조명 메뉴에 IES 조명을 클릭하고 Intensity (lm)을 체크하고 값을 200000을 입력해줍니다. 그리고 렌더링을 진행하면 위 그림처럼 빛이 만들어집니다. Spot Light에 비해서 조명 빛의 모양이 좀 더 사실감을 주고 있습니다.

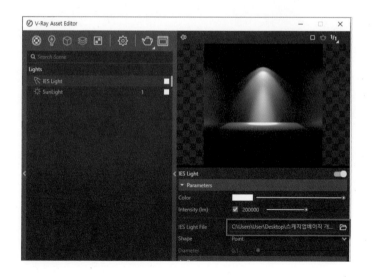

IES Light File에서 우측 끝의 이미지 아이콘을 클릭해서 다른 IES 파일로 교체할 수 있습니다. 예제 파일 중 다른 IES 파일을 선택해서 렌더를 해보면 각기 다른 조명 느낌을 확인할 수 있습니다.

위 그림처럼 IES 조명은 파일마다 다른 빛 모양을 가지고 있습니다.

☞ Sphere Light

Sphere Light를 사용해보기 위해 '스케치업 예제_조명_Sphere Light-next.skp' 파일을
열어줍니다. Scene 1을 클릭하면 위 그림과 같은 장면이 보입니다. 현재 감춰진 선들이
보입니다.(상단 메뉴 View > Hidden Geometry) V-Ray 조명 메뉴 중에 Sphere Light를
클릭해줍니다. 화살표 위치에서 클릭해서 조명을 그립니다.

전구의 중앙 끝점을 클릭한 뒤 그림처럼 화살표 방향으로 위로 천천히 올리면 Sphere
Light가 점점 커집니다. 전구보다 조금 더 크게 만들어줍니다. 전구를 감싸려고 합니다.

Sphere Light의 크기가 원하는 만큼 크거나 작지 않다면 만든 다음 Scale 툴을 사용하면 됩니다. 그림처럼 만들어진 Sphere Light를 선택하고 좌측 툴바에서 Scale을 클릭합니다. 그리고 Ctrl 키를 누른 상태에서 모서리를 그림처럼 클릭해서 키워주면 중심에서부터 스케일을 바꿀 수 있습니다.

이제 위 그림처럼 Sphere Light를 위로 올려서 전구를 감싸줍니다. 이때 Move 툴을 사용해서 위로 올리는 것이 어렵다면 위쪽 실선으로 된 화살표 위치의 수직선을 기준으로 움직이면 쉽습니다.(또는 키보드의 화살표 키 중 위 방향키를 한 번 눌러주면 수직 방향으로 이동이 고정됩니다.)

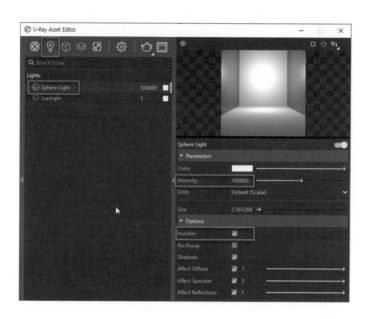

V-Ray Asset Editor의 조명에서 그림과 같이 Intensity 값은 100000을 입력하고 Invisible 을 체크해줍니다. 조명의 크기에 따라서 Intensity 값은 많이 차이가 납니다. 지금은 조명 크기가 작기 때문에 큰 값을 입력해줍니다.

렌더를 해보면 그림과 같이 렌더가 됩니다. Plane Light와 Sphere Light에서 조명이 작고 빛이 강하게 세팅이 되면 노이즈가 발생합니다.

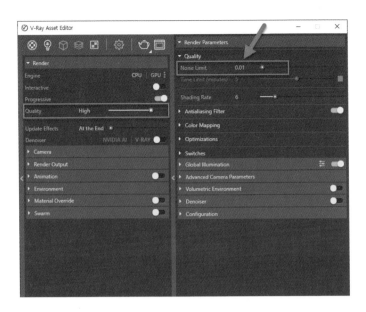

위와 같이 V-Ray Asset Editor에서 Quality를 High로 바꾸고 렌더를 해줍니다. 다른 값의 변화보다 Render Parameter > Quality > Noise Limit 값의 변화를 확인해보시기 바랍니다. 이 값을 낮추면 노이즈가 줄어듭니다. 다만 렌더 시간이 오래 걸립니다. 0.5~0.001 값을 사용하는 것을 추천합니다.

Region Render 기능을 이용해서 비교해보면 노이즈 차이를 확인할 수 있습니다.

🔦 Omni Light

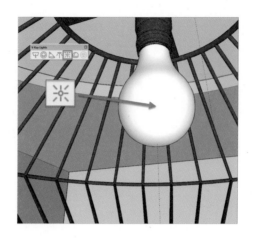

'스케치업 예제_조명_Omni-next.skp' 파일을 열어줍니다.

위 그림처럼 열리면 조명 중 Omni Light 조명을 화살표 방향의 전구 안쪽에 위치시키려고 합니다.

전구 안쪽에 설치 시에는 전구에 사용된 머트리얼을 함께 설정해주어야 전구를 뚫고 빛이 나오게 됩니다.

Omni Light를 클릭해서 전구 중앙의 점선 위를 클릭해주면 위 그림과 같은 Omni Light가 만들어집니다.

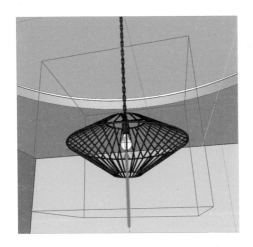

Omni Light를 선택한 상태에서 Move 툴을 이용해서 위와 같이 전구 안쪽으로 넣어줍니다. Move 툴을 클릭하고 중앙의 보조선을 클릭해서 이동하면 쉽게 위로 올려서 전구 안으로 밀어 넣을 수 있습니다.

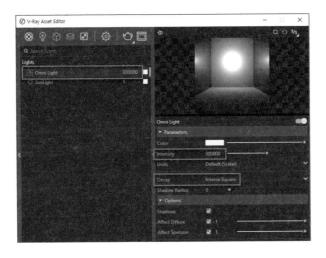

V-Ray Asset Editor에서 Light를 선택하고 좀 전에 만들어놓은 V-Ray Omni Light1을 클릭합니다. Spot Light와 값이 유사합니다. Intensity 값을 300000으로 바꿔줍니다. Decay가 Inverse Square로 되어 있기 때문에 값을 높게 설정해준 것입니다. 만약 Decay 옵션이 No Decay라면 30 정도로 설정해도 빛이 보입니다. 조명을 위와 같이 설정한 뒤에 Scene 1을 클릭해서 장면을 바꾼 다음 렌더링을 진행합니다.

조명이 나타나지 않고 있습니다. 이유는 빛이 전구에 입혀진 재질을 뚫고 나오지 못해서 입니다.

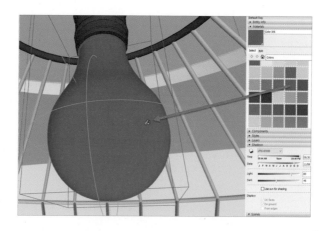

조명 그룹을 더블클릭해서 그룹 안으로 들어갑니다. 그룹이 여러 번 되어 있기 때문에 몇 번 더 더블클릭하면서 위 그림처럼 조명의 전구 부분을 클릭해줍니다. 전구 부분만 그룹 된 상태에서 우측의 Default Tray에서 Color 부분의 재질 중 하나를 선택하고 전구에 다 시 클릭해서 재질을 입혀줍니다.(색은 상관없습니다. 나중에 색을 바꿀 수 있기 때문에 아무 색이나 선택해서 입혀주면 됩니다.)

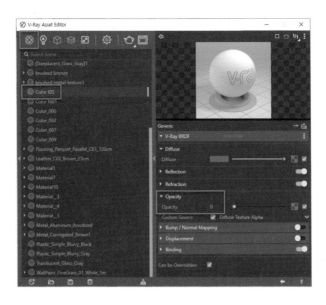

V-Ray Asset Editor에서 위 그림처럼 머트리얼 설정으로 들어갑니다. 좀 전에 전구에 적용한 재질을 선택합니다.(Default Tray에서 선택되어 있으면 자동으로 V-Ray Asset Editor에서도 함께 선택이 됩니다.) 화살표 방향의 디테일 메뉴를 열어줍니다. 그림처럼 Refraction에 Opacity 값을 0으로 만들어줍니다. 그러면 투명한 재질이 됩니다. 보이지 않는 것입니다.

렌더링을 다시 해보면 그림과 같이 빛이 밖으로 나오는 것을 볼 수가 있습니다. 그런데 문제는 전구가 보이지 않는 것입니다. 전구가 보이지 않는다면 어색할 수 있습니다.

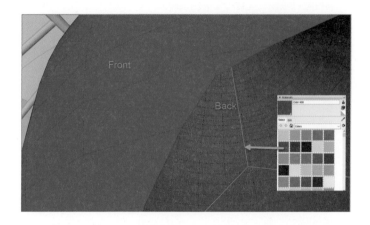

전구 그룹을 다시 선택하고 더블클릭해서 그룹 안에 들어갑니다. 그리고 마우스 휠 버튼을 돌려 전구 안으로 들어갑니다. 그러면 안쪽 면이 보이게 됩니다.(디폴트의 경우 흰색 면은 밖, 채도가 낮은 파란색은 안쪽 면입니다.) 안쪽 면에 직접 다른 색을 입혀줍니다. 위 예제에서는 구분하기 쉽게 빨간색을 안쪽 면에 입혀주었습니다. 이 부분이 어렵다면 큰 박스를 만들어서 과정을 연습해보기 바랍니다. 작은 전구 안으로 들어가는 동작이 어려울 수 있으니 연습을 먼저 해보는 것도 좋은 방법입니다.

렌더링을 진행하면 그림과 같이 안쪽 면의 색인 빨간색이 보이는 것을 확인할 수 있습니다.

안쪽에 적용한 재질을 선택한 다음 V-Ray Asset Editor 창에서 화살표 방향의 Add Layer
버튼을 클릭해서 Emissive를 클릭해줍니다.

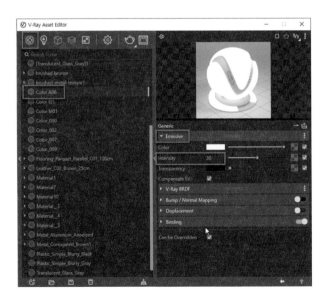

Emissive 메뉴가 생기면 Intensity 값을 30으로 입력합니다. 그리고 다시 렌더링을 진행합니다.

안쪽의 전구가 불이 켜진 것처럼 밝게 빛나는 것을 볼 수 있습니다. 위와 같은 방법으로 하면 전구 모양도 보이면서 빛이 나오는 조명 기구를 만들 수 있습니다. 마지막으로 그림자의 선명도를 조절하려고 합니다. 위 그림을 보면 그림자가 너무 선명해서 어색합니다.

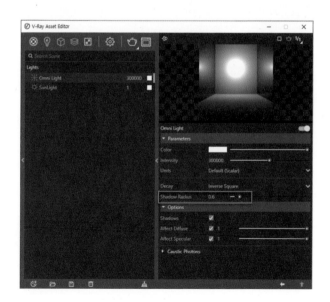

V-Ray Asset Editor에서 조명을 선택합니다. Shadow Radius 값을 0.6으로 바꿔줍니다.
이 값은 테스트를 진행하면서 조절해봅니다.

그림자의 질이 좀 더 자연스러워진 것을 확인할 수 있습니다. Shadow Radius 값을 0보
다 크게 올려주면 그림자는 멀어질수록 흐려지게 됩니다. 이후 천장의 빛이 너무 강해서
렌더 창 좌측 하단의 Show Corrections control 버튼을 클릭하면 나오는 우측의 메뉴에
서 Exposure 값에서 Highlight Burn 값을 0.5로 낮추어서 보정했습니다.

🗗 Dome Light

Dome Light에 대해서 알아보기 위해서 '스케치업 예제_조명_Dome Light-next.skp'를 열어줍니다. 그리고 렌더를 합니다. 그림처럼 기본 세팅 상태에서는 스케치업의 Shadows 설정 값에 따라서 그림자의 방향이 결정됩니다. 그리고 스케치업 브이레이의 환경 세팅에 따라서 배경이 결정됩니다. 이 내용은 앞서 Environment에서 확인해봤습니다.

Dome Light는 환경맵(HDR, EXR)을 활용하여 배경의 빛 환경을 표현하는 조명입니다. 다른 조명들이 특정 광원에서 빛이 나오는, 우리가 알고 있는 일반적인 조명이라면 Dome Light는 광원과 함께 어우러지는 전체 환경이라고 생각하면 됩니다. 환경 안에는 태양 빛도 있고 주변에 반사되거나 산란되는 빛도 있습니다. Dome Light가 사용하는 HDR이나 EXR 파일은 360도 모두 찍을 수 있는 특수한 카메라로 만들어집니다. 또는 촬영 위치에서 모든 방향을 촬영한 여러 이미지를 합성하여 만들기도 합니다. 둥근 구 안쪽에 이 이미지를 입히고 그 안쪽에 있는 것으로 상상해보시면 됩니다.

V-Ray Light에서 Dome Light를 선택해서 그림처럼 바닥에 만들어줍니다. 화살표 방향을 보면 좌측에서 우측으로 가리키고 있습니다.

V-Ray Asset Editor > Setting > Background에서 우측 끝의 체크를 해제해줍니다. Dome Light가 환경을 만들어주기 때문에 Background 세팅이 필요하지 않기 때문입니다.

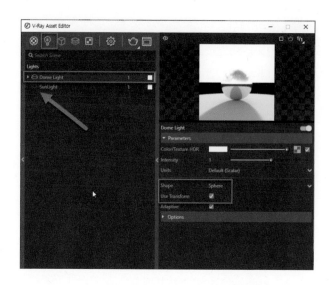

V-Ray Asset Editor에서 조명 부분을 클릭합니다. 그리고 SunLight를 꺼줍니다.(SunLight 이름 앞에 있는 아이콘을 클릭하면 조명이 꺼집니다.) 그리고 V-Ray Dome Light에서 Shape을 Sphere로 바꿔줍니다.(HemiSphere 옵션은 환경맵 사용 시에 하늘 부분만 쓰도록 합니다.) Use Tranform 옵션을 사용할 수 있도록 체크합니다. 이것은 Dome Light의 방향을 바꿀 수 있게 하는 옵션입니다.

렌더링 결과 위 그림과 같이 나왔습니다. 빛의 방향이 좌측에서 우측으로 나오는 것을 알수 있습니다. V-Ray에서 Dome Light를 사용하면 기본으로 들어 있는 환경맵이 작동해서위 그림처럼 나타나게 됩니다.

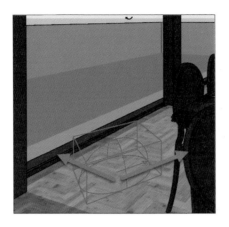

Rotate 툴을 이용해서 Dome Light를 돌려주었습니다. 파란색 방향을 빨간색 방향으로돌려주었습니다.

빛의 방향과 환경맵의 방향이 바뀐 것을 확인할 수 있습니다.

이번에는 환경맵을 다른 것으로 바꾸어보겠습니다.

V-Ray Asset Editor의 조명에서 V-Ray Dome Light의 Main 메뉴에서 Color/Texture HDR 부분의 끝에 바둑판 체크무늬 버튼을 눌러줍니다. 위 그림처럼 Bitmap을 넣을 수 있는 세부 메뉴가 나타납니다. File에서 예제 파일의 'ex_HDRI.hdr' 파일을 찾아서 열어줍니다. 그리고 아래쪽의 화살표를 클릭해서 다시 상위 메뉴로 돌아옵니다.

Intensity 값을 350을 주었습니다. 그리고 Tex.Resolution은 3000을 주었습니다. 이 두 값은 HDR로 사용한 파일에 따라서 값의 차이가 있을 수 있습니다. Intensity 값은 최초 렌더 시 보이지 않는 경우 값을 올려가면서 확인해보는 것이 좋습니다. Tex.Resolution 값은 재질의 해상도가 좋은 파일이라면 높여주면 반사등의 표현 등에서 좀 더 좋은 표현을 만들어줍니다. Affect Alpha를 해제한 이유는 최종으로 렌더링 후에 Png 등의 알파 값을 저장할 수 있는 파일로 저장하면 배경이 제거된 상태로 저장할 수 있는데 이렇게 저장하면 포토샵 등의 리터치 시에 다른 배경을 쉽게 넣을 수 있기 때문입니다. jpg로 저장하면 현재 표현된 배경이 같이 저장됩니다.

위 그림처럼 렌더링이 되었습니다. V-Ray frame buffer 창에서 빨간색 사각형으로 체크된 부분을 Alpha로 바꾸면 뒷면의 이미지처럼 보입니다. 어두운 부분은 투명한 부분입니다. 흰색은 불투명한 부분입니다. RGB color로 다시 바꾸면 렌더가 나타납니다.

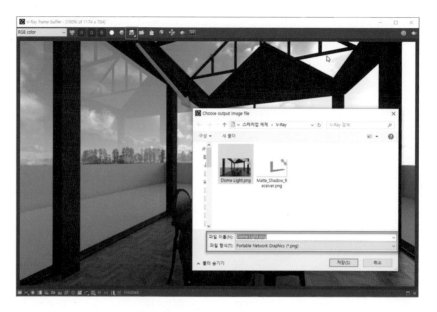

저장 버튼을 누르고 창이 나타나면 파일 형식을 png로 바꾸고 저장을 합니다.

저장한 파일을 포토샵에서 열어보면 배경이 투명한 것을 알 수 있습니다.

🖥 Mesh Light

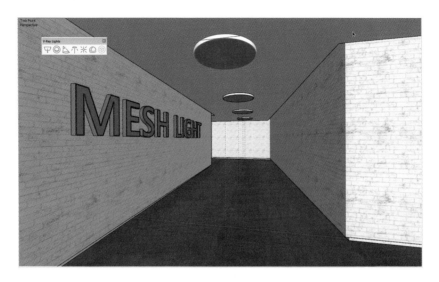

Mesh Light를 알아보기 위해 '스케치업 예제_조명_Mesh Light-next.skp' 파일을 열어줍
니다. 파란색 부분에 Mesh Light를 적용하려고 합니다. Mesh Light는 오브젝트가 발광
하는 물체가 되는 것입니다. 이 부분은 재질의 Emissive와 함께 알아두는 것이 좋습니다.
재질 부분의 Emissive를 참고하시기 바랍니다.

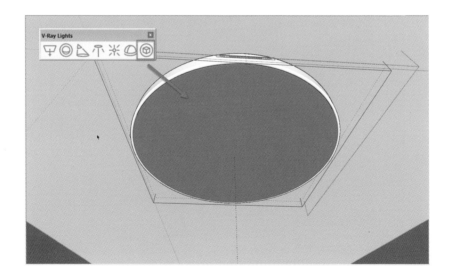

Mesh Light 적용 방법은 먼저 발광이 될 오브젝트를 선택하는 것입니다. 천장의 조명은 Component로 되어 있습니다. 더블클릭해서 편집 상태로 들어가면 안쪽의 파란 부분만 선택이 됩니다. 파란색 부분은 그룹으로 만들어두었습니다. 선택을 한 다음 Mesh Light 조명을 클릭해줍니다. 그러면 이제부터 오브젝트가 조명이 됩니다.(조명에 파란색 재질을 적용한 이유는 쉽게 설명하기 위해서입니다. 색은 아무런 영향을 주지 않습니다.)

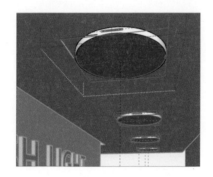

적용이 되면 그림처럼 보조선들이 만들어집니다.

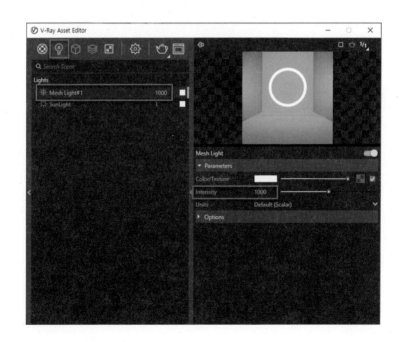

V-Ray Asset Editor에서 조명 메뉴에서 V-Ray Mesh Light를 클릭합니다. 세부 메뉴에서 Intensity 값을 30에서 1000으로 변경해줍니다. 그리고 렌더 버튼을 눌러서 렌더링을 진행합니다.

조명이 적용되어 렌더가 된 것을 확인할 수 있습니다.

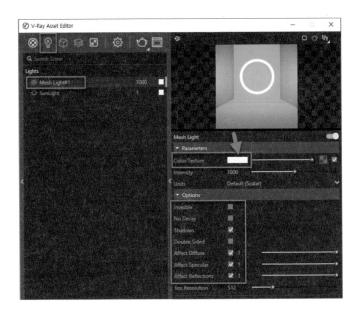

세부 옵션의 내용은 Plane Light와 같습니다. Color/Texture의 흰색을 클릭해서 색을 바꿀 수 있습니다.

Invisible은 광원이 보이지 않게 합니다. No Decay를 체크하면 광원이 멀어지면서 감소하는 빛이 매우 적어집니다.(조명의 빛이 멀어지면서 약해지는 느낌이 거의 없어서 자연스럽지 않을 수 있습니다.) Shadows를 해제하면 그림자 생성을 하지 않습니다. Double Sided는 오브젝트의 앞뒷면에서 모두 빛이 나옵니다. Affect Diffuse를 해제하면 빛이 다른 오브젝트에 영향을 주지 않습니다.(광원은 있으나 빛이 영향을 주지 않습니다.) Affect Specular를 해제하면 빛이 광택에 영향을 주지 않습니다.(빛이 나와서 다른 오브젝트에 형향을 주지만 Highlight 부분을 만들지 않습니다.) Affect Reflections를 해제하면 광원이 반사에 포함되지 않습니다.(거울 재질이 있다면 광원이 그 재질에서 보이지 않습니다.)

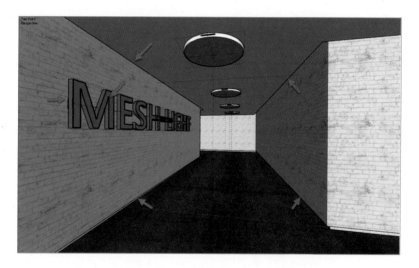

위 장면에는 다섯 가지의 Mesh Light를 사용하였습니다. 앞서 했던 천장 조명, 천장과 벽의 간접 조명 MESH LIGHT의 앞뒤에 하나씩, 그리고 바닥과 벽의 간접 조명입니다. 각각의 Mesh Light마다 Color와 Intensity를 변경해서 렌더링을 진행해보시기 바랍니다.

위 그림과 같이 렌더가 된 것을 확인할 수 있습니다. 예제 '스케치업 예제_조명_Mesh Light_Setting-next.skp' 파일을 열어서 확인해보시기 바랍니다.

> **💬 YouTube 영상을 확인해보세요!**
>
> • V-Ray 조명 사용에 대해 설명하고 있는 영상 주소입니다.
> https://youtu.be/PQ6bUa37QVs
> https://youtu.be/VLDObjlCCvU

SECTION 04 Fur

잔디나 카펫 느낌을 만들어주는 Fur에 대해서 알아보기 위해서 '스케치업 예제 Fur-next. skp' 파일을 찾아서 열어줍니다.

Fur를 실행하려면 먼저 그룹으로 만든 오브젝트를 선택해야 합니다. 화살표가 지시하는 바닥의 오브젝트를 선택합니다. 그리고 Fur를 클릭해줍니다.

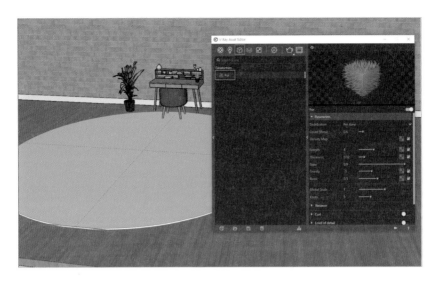

Fur가 적용이 되면 그림처럼 보조선이 보입니다. V-Ray Asset Editor를 열어서 Box 모양의 아이콘 Geometry를 클릭해서 보면 V-Ray Fur라는 것이 하나 만들어져 있습니다. Fur를 하나씩 적용할 때마다 조명처럼 추가가 됩니다.

렌더 결과 그림과 같이 잔디처럼 렌더가 되었습니다. 재질이 기본 재질로 되어 있기 때문에 다른 재질로 변경하고 세부 디테일 설정에 대해서 알아보겠습니다.

재질을 적용하기 위해서 V-Ray Asset Editor에서 Materials를 클릭합니다. 그리고 화살표
가 지시하는 방향의 디테일 메뉴를 열어주면 위 그림과 같이 Materials가 보입니다. 세모
모양을 클릭해보면 Fabric 항목을 열어볼 수 있습니다. Fabric 중에 Carpet A03 100cm
를 클릭합니다. 그리고 마우스 우클릭해서 Add to scene을 클릭해줍니다. 그러면 우측의
Material List에 해당 재질이 추가됩니다.

바닥의 Fur가 적용된 오브젝트를 클릭하고 Materials List에서 Carpet_A03_100cm 재질
을 클릭하고 마우스 우클릭합니다. 우클릭 메뉴에서 Apply Material to Selection을 클릭
합니다. 선택한 오브젝트에 재질을 입히는 명령입니다. 스케치업 재질 창에서 선택해서
입혀주어도 됩니다.

재질이 적용되었으나 적용된 재질의 이미지 크기를 실제 크기와 맞추어줘야 합니다. 브이레이가 Categories에서 만들어놓은 재질을 스케치업에서 적용할 때 재질 크기를 스케치업의 재질 창에서 변경해야 합니다. 화면의 우측에 Default Tray에서 Materials 메뉴를 찾아서 In Model 항목에 보면 좀 전에 적용한 재질을 찾을 수 있습니다. Carpet_A03_100cm 재질을 찾아서 Edit 메뉴에 들어가 보면 재질의 크기가 가로세로 256mm로 되어 있을 것입니다. 이것을 1000mm로 바꿔줍니다. 1000으로 바꾸는 것은 해당 재질의 이름에서 힌트를 얻을 수 있습니다. Carpet_A03_100cm 이름의 뒷부분에 100cm는 재질의 실제 크기를 말하는 것입니다. 현재 단위가 mm이므로 1000으로 바꿔주면 됩니다.

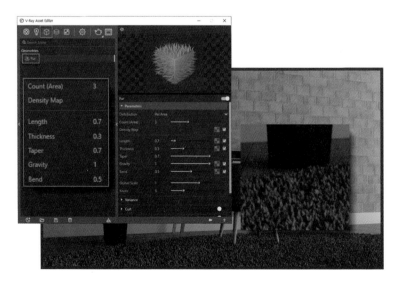

V-Ray Asset Editor에서 Geometry 항목의 V-Ray Fur를 클릭하고 세부 메뉴에 가서 Length 2 / Thickness 0.5 / Bend 0.5 / Taper 0.7로 수정하고 렌더를 진행하면 그림처럼 잔디 느낌이었던 것이 올이 굵은 카펫처럼 바뀝니다. Basic Parameters 값에서 간단하게 수정만으로도 다양한 느낌을 연출할 수 있습니다. Length는 길이, Thickness는 두께, Gravity는 중력(아래로 잡아당겨지는 느낌), Bend는 휘는 정도, Taper는 꼬이는 정도입니다. 몇 번 테스트해보면 알 수 있습니다.

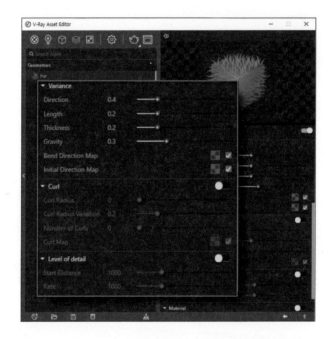

Variance는 다양성을 주어 자연스럽게 보이도록 설정하는 옵션이며 Bend Direction Map 이나 Initial Direction Map은 맵으로 다양성을 조절하는 설정입니다. Curl 역시 다양성을 주는 옵션입니다. Level of detail 설정은 넓은 범위에 적용하는 경우 카메라와의 거리에 따라서 디테일을 다르게 주는 옵션입니다.

SECTION 05 **Materials**

📖 새로운 재질 만들기

'스케치업 예제_Materials−next.skp' 파일을 열어서 렌더링을 진행하면 위 그림과 같이 렌더가 됩니다.

V-Ray Asset Editor에서 Materials 메뉴를 클릭한 다음 좌측 하단의 Create Asset > Materials > Generic을 클릭해주면 기본 재질을 추가로 만들 수 있습니다. 이 메뉴에서는 기본 재질과 발광 재질 그리고 몇 가지 특별한 옵션을 가진 재질을 만들 수 있습니다. 우선 기본 재질 중심으로 설명을 하겠습니다.

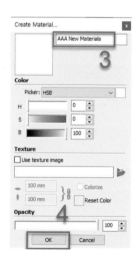

새로운 머트리얼을 만드는 방법을 하나 더 알아보겠습니다. 우측의 Default Tray에서 Materials 메뉴를 보면 위 그림처럼 1번 화살표가 지시하는 버튼(Set Material to Paint with to Default)이 있습니다. 먼저 이 버튼을 눌러줍니다. 그리고 2번의 Create Material...을 클릭합니다. 그러면 좌측과 같은 Create Material... 창이 나타납니다. 여기서 이름을 지정하고 OK 버튼을 눌러서 만들어줍니다. 이 과정을 통해 만든 머트리얼은 앞서 V-Ray Asset Editor 창에서 만든 것과 같은 재질입니다. 1번 버튼을 눌러주는 이유는 스케치업에서 재질을 만들 때 새로운 재질을 만드는 버튼을 누르기 전에 선택되어 있는 재질을 복사해서 하나 더 만들어주는데 종종 이게 오류가 나거나 이후 기본 재질로 다시 변경해야되는 번거로움이 있기 때문입니다.

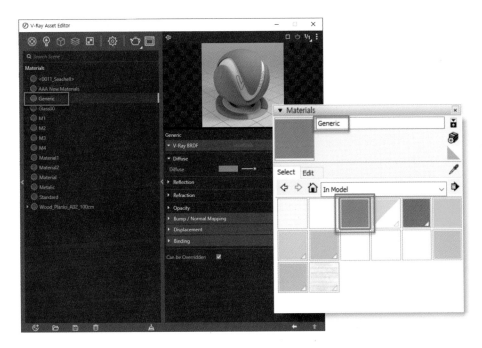

V-Ray Asset Editor와 스케치업의 Materials 메뉴를 함께 보면 V-Ray Asset Editor에서 선택된 머트리얼이 Materials 창에서도 동시에 선택이 된 것을 알 수 있습니다. 현재 위 그림을 보면 V-Ray Asset Editor에서 Generic이라는 재질이 선택되어 있으며 우측의 Default Tray의 Materials 메뉴에서도 Generic이 선택되어 있습니다. 양쪽 어느 곳이든 선택을 하면 다른 한 곳이 같이 선택되는 것입니다.

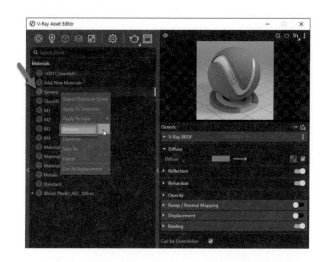

Generic이라고 되어 있는 재질 이름 위에서 마우스 우클릭을 해서 Rename을 클릭합니다. 재질 이름을 Plastic Red라고 바꿔줍니다.

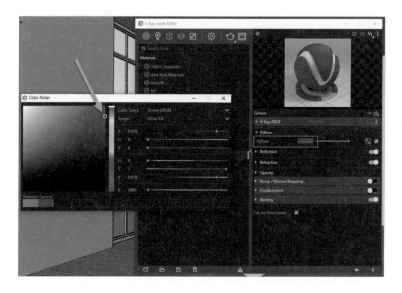

재질의 색을 빨간색으로 바꾸고자 합니다. 우측의 세부 메뉴를 열어서 V-Ray BRDF 메뉴의 Diffuse에서 현재 회색으로 표시된 사각형을 클릭합니다. 그러면 색을 바꾸는 새로운 창이 열립니다. 빨간색으로 바꾼 다음 창을 닫습니다.

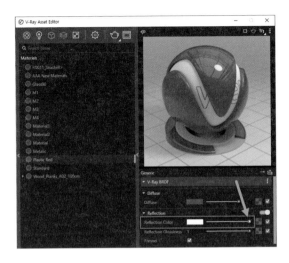

색이 빨간색으로 바뀐 것을 확인할 수 있습니다. 이번엔 Reflection에서 Reflection Color 옆의 검은색을 흰색으로 바꿔줍니다. 옆의 슬라이드를 우측 끝으로 옮기면 흰색이 됩니다. 검은색은 반사가 없는 것이고 흰색은 반사가 되는 것입니다. 명도에 따라 반사의 정도가 바뀌는 것입니다. Preview의 재질 색이 빨간색에 광택이 있는 플라스틱처럼 바뀐 것을 볼 수 있습니다.

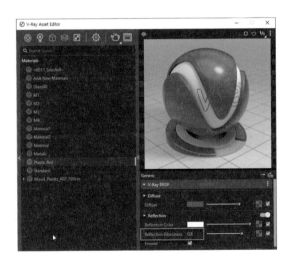

이번에는 Reflection Glossiness 값을 1에서 0.8로 낮춰줍니다. 그러면 위 그림처럼 반사에 나타난 선명함이 흐려지면서 다른 느낌의 플라스틱처럼 보입니다. Reflection Glossiness 값이 낮아질수록 광택의 선명도가 낮아집니다.

Use Fresnel의 옵션을 해제하면 위 그림과 같이 빨간색은 보이지 않고 주변을 완전히 반사하는 금속 재질처럼 변했습니다. Use Fresnel 옵션은 반사라는 속성의 특징 중 하나로 보시면 됩니다. 일상에서 플라스틱이나 유리 등의 표면은 매우 매끄럽지만 거울처럼 반사되지는 않습니다. 그런데 간혹 이러한 플라스틱이나 유리가 보는 각도에 따라서 거울처럼 반사되기도 합니다. 물 표면에 반사된 하늘 등도 그런 현상입니다. 그러나 거울은 보는 각도에 상관없이 완벽하게 상을 반사합니다. 이러한 반사의 특징을 Use Fresnel 옵션으로 구현하는 것으로 생각하시면 됩니다. 쉽게 이해하기 위해 정리하면, Fresnel을 해제하면 거울이나 메탈 재질을 만들 수 있습니다. 체크가 되어 있으면 플라스틱이나 가죽 등의 광택이 있는 재질을 만들 수 있습니다.

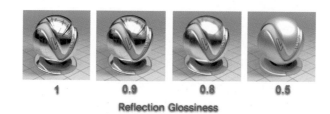

Reflection Glossiness 값에 따른 재질의 반사 느낌을 보면 1에 가까울수록 거울과 같습니다. 0.5 이하는 반사의 정도가 아주 흐려지는 것을 볼 수 있습니다.

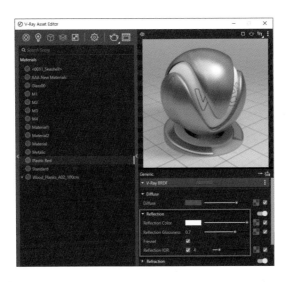

이번에는 좀 전의 세팅에서 Use Fresnel을 다시 체크합니다. 그리고 Reflection IOR을 체크합니다. 그리고 Reflection IOR 값을 1.6 기본에서 4로 높여줍니다. 그리고 Preview를 확인해보면 색이 있는 메탈릭한 재질이 표현됩니다. 이렇게 Reflect 메뉴를 활용하면 다양한 재질의 광택을 표현할 수 있습니다. IOR은 굴절의 정도를 표현합니다. 반사의 정도나 투과해서 굴절되는 정도로 이해하면 됩니다. 수치가 높으면 반사나 굴절이 심해집니다.

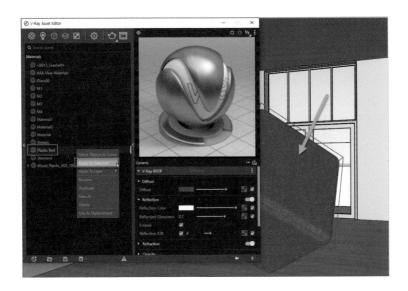

재질을 오브젝트에 적용해보겠습니다. 우선 재질을 적용할 대상을 선택합니다. 그리고
V-Ray Asset Editor에서 적용할 재질을 클릭하고 마우스 우클릭을 합니다. 그리고 Apply
to Selection을 클릭해줍니다. 그리고 렌더링을 합니다.

렌더링 결과입니다. 렌더링 결과와 Preview의 재질과 느낌이 차이가 있을 수도 있습니다.
이유는 반사가 있는 재질의 경우는 주변 환경이 어떻게 구성되어 있는지에 따라서 느낌이
많이 차이가 나기 때문입니다. 상황에 따라서 재질의 세팅을 적절하게 조절할 수 있어야
합니다.

유리 재질을 만들기 위해서 새로운 재질 Generic을 하나 더 만들어줍니다. 그리고 이름을 Glass로 바꾸었습니다. 그리고 세부 메뉴에서 Reflection의 Reflection Color를 흰색으로 만들어 반사를 줍니다. 그다음 Refraction의 Refraction Color를 흰색으로 만들어주어 투명하게 해줍니다.(여기서 투명이라는 것은 '투과가 잘 되는'으로 이해하는 것이 좋습니다. 투명은 유령같이 빛이 투과되어 굴절되지 않지만 투과는 빛을 굴절시킵니다. 물 잔에 담긴 젓가락이 꺾여 보이는 굴절 효과를 생각해보시면 됩니다.)

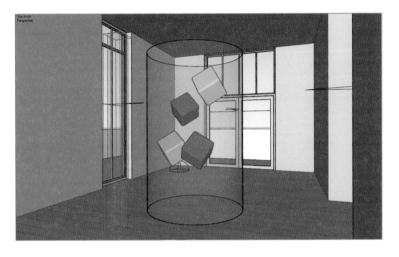

Scene 2를 클릭해 장면을 바꾸면 위 그림처럼 새로운 오브젝트가 나타납니다. 좀 전에 만들어놓은 Glass 재질을 입혀줍니다. 바로 앞에 보이는 원기둥 큰 것과 작은 것을 모두 선택하고 Glass 재질 이름 위에서 마우스 우클릭해서 Apply To Selection을 클릭합니다. 그리고 렌더링을 실행해봅니다. 유리 재질을 적용하기 위해서는 오브젝트가 그룹 상태여야 합니다. 그룹 안에서 면에 직접(편집 상태) 유리 재질 적용 시에 종종 정상적인 재질이 나오지 않는 경우가 있습니다.

렌더를 확인해보면 얇은 기둥은 유리 덩어리입니다. 그래서 돋보기처럼 뒤쪽에 있는 창문이 굴절되어 보입니다. 굵은 기둥은 유리관입니다. 그래서 유리관 안의 오브젝트가 큰 왜곡 없이 보입니다. 그래도 유리라서 화살표가 지시하는 곳을 보면 뒤의 창살이 굴절되어 보입니다.

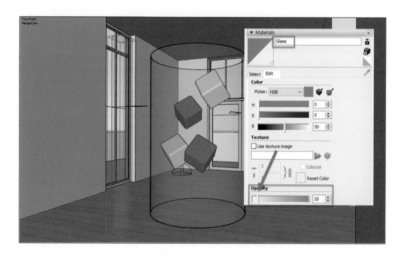

한 가지 확인해보겠습니다. V-Ray에서 투명하게 설정한 Glass 재질을 적용하니 오브젝트가 바로 투명하게 변했습니다. 스케치업의 Materials 창에 가서 확인해보니 자동으로 Opacity 값이 10으로 설정되어 있습니다. 이 값을 100으로 바꾸면 스케치업 작업창에서는 불투명해집니다. 그러나 렌더를 해보면 변함없이 투명하게 렌더가 되는 것을 확인할

수 있습니다. 여기서 알 수 있는 점은 스케치업과 브이레이가 서로 완벽하게 동기화되지 않는다는 것입니다. 이러한 사례는 유리 재질 외에도 종종 발생합니다. 브이레이 이전 버전에서는 유리 재질을 만들어 오브젝트에 적용해도 투명해지지 않았습니다. 이와 유사한 현상은 텍스처가 있는 재질에서도 종종 나타납니다.

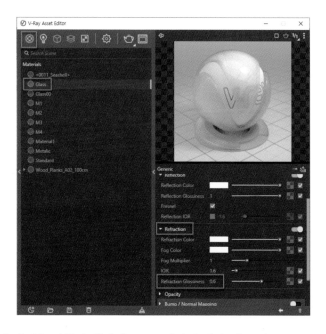

불투명한 유리 재질을 만들기 위해서 Glass 재질의 세부 메뉴 중 Refraction에서 Refraction Glossiness 값을 0~1 사이의 수를 입력하는데 0과 가까워질수록 내부가 흐려집니다. 위에 프리뷰 이미지를 보면 변하는 것이 보입니다.

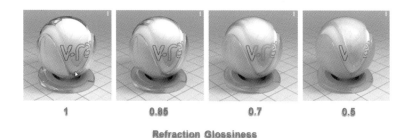

Refraction의 Refraction Glossiness 값에 따른 투명도를 비교해보면 위와 같습니다. 직접

렌더링을 진행하며 테스트해봐야 합니다. 유리의 두께나 주변 상황에 따라 다르게 느껴질 수도 있습니다.

Refraction Glossiness 값을 0.8로 하고 렌더링한 결과입니다. 이번 렌더에서 렌더링 시간이 매우 오래 걸렸다는 것을 확인할 수 있습니다. 불투명한 재질을 만들면 시간이 오래 걸립니다. 특히 불투명한 재질이 서로 겹쳐 있는 경우는 시간이 더 오래 걸립니다. 불투명한 재질 사용에 주의하시기 바랍니다.

Refraction Glossiness 값을 다시 1로 바꾸었습니다. 색유리를 만들기 위해서 Fog color 를 노란색으로 만들어주면 노란색 색유리가 만들어집니다.

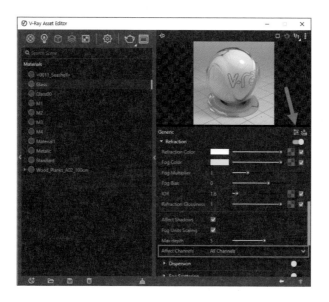

유리 재질에서 중요한 것 중 하나는 Affect Channels를 All Channels로 바꾸는 것입니 다.(그림에서 화살표 방향의 버튼을 클릭해야 메뉴가 보입니다.) 이것을 이렇게 세팅하는 이유는 배경 합성 때문입니다. 인테리어 장면에서 외부가 보이는 창문은 배경을 합성하는 경우가 많습니다. 이 경우 배경을 합성하기 위해서는 투명하게 저장해야 포토샵에서 뒷면 에 배경을 합성하기 쉽습니다. 렌더 장면에 Dome Light를 썼다면 조명의 Dome Light 부 분을 함께 확인하시기 바랍니다.

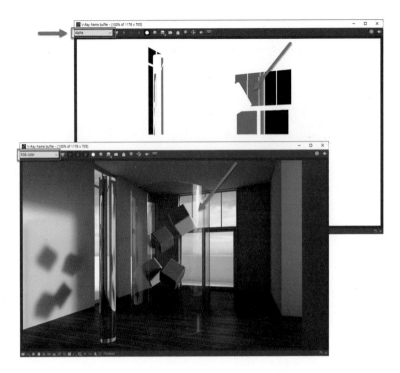

렌더링을 해서 확인해보면 Alpha 이미지가 함께 렌더링되었습니다. 어두운 부분은 투명한 부분입니다.

🖻 Mapping

'스케치업 예제_Materials_mapping-next.skp' 파일을 열어줍니다. 그리고 V-Ray Asset Editor의 Materials에서 Generic 재질을 만들어줍니다.

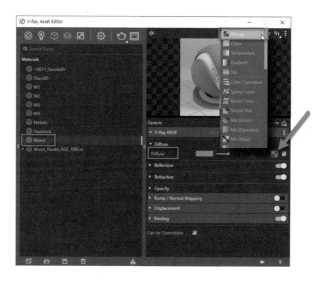

재질의 이름을 Generic을 wood로 바꾸었습니다. 그리고 세부 메뉴에서 V-Ray BRDF 메뉴의 Diffuse에서 화살표 방향의 체스무늬 버튼을 클릭해줍니다. 이어 나오는 메뉴에서 Bitmap을 클릭해줍니다. 그러면 Bitmap 파일을 찾아달라는 새로운 창이 열립니다. 여기서 예제 폴더의 'woodfloor.jpg' 파일을 찾아줍니다.

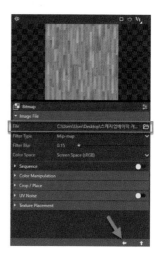

Mapping할 재질을 찾아서 넣어주면 위와 같은 창이 보입니다. File 부분을 클릭해서 다른 이미지로 바꿀 수 있습니다. 또는 지정된 경로에 이미지가 변경된 경우 새로운 경로로 찾아줄 때도 이 부분을 이용합니다. 그리고 상위 메뉴로 돌아가려면 화살표 방향의 버튼을 누르면 됩니다.

상위 메뉴로 돌아와 보면 위 그림에서 체크한 부분에 변화가 있습니다. Diffuse는 이제 색이 아니라 좀 전에 찾아준 이미지가 보이게 됩니다. 그러면서 좀 전에 클릭한 부분의 '체스무늬'가 파란색이 되었습니다. 이미지 또는 맵핑이라는 세팅이 적용되었다는 뜻입니다. 그리고 Preview에도 재질이 적용된 것을 볼 수가 있습니다.

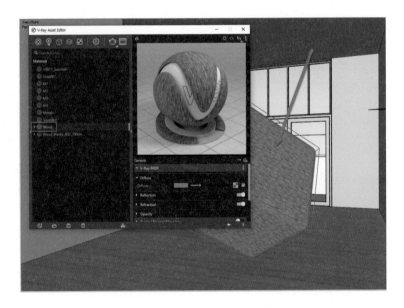

재질을 적용할 오브젝트를 선택하고 좀 전에 만든 재질을 적용해줍니다.

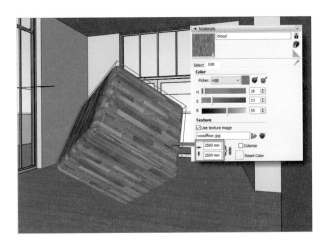

재질의 크기를 결정하는 부분은 스케치업의 Materials 메뉴에 있습니다. 우측 Default Tray에서 Materials 메뉴를 찾아서 좀 전에 만든 재질의 Edit 메뉴로 들어갑니다. 거기서 위 그림처럼 2500mm라고 입력해줍니다. 다른 재질을 사용했다면 해당 재질의 실제 크기를 입력해주면 됩니다.

위 그림과 같이 렌더되었습니다. 재질에 광택을 주려고 합니다. 앞서 배웠던 내용은 재질 전체에 광택을 주는 것이었습니다. 이번에는 광택을 만드는 데 이미지를 사용해보려고 합니다.

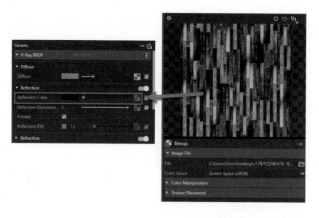

광택(반사) 수치를 바꾸던 Reflection의 Reflection Color 옵션의 끝에도 '체스무늬' 버튼이 있습니다. 그 버튼을 클릭하고 Bitmap을 선택한 다음 예제 파일에서 'woodfloor_reflect. jpg' 파일을 찾아줍니다. 이 이미지의 역할은 흰색 부분은 반사를 하고 어두운 색으로 갈수록 반사를 하지 않는 것입니다. 어떤 효과가 있는지 분명하게 확인하기 위해서 Scene 2를 클릭합니다.

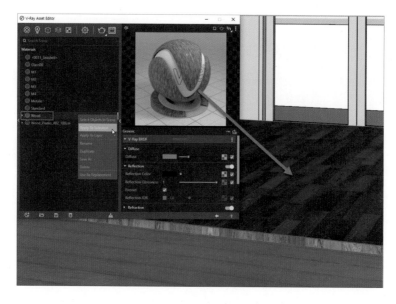

그림과 같이 새롭게 나타난 오브젝트에 재질을 입혀줍니다.

렌더 결과를 보면 반사된 정도가 저마다 다른 것을 확인할 수 있습니다. 빨간색 화살표 부분은 반사가 잘되지만 녹색 화살표 부분은 반사가 되지 않고 있습니다. 좀 전에 Reflection의 Reflection Color 옵션에 적용한 이미지에서 어두운 부분(녹색 점선 화살표)입니다. 그리고 반사가 잘되는 곳은 이미지에서 밝은 부분(빨간색 점선 화살표)입니다. 이렇게 옵션에 이미지를 적용하면 다양한 표현이 가능해집니다.

그림과 같은 재질을 만들기 위해서는 더 다양한 맵핑 이미지들이 필요합니다. 그리고 가까이 보이는 부분도 선명하게 표현하려면 이미지의 해상도가 아주 높아야 합니다. 이 렌더링은 각각의 맵핑 이미지들의 크기가 4K 해상도의 이미지를 사용했습니다. 렌더에서 좋은 결과를 얻으려면 해상도가 높은 재질이 아주 중요합니다.

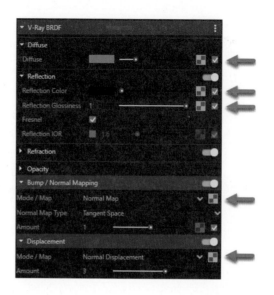

앞서 본 재질에 적용된 맵핑 이미지는 색을 나타내는 Diffuse / 반사의 정도를 다루는
Reflection Color, Reflection Glossiness / 표면의 세밀한 입체감을 표현해주는 Bump /
표면에 입체 만들어주는 Displacement의 맵핑 이미지가 사용되었습니다.

Displacement에 그림과 같은 이미지 맵을 적용했습니다. 밝은 부분은 돌출되어 입체가 만들어지는 것을 확인할 수 있습니다. Displacement가 없는 렌더와 비교하면 큰 차이가 있는 것을 확인할 수 있습니다.

Categories 리뷰

V-Ray Asset Editor에 다양한 재질이 세팅되어 있습니다. 여기 재질만 가지고도 충분히 렌더링을 진행할 수 있도록 다양한 재질이 준비되어 있습니다. 재질에 대해서 좀 더 이해하면 이 재질을 자신이 원하는 재질로 바꿀 수도 있습니다. 재질 리뷰를 과정을 통해 재질의 종류와 특징을 알아보도록 하겠습니다. 우선 V-Ray Asset Editor에서 화살표 방향의 버튼을 클릭하면 좌측에 메뉴가 열립니다. Materials를 클릭하고 세부 목록 중에 Bricks를 클릭합니다. Library의 재질을 사용하려면 화살표 방향으로 클릭하고 드래그하면 됩니다. Bricks A01 1m라는 재질을 클릭하고 드래그해서 Material List로 끌어다놓았습니다. 그러면 Preview에 재질이 좀 더 크게 보이게 됩니다.

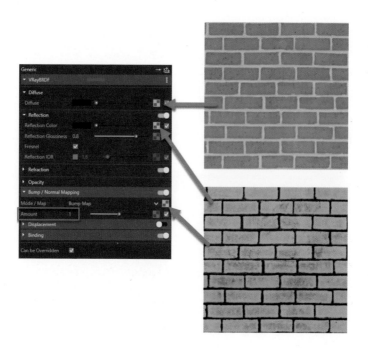

Bricks A01 1m 재질의 세부 설정을 확인해보겠습니다. 다른 수치 설정보다는 비트맵 설
정을 중심으로 확인해보겠습니다. Diffuse에 적용된 이미지는 재질의 색을 나타내고 있
습니다. 적갈색이며 흰색 줄눈의 이미지입니다. Preview에서 보이는 그대로의 이미지입
니다. Reflection Color와 Bump/Normal Mapping에 적용된 이미지는 Diffuse의 이미
지와 모양이 같은 흑백 톤의 이미지입니다. 이 이미지는 Reflection Color에서는 반사의
정도를 나타내고 있고 Bump에 들어가서는 입체감을 나타내고 있습니다. 색이 밝을수
록 Reflection Color에서는 반사가 잘되고 Bump에서는 더 돌출되어 보이는 것입니다.
Bump에서는 Amount 수치를 높이면 이미지를 기초로 돌출의 강도가 더 강해집니다.

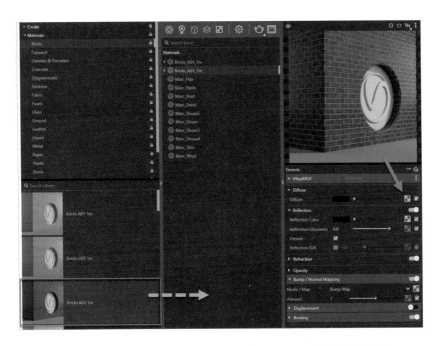

Bricks A03 1m를 확인해보겠습니다. Reflection과 Bump는 앞서 확인했던 Bricks A01 1m와 같은 재질이 들어가 있습니다. Diffuse를 확인해보려고 체스무늬를 클릭해서 세부 설정을 확인해보겠습니다.

Diffuse는 세부 설정에 들어가 보면 Bitmap이 아니라 Color Correction으로 되어 있습니다. 체스무늬 버튼 클릭해보면 Bitmap으로 앞서 봤던 적갈색 벽돌 이미지가 들어가 있습니다. Color Correction이라는 설정은 Texture에 들어온 이미지의 명암이나 색조를 수정할 수 있는 옵션입니다. 그래서 Saturation 값을 확인해보면 −0.92라고 되어 있습니다. 채도 값을 −값으로 하면 채도가 없어집니다. 그래서 결과는 어두운 벽돌이 된 것입니다. Library 재질 중에 Bricks A02 1m 재질도 Color Correction으로 되어 있습니다. 확인해보시기 바랍니다.

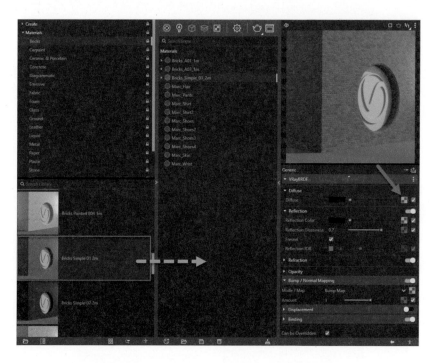

이번에는 라이브러리에서 Bricks Simple 01 2m를 확인해보겠습니다. Diffuse와 Reflect, Bump에 파란색 체스무늬를 보니 맵핑이 적용되어 있는 것을 확인할 수 있습니다. Diffuse를 확인해보겠습니다.

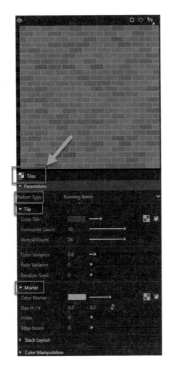

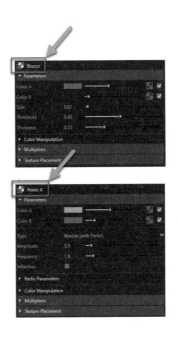

Diffuse에 적용된 맵은 Bitmap이나 Color Correction이 아닌 Tile입니다. Tile은 아주 다양한 옵션을 활용해서 직접 Tile 형식의 이미지를 만들어줍니다. Tiles에는 Tile 옵션과 Mortar 옵션이 있습니다. Tile은 타일 표면을 말하고 Mortar는 줄눈을 말합니다. 그리고 Pattern Type은 다양한 Tile 형식을 선택할 수 있는 옵션입니다. Tile 옵션을 보면 Color Variance 값이 0.6입니다. 이 값에 의해서 Preview에 보면 Tile의 색이 약간씩 톤이 다르게 다양한 색을 표현하고 있습니다. Tile Color 부분에는 또 다른 맵이 적용되어 있습니다. 체스무늬를 클릭해서 들어가 보면 Stucco로 되어 있습니다. Stucco를 열어보면 Color A와 B에 다른 색이 적용되어 있습니다. A 색을 베이스로 B 색을 아래 설정들에 따라서 섞어주는 기능을 합니다. 그리고 Mortar에 적용된 Noise A를 열어서 확인해보면 두 가지 색을 합쳐서 노이즈를 만들어내고 있습니다. 이렇게 재질은 다양한 맵핑들이 섞이고 겹쳐져서 재질을 표현하게 됩니다. Reflection과 Bump를 확인해보면 역시 다양한 맵핑들이 적용되어 있는 것을 확인할 수 있습니다.

Stucco 맵을 살펴보겠습니다. Color A에는 적색 벽돌색이 들어가 있습니다. 그리고 Color B에는 짙은 회색이 들어가 있습니다. Size를 0.1로 키워주면 어떤 텍스처인지 보이기 시작합니다. Stucco는 분말가루와 같은 느낌을 표현해줍니다. 일정한 크기의 알갱이가 빼곡하게 모여 있는 모양입니다.

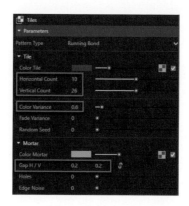

Tiles 맵에서 몇 가지 기능들을 더 알아보겠습니다. Horizontal Count와 Vertical Count의 숫자는 벽돌의 가로세로 개수를 의미합니다. 그리고 Color Variance는 벽돌의 컬러를 다양하게 해주는 역할을 합니다. 숫자를 높이면 붉은 벽돌이 채도가 조금씩 차이가 있는 벽

돌들이 섞이면서 배열되는 것을 확인할 수 있습니다. Mortar에서 Gap H/V는 숫자가 두 개입니다. 이 두 수는 가로세로 줄눈의 폭을 의미합니다.

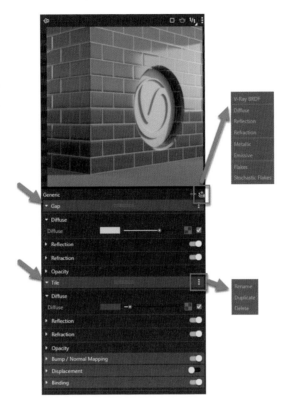

이번에는 Brick_Tiles_D02_50cm를 확인해보겠습니다. 그런데 좀 다르다는 것을 알 수 있습니다. V-Ray BRDF라는 설정 메뉴 대신에 Gap과 Tile이라는 것이 보입니다. Gap과 Tile은 이름만 바꾼 것이지 V-Ray BRDF 메뉴입니다. 무엇을 표현하는지를 표시하기 위 해 이름을 바꾼 것뿐입니다. Gap과 Tile 메뉴 우측 끝의 수직점 세 개로 된 버튼을 클릭 하면 이름을 바꿀 수 있습니다. 결국 V-Ray BRDF 메뉴가 두 개가 겹쳐져 있는 것입니다. 이름을 보니 Tile은 Tile 표면을 의미하고 Gap은 줄눈을 의미하는 것으로 보입니다. 이렇 게 두 가지 이상의 재질을 합쳐서 하나의 재질로 사용할 수도 있습니다. 그림에서 +표시 가 있는 버튼이 있습니다. V-Ray BRDF와 몇 가지 다른 기능을 가진 재질 설정 메뉴를 추 가할 수 있습니다. 재질 레이어라고 생각하면 됩니다.

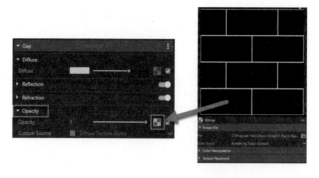

Gap 재질 메뉴에서 Opacity를 보면 그림과 같은 맵이 적용되어 있습니다. Opacity에 들어간 이미지를 포토샵에서 마스크라고 생각하면 이해가 쉽습니다. Opacity에 들어간 이미지는 Gap이라는 재질의 어떤 부분을 보여줄지 정해줍니다. 흰색은 재질이 보이는 부분이고 검정은 재질이 보이지 않아서 Gap 하위에 있는 Tile 재질이 보이는 것입니다. 그림에서 흰색 부분은 줄눈입니다. 이런 방식으로 상표나 로고 같은 것들도 겹쳐서 표현이 가능합니다.

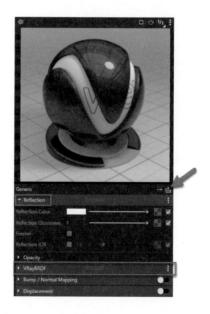

이번에는 Categories에서 Carpaint 항목에서 CarPaint_Simple_WinRed를 확인해보겠습니다. 앞서 봤던 재질처럼 VRayBRDF 위에 다른 옵션 레이어가 추가되어 있습니다. Reflection(반사) 레이어입니다. 확인을 위해서 Reflection 레이어를 지워보겠습니다.

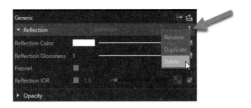

Reflection 끝에 흰 점 세 개가 보입니다. 클릭해서 Delete를 클릭하면 Reflection이 지워집니다.

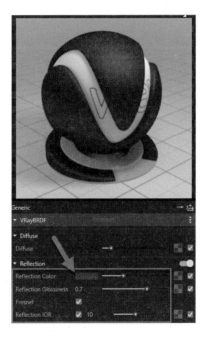

Reflection의 광택과 반사가 없어지고 위 그림의 VRayBRDF 내부의 Reflection의 수치에 따른 광택만 보입니다.

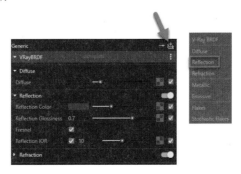

Reflection을 다시 추가하기 위해서 위 화살표 방향의 + 버튼을 클릭하여 Reflection을
클릭해줍니다.

Reflection을 다시 추가하고 Preview를 확인하니 내부의 광택과 외부의 광택이 같이 있
는 것을 확인해볼 수 있습니다. Reflection 재질 레이어를 추가함으로써 표면에 투명한 코
팅을 해준 느낌을 표현할 수 있습니다.

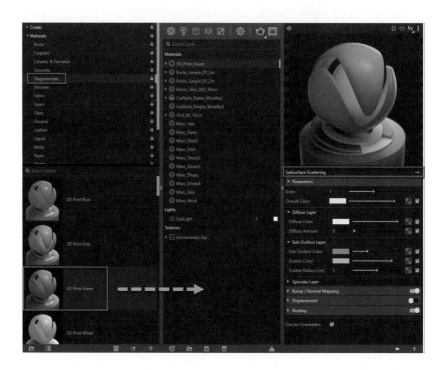

이번에는 재질 목록에서 Diagrammatic을 열어줍니다. 3D Print Green이라는 재질을 확인해보겠습니다. Subsurface Scattering이라는 재질로 되어 있습니다. 이 재질은 왁스나 피부와 같이 약간 투명해서 빛이 투과하는 성질이 있습니다.

같은 Diagrammatic 재질 중에 Grid_02_10cm라는 재질의 Diffuse에는 Grid라는 Map 옵션이 들어가 있습니다.

앞서 Bricks의 재질 중 Bricks Simple 재질 역시 Diffuse의 맵 이미지가 들어갈 자리에 Tiles가 들어 있었습니다. 이렇게 Diffuse 자리에 이미지가 아닌 맵이 들어가는 경우 어떻게 표현되는지 알아보려고 합니다.

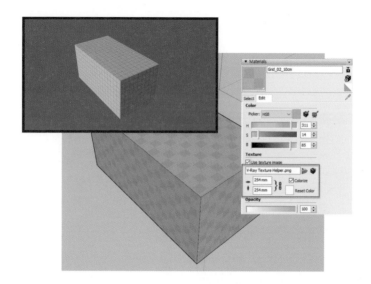

Box를 만들어서 재질을 적용해보았습니다. 스케치업 작업창에는 그리드가 보이지 않습니다. 대신 그림처럼 V-Ray Texture Helper라는 파일이 들어 있습니다. 그러나 렌더링을 실행하면 정상적으로 표현되는 것을 알 수 있습니다. 스케치업에서 재질이 보이려면 jpg나 png 등의 Bitmap 형태여야 합니다. 재질의 옵션에 추가되는 Grid나 Tile 등은 브이레이만의 설정이라서 스케치업 작업창에서는 보이지 않는 것입니다.

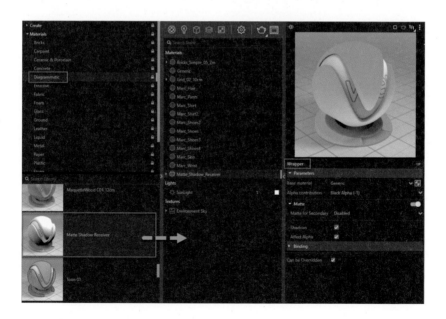

이번에 확인해볼 재질은 그림자만 보이는 재질입니다. Diagrammatic의 Matte_Shadow_ Receiver라는 재질입니다. 이 재질이 적용된 오브젝트는 보이지 않습니다. 다만 다른 오브젝트에 의해서 생기는 그림자만 표현됩니다.

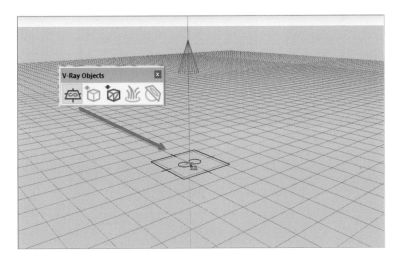

V-Ray Objects 중에서 Infinite Plane을 클릭해서 Origin 점에 클릭합니다.

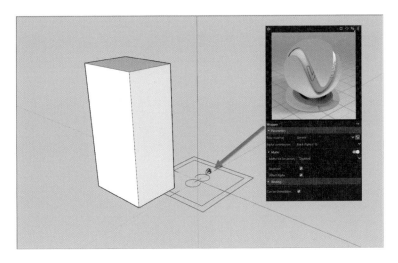

바닥에 Infinite Plane이 생성되면 그 위에 위 그림처럼 Box를 하나 만들어줍니다. 그리고 Matte_Shadow_Receiver 재질을 적용해줍니다.

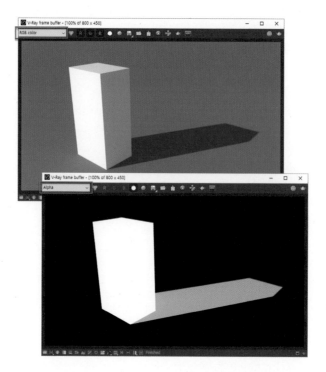

렌더링 결과를 확인해보면 위 그림처럼 RGB 채널에서는 마치 회색 바닥 면이 있는 것처럼 그림자와 빛이 반사되고 있습니다. 그러나 투명하여 배경이 보이는 것이고 Infinite Plane은 보이지 않습니다. Alpha 채널을 확인해보면 그림자와 오브젝트 부분 이외에는 투명한 것을 확인할 수 있습니다.

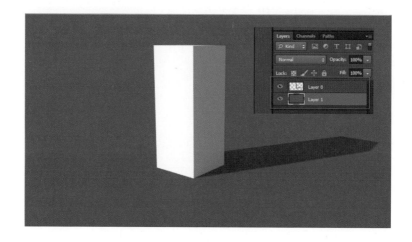

png 파일로 저장 후에 포토샵에서 열었습니다. 그리고 그림처럼 렌더링 밑으로 다른 색
으로 채워진 레이어를 넣어봤습니다.

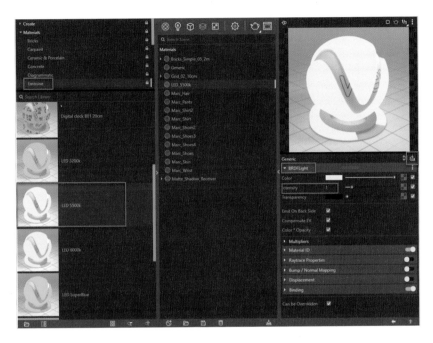

Emissive 재질에 대해서 알아보겠습니다. 앞서 V-Ray 조명을 설명하면서 Emissive 재
질은 한번 확인해봤습니다. Emissive 항목을 보면 역시 세팅이 되어 있는 Emissive 재
질들을 확인할 수 있습니다. 이 중에서 LED 5500k라는 재질을 먼저 확인해보겠습니다.
BRDFLight는 Emissive 항목의 이름을 바꾼 것입니다. Intensity 수치는 빛의 강도입니다.

Emissive 재질을 하나 직접 만들어보겠습니다. V-Ray Asset Editor의 재질 메뉴에서 하단에 보이는 재질 추가 버튼을 눌러줍니다. Add Material 버튼을 누르고 Emissive 재질을 추가해줍니다. Emissive 재질이 Material List에 추가되었습니다. 추가된 Emissive 재질의 Color에 체스무늬를 클릭합니다.

Bitmap을 선택하고 창이 열리면 이미지를 찾아서 넣어줍니다.(예제 파일 중 monitor.jpg)

💬 YouTube 영상을 확인해보세요!

- V-Ray 재질에 대해서 설명하고 있는 영상입니다.
  https://youtu.be/saLxxEQvzVM
  https://youtu.be/ve0LkZUUf8I

- V-Ray 인테리어 장면 설정 예제입니다.
  https://youtu.be/UA9pl8iYTBw
  https://youtu.be/9ojV575dy24

- V-Ray 인테리어에서 색유리 적용 예제입니다.
  https://youtu.be/6U7S86x1fx8

Intensity 값을 5로 높여줬습니다.

재질을 적용하고 재질 크기를 수정한 렌더링 결과입니다. TV 모니터나 스크린처럼 빛이 방출되는 것을 볼 수 있습니다. 재질에서 나온 빛이 원기둥을 밝힌 것과 뒤로 그림자가 만들어지는 것도 확인할 수 있습니다. Emissive 조명의 역할을 어느 정도 하지만 그렇다고 조명처럼 사용하는 것은 적절하지 않습니다.

'스케치업 예제_Materials_Emissive.skp'을 열어보면 위 내용을 확인할 수 있습니다.

물 재질에 대해서 알아보기 위해 '스케치업 예제_Materials_water.skp'를 열어줍니다. 그리고 Categories에서 Liquid 항목을 열어봅니다. 그리고 Water를 드래그해서 Material List에 넣어줍니다. Water 재질을 클릭해서 세부 정보를 확인해보면 우선 유리와 비슷하

스케치업 베이직: 원리는 책으로, 예제는 YouTube로

게 세팅이 되어 있습니다.

다른 점이 있다면 Bump에 보면 Noise A가 적용되어 있는 것입니다. 이 Noise A의 역할
은 물결을 표현해주는 것입니다.

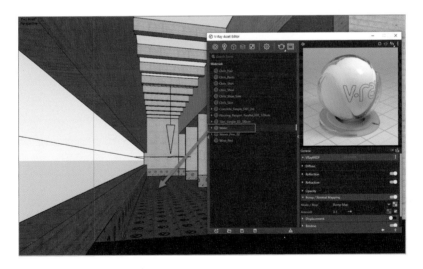

Water 재질을 그림에서 화살표가 지시하는 오브젝트에 적용해줍니다.

렌더링 결과 그림과 같이 어둡게 표현되었습니다.

세부 설정을 보면 Fog multiplier라는 항목이 있습니다. 기본 값이 0.2로 되어 있습니다. 이 값을 0.01로 낮추어줍니다.

렌더 결과 위 그림처럼 물 내부의 색채가 비치는 물 재질이 되었습니다. 그런데 물 내부의 굴절이 심해서 물의 깊이가 너무 낮아 보입니다.

IOR 수치를 1.01로 바꿔줍니다. IOR 수치는 굴절의 정도를 조절할 수 있습니다. 1에 가까워지면 굴절이 작아집니다.

물의 깊이가 느껴집니다. 위에서 설정했던 Fog Multiplier 값은 깊이나 두께에 따라서 점점 어두워지는 효과가 있습니다. 그러나 물결이 잘 보이지 않습니다.

Liquid 항목에서 Waves A 02 200cm를 Material List에 옮겨줍니다. 그리고 Fog multiplier를 0.002로 바꾸고 IOR 수치는 1.005로 입력해줍니다. Bump에서 Amount 값을 3으로 바꿔줍니다. 그리고 재질을 적용합니다.

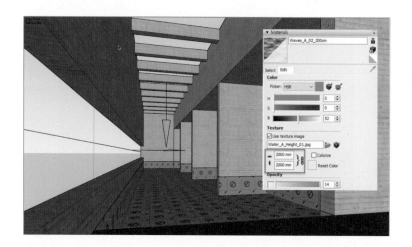

재질을 적용할 때 스케치업의 Materials의 Edit에서 Texture 크기를 위 그림처럼 지정해줍니다. 크기는 Waves A 02 200cm 이름에서 확인할 수 있습니다. 이 재질은 Bump에 이미지가 적용되어 물결의 크기 및 느낌을 조절하기 쉽습니다.

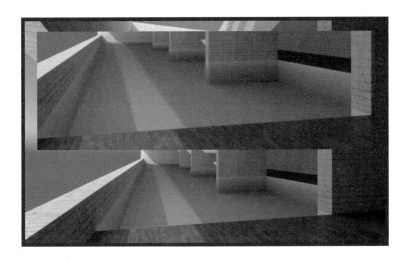

렌더링 결과 그림과 같이 물결의 느낌이나 깊이 등을 수정할 수 있었습니다. 수영장 등의 물 느낌을 주기 위해서 수정한 값들은 물의 깊이에 따라 설정 값이 차이가 있을 수 있습니다. '스케치업 예제_Materials_water_Setting.skp'를 열어 렌더링을 해보면 확인할 수 있습니다.

지금까지 살펴본 재질 이외에도 다양한 재질이 준비되어 있습니다. 하나씩 확인해보면서 재질의 특징을 살펴보면 재질에 대해서 잘 이해할 수 있습니다.

유용한 유튜브 채널 소개

- V-Ray의 유튜브 채널입니다. 최신 버전 소개 및 브이레이에 관한 다양한 정보를 볼 수 있습니다. 이 채널 이외에도 유튜브에는 V-Ray 관련 영상이 많습니다.
https://www.YouTube.com/user/ChaosGroupTV

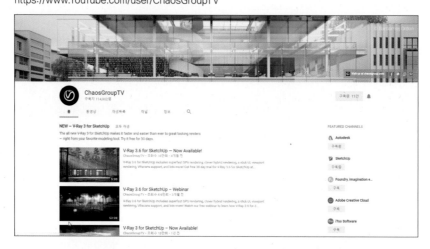

- 스케치업으로 다이어그램을 만들어가는 과정을 볼 수 있는 유튜브 채널입니다. 다양한 사례가 있어서 건축 및 인테리어 도시설계 등에서 필요한 다이어그램을 그릴 때 참고하면 좋은 채널입니다.
https://www.YouTube.com/channel/UC1ptLbehYDNqwdnlGwLpysw

책으로
예습하고
YouTube▶로
복습하는

스케치업
베이직

초판 1쇄 인쇄 2020년 3월 20일
초판 1쇄 발행 2020년 3월 25일
초판 2쇄 발행 2022년 4월 25일

지 은 이 이지환
펴 낸 이 김호석
펴 낸 곳 도서출판 대가
기   획 김호석·곽유찬
경영지원 박미경
편 집 부 권순현·박선영
마 케 팅 오중환
관 리 부 김경혜

등   록 313-291호
주   소 경기도 고양시 일산동구 장항동 776-1 로데오메탈릭타워 405호
전   화 02) 305-0210
팩   스 031) 905-0221
전자우편 dga1023@hanmail.net
홈페이지 www.bookdaega.com

I S B N 978-89-6285-246-2 (13000)

이 도서의 국립중앙도서관 출판시도서목록(CIP)은 서지정보유통지원시스템 홈페이지(seoji.nl.go.kr)와
국가자료공동목록시스템(www.nl.go.kr/kolisnet)에서 이용하실 수 있습니다.
(CIP제어번호: CIP2020010010)